Stefan Ragaz

Schifffahrt auf dem Vierwaldstättersee

Von Land zu Land

PRO
LI
BRO
LUZERN

Der 4 Waldt Stetten See.

Inhaltsverzeichnis

Wie sind die Schiffe gebaut? Wohin fahren sie?

Wer organisiert die Schifffahrt?

Wer sind die Menschen auf dem See?

Anhang

«... von Land zu Land bis widerum heim»

Trennt er? Verbindet er? Nichts beschreibt die historische Bedeutung des Vierwaldstättersees besser als die Ambivalenz der Frage: Trennt oder verbindet er einen Lebensraum, der nicht nur als die Wiege der Eidgenossenschaft gilt, sondern auch heute noch – zu einem guten Teil – von der Ausstrahlung dieses Sees lebt?

Gerade die moderne Sicht auf den See vermittelt ein trügerisches Bild. Wer heute über den Vierwaldstättersee blickt, sieht einen Freizeitsee. Doch in der Zeit, als die Schifffahrt noch von Muskel- und Windkraft abhing, war er ein Ort, der Respekt verlangte. Wer über die Weite des Kreuztrichters, die Enge der Nasen oder die Schroffheit des Urnersees blickte, dachte nicht an Vergnügen, sondern sah Gefahren. Das heisst: Was sich als ein trennendes Element zwischen die Menschen in Kastanienbaum und Kehrsiten, in Hertenstein und Hergiswil oder in Brunnen und Bauen stellte, brauchte die Schifffahrt, um zu einem verbindenden Element zu werden.

Davon handelt dieses Buch – von der existenziellen Bedeutung der Schifffahrt für den politischen Zusammenhalt und die wirtschaftliche Entwicklung der Innerschweiz, insofern auch für die Geschichte der Eidgenossenschaft. In der bemerkenswerten Inschrift einer Glasmalerei → Abb. 1 von 1709 in der Kindlimordkapelle in Gersau wird den Schiffgesellen zugeschrieben, dass sie «von Land zu Land» fahren, «bis widerum heim». Der doppelte Sinn – ob gewollt oder nicht – ist augenfällig: Nicht nur wird Fest*land* mit Fest*land* verbunden, vielmehr werden – insbesondere in der Zeit der entstehenden Eidgenossenschaft – auch *Länder*orte an *Länder*orte angebunden. Und an Luzern, den Dreh- und Angelpunkt zwischen Alpen und Mittelland.

So ist die Geschichte der Schifffahrt auch die Geschichte des Vierwaldstättersees und die Geschichte der Innerschweiz. Die ersten Quellen führen in das 11. Jahrhundert zurück, als die Besiedelung des voralpinen Raumes begann und die Klöster auf eine organisierte Schifffahrt angewiesen waren, um die Zehntabgaben von den Höfen in Meggen, Stansstad, Buochs, Weggis, Gersau oder Brunnen nach Muri und von Treib, Bauen, Seedorf oder Flüelen in die Fraumünsterabtei nach Zürich zu überführen. Mit dem markanten Bevölkerungswachstum, das vor allem das 12. und 13. Jahrhundert prägte, setzte eine wirtschaftliche Entwicklung ein, die sich auf die Schifffahrt auswirkte. Erstens veränderte sich das Gesicht des Sees; mit der Entstehung und dem Bau der Stadt Luzern wurde der Seeausfluss

9

Abb. 1 Glasmalerei von 1709 in der Kindlimordkapelle zwischen Gersau und Brunnen: Der heilige Nikolaus (links) als Steuermann und Maria mit dem Jesuskind (rechts) begleiten ein Luzerner Lastsegelschiff durch eine Fantasielandschaft. Auf den Kaufmannsgütern, gekennzeichnet mit den typischen Händlermarken, sitzt ein Schiffgeselle, der offenbar einem Schluck aus der Flasche nicht abgeneigt ist. Unter dem Bild steht: «In Gottes und Maria Nahmen fahren wir Schiffgsellen alle sahmen, St. Niclaus wolle unser Gleitsman sein, von Land zu Land bis widerum heim ... Ao. 1709.»

reguliert, in der Folge stieg der Seespiegel um mehrere Meter an.[1] Zweitens entstand eine arbeitsteilige Wirtschaftsordnung, die dazu führte, dass sich Berufszünfte und -genossenschaften bildeten. Dies traf auf die Schifffahrt bereits in einem frühen Stadium zu. Auch davon, das heisst von der Geschichte der Schiffgesellen, die auf dem Vierwaldstättersee «von Land zu Land» fuhren, handelt dieses Buch.

Die erste Form des öffentlichen Verkehrs

Wie gross die Bedeutung der Schifffahrt für die wirtschaftliche Entwicklung und die politische Stabilität war, geht aus den unablässigen Bemühungen der Obrigkeiten – seien es die gnädigen Herren in Luzern oder die Landleute von Uri – hervor, den Schiffsverkehr auf dem Vierwaldstättersee zu kontrollieren. In keinem anderen Wirtschaftsbereich stellte der Luzerner Rat so früh, schon um 1300, Vorschriften auf wie in der Schifffahrt. Sogar die Fahrpreise waren reguliert, und für die wichtigsten Verbindungen gab es Fahrpläne, die auf die Wochenmärkte in Luzern und Altdorf, später auch in Stansstad und Alpnachstad abgestimmt waren. Oder anders gesagt: Mit der obrigkeitlichen Schifffahrt wurde die erste Form des öffentlichen Verkehrs geschaffen.[2]

Angesichts dieser zentralen Bedeutung des Schiffsverkehrs erstaunt es nicht, dass es auf dem Vierwaldstättersee – sozusagen auf der Lebensader der Innerschweiz – immer wieder zu Konflikten kam. Denn wer die Schifffahrt kontrollierte, kontrollierte den See. Wenn es eine Konstante in der Geschichte von 1300 bis nach dem Ende der alten Herrschaft, noch bis in die erste Hälfte des 19. Jahrhunderts,[3] gibt, dann ist es der Streit um die Vorherrschaft auf dem Vierwaldstättersee.

Rechtlich drehte sich der Streit immer um die grundsätzliche Frage der freien Schifffahrt. Oder wie es die Schiffgesellen ausdrückten: Man fuhr nicht nur «von Land zu Land», sondern auch «widerum heim». Und gerade bei den Rückfahrten, die von einem «fremden» Hafen abgingen, stellten sich die Kernfragen: Wer durfte was transportieren? Zu welchen Bedingungen? Und von welchem Land zu welchem Land?

Endlosstreit und ein hundertjähriger Zollkrieg

Dabei ging es immer um Geld – um die sogenannte «Fürleite»[4] oder um Zolleinnahmen. Luzern verfolgte schon früh eine unverhohlene Territorialpolitik, die auf die Kontrolle der Verkehrs- und Handelswege setzte. Dies traf sowohl auf das weite Hinterland als auch auf den See zu. Greppen, Weggis und Vitznau sind heute noch Zeugen der frühen Herrschaftspolitik der Stadt Luzern.

11

---

1   Bis in das frühe Mittelalter lag der Seespiegel rund fünf Meter, um 1100 noch rund zwei Meter tiefer als heute. Vergleiche dazu: Fabian Küng, Luzern. Bauen am Fluss, S. 45.
2   Vergleiche dazu auch: Anne-Marie Dubler, Geschichte der Luzerner Wirtschaft: Volk, Staat und Wirtschaft im Wandel der Jahrhunderte, S. 265 f. und S. 268.
3   Uri verwahrte sich noch 1838 «gegen die freie Konkurrenz auf dem Vierwaldstättersee» und drohte sogar mit der Verhaftung eines Dampfschiffkapitäns, wenn er Kaufmannswaren in Flüelen entgegennehme. Rechtsschrift über die Freiheit der Schifffahrt auf dem Vierwaldstättersee, S. 9 f.

4   «Fürleite»: Gebühr mit dem Charakter einer Ersatzabgabe für den Rücktransport von Personen oder Waren aus einem fremden Hafen. Eine fremde Schiffgesellschaft war verpflichtet, die einheimischen Schiffleute mit einem Entgelt in der Höhe eines halben Schifflohns zu entschädigen.

Anders verhielt es sich in Küssnacht, dem Tor zunächst nach Muri, dann nach Zürich. Dort gelang es Luzern nicht, seine Macht zu festigen. Küssnacht – schon immer in einer Doppelrolle – schloss sich Schwyz an. Dies geschah schon zu Beginn des 15. Jahrhunderts, hatte aber erst Folgen für die Schifffahrt, als die Handelsströme auf dem See zunahmen. Küssnacht diente nun als Umgehungsort für den Zoll in Luzern. Zunächst waren es die Milchbauern in Ob- und Nidwalden, die Küssnacht nutzten, um Salz aus Zürich zu beziehen und ihre Milchprodukte auszuführen – auf dem direkten Weg nach Zürich, vorbei an Luzern. Der sogenannte «Ankenkrieg» war um die Mitte des 16. Jahrhunderts aber nur ein Vorreiter für den Höhepunkt der Querelen zwischen Luzern und den anderen Orten der Innerschweiz: 1590 begann ein Zollkrieg, der mehr als hundert Jahre dauerte und die eidgenössischen Tagsatzungen mehr als vierzig Mal beschäftigte.

Was war geschehen? Uri, das immer darauf bedacht war, den Süd-Nord-Verkehr zu monopolisieren, fand Gefallen an der Ausweichroute und begann, auch für den Transitverkehr nicht mehr Luzern anzulaufen, sondern Küssnacht – um den Zoll in Luzern zu umgehen. Luzern reagierte kurzerhand mit der Errichtung des sogenannten «Zinnenzolls» (an der Landspitze zwischen Greppen und Weggis), mit einer eigenen Zollstation, mit dem Abfangen von Schiffen, später sogar mit Inspektionen in der Sust[1] in Küssnacht.

Beendet wurde der Zollkrieg erst gegen Ende des 17. Jahrhunderts, als sich die Schifffahrt vor allem in Luzern, aber auch in Uri wegen des rückläufigen Gotthardhandels in einer schweren Krise befand. Es war der beidseitigen Not geschuldet, dass Uri und Luzern versuchten, sich zu verständigen. 1687 schlossen sie das Abkommen von Gersau, das erstmals die Vierwaldstättersee-Schifffahrt in den Kontext des gesamten Gotthardverkehrs stellte. Es war ein Neustart für die Schifffahrt, allerdings gingen die Streitereien weiter.

Dass sich die eidgenössischen Tagsatzungen immer wieder für Verhandlungslösungen einsetzten, hatte einen einfachen Grund: Die politischen Bemühungen um einen Frieden auf dem See dienten immer der Verkehrs- und Handelssicherheit und damit der wirtschaftlichen Entwicklung – nicht nur der Region, sondern der gesamten Eidgenossenschaft. Ohne eine sichere Schifffahrt war das wirtschaftliche Fortkommen undenkbar.

1   Sust (von italienisch «sosta» = Halt): Gebäude für die Zwischenlagerung von Transitgütern.

Faszination der Jahreszahlen

Eine der ersten Vermittlungsbemühungen, die in den Quellen aufscheinen, ist der eidgenössische Schiedsspruch von Beckenried aus dem Jahr 1357.[2] In einer bewegten Zeit der entstehenden Eidgenossenschaft, als Luzern bereits dem Waldstätterbund beigetreten war, aber noch unter der Herrschaft der Habsburger stand, schlichteten die Eidgenossen erstmals zwischen den Schiffgesellen von Uri und Luzern. Möglich wurde dies erst nach den Bundesbeitritten von Zürich, Zug, Bern und Glarus zwischen 1351 und 1353. Für einen unparteiischen Schiedsspruch brauchte es Auswärtige.

Erstmals wurde die freie Schifffahrt auf dem Vierwaldstättersee als das geltende Recht festgeschrieben. Damit wurde die «Fürleite», auf der Uri bestand, abgeschafft. Zumindest auf dem Papier, denn Uri hielt sich nicht – oder nur vorübergehend – an die Vereinbarung. Und doch prägte sich 1357 als ein entscheidendes Datum in die Geschichtsschreibung der Schifffahrt ein.

Auch die St.-Niklausengesellschaft, die tatsächlich auf die obrigkeitlichen Schiffgesellen zurückgeht, beruft sich auf die Jahreszahl. Sie ist die einzige Organisation, die es nach dem Ende der alten Herrschaft von 1798 geschafft hat, ein neues Geschäftsfeld zu finden, und die noch heute existiert. Nur werden die St.-Niklausengesellen in der Schiedsurkunde von 1357 nicht mit Namen genannt, die erste Erwähnung erfolgt erst 1544.[3]

Erwähnenswert ist dies, weil es die heutige Genossenschaft der St.-Niklausengesellschaft ist, die sich dem Gedanken verschrieben hat, das historische Erbe zu pflegen. Sie versteht die Schifffahrt als ein Kulturgut und hat die Aufarbeitung der Geschichte sowie dieses Buch mit ihren finanziellen Mitteln ermöglicht. Inhaltlich betrachtet sie sich zu Recht als die Nachfolgeorganisation der Schiffgesellen von 1357. Nur ist die Jahreszahl willkürlich. Die beiden Hauptkriterien der Gemeinsamkeiten, das heisst die genossenschaftliche Organisationsform und den obrigkeitlichen Auftrag, gab es mit Sicherheit schon vor 1357 – ebenso die Berufung auf den heiligen Nikolaus als Schutzpatron der Seeleute.[4]

Weil zwar der historische Kontext stimmt, sich aber die Jahreszahl nicht als Grundlage für ein Jubiläum eignet, setzte sich der Gedanke durch, die Publikation der Schifffahrtsgeschichte mit einem augenzwinkernden Jubiläum zu verbinden. 2023 ist es 666 Jahre her, dass sich die Eidgenossen erstmals mit den Schiffgesellen auf dem Vierwaldstättersee auseinandersetzten.

13

2 Eidgenössische Abschiede, Bd. 1, Nr. 109 (16. 8. 1357), S. 43 und Rechtsquellen des Kantons Luzern, Teil 1, Bd. 1, Nr. 25 (16. 8. 1357), S. 108 f.
3 StALU Schifffahrtsakten AKT A1 F7 SCH 901, Akte zu den Streitigkeiten zwischen den Marktschiffen von Luzern und Uri, 1544.
4 «Knechte und Schiffung» von Luzern werden erstmals 1309 in einer Sicherheitszusage des Reichsvogtes der Waldstätte an das habsburgische Luzern erwähnt. Quellenwerk zur Entstehung der Schweizerischen Eidgenossenschaft, Abt. 1, Bd. 2, Nr. 483 (22. 6. 1309), S. 233 f.

Wer waren die Menschen auf dem See?

Nicht zuletzt geht es in diesem Buch auch um die Schiffgesellen. Aus den vielfältigen Quellen – vor allem seit dem 16. Jahrhundert – lässt sich ein anschauliches Bild zeichnen, wer diese Menschen waren, die Güter und Personen über den See bewegten, nur mit Muskel- und Windkraft, die Stürmen trotzten und Anfeindungen ausgesetzt waren, die neben der Schifffahrt häufig einem Zweitberuf nachgingen, um über die Runden zu kommen. Es ist kein verklärtes Bild, auch kein vollständiges. Es gibt aber einen Eindruck, wer diese Menschen waren, die «von Land zu Land» fuhren, um der Öffentlichkeit zu dienen – über Jahrhunderte und immer mit dem Ziel, es auch «bis widerum heim» zu schaffen.

14

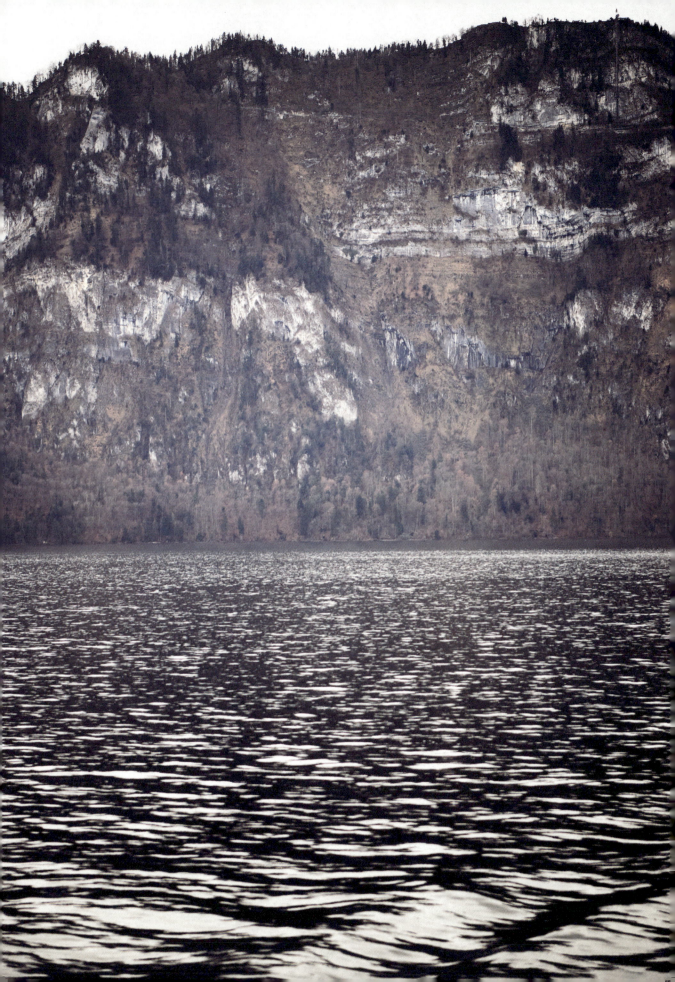

Wie beginnt die Schifffahrt auf dem See?

Ist erst einmal der See gezähmt, entfaltet sich die Schifffahrt

«Ohne allen Flitterstaat der schwachen Menschenkunst und Arbeit thront hier die Natur in ihrer ganzen Hoheit, und setzt durch die unerschöpfliche Mannigfaltigkeit ihrer Bilder und ihres Ausdrucks vom furchtbar schauerlichen bis zum romantisch lieblichen Charakter in Erstaunen.»[1]

Johann Gottfried Ebel fasste in seinem Reiseführer von 1805 zusammen, wie der Vierwaldstättersee in der Romantik auf die Menschen wirkte. «Fast bey jedem Ruderschlag» wechselte «die ausserordentliche Felsenwelt», die Aussicht war «bald reizend anmutig, bald erhaben, bald melankolisch, bald schauerlich».

Mehr als dreihundert Jahre zuvor war der Blick auf den See nüchtern. 1471, als der spätere Papst Pius III. von einem Reichstag in Regensburg nach Rom zurückkehrte und den Weg über Luzern und den Gotthard wählte,[2] schrieb sein Sekretär, Agostino Patrizi: «Diese [die Fahrt über den See] dauerte einen ganzen Tag, der See ist bei 30 Meilen lang und bei 2 Meilen breit, nur in der Mitte breitet er sich kreuzförmig aus, er ist sehr tief und hat keine Häfen, ist nach Art des Flusses bewegt und von hohen und sehr steilen Anhöhen und Felsen eingeschlossen und daher den Schiffen gefährlich.»[3]

Tatsächlich wirkten der See und die Alpen auf die Menschen bedrohlich – bis in das 18. Jahrhundert, als das Reisen zumindest für den privilegierten Teil der Gesellschaft zu einer neuen Art der Freizeitbeschäftigung wurde. Auch auf dem Vierwaldstättersee gab es nun Ausflugsfahrten. 1714 wurde einer neuen Schiffgesellschaft in Luzern erlaubt, «Spazier-Fahrten» anzubieten.[4] → siehe auch S. 183

Dass es nur bis zu den Nasen war, hat mit der Topografie und der Unberechenbarkeit des Sees zu tun. Denn eigentlich besteht der Vierwaldstättersee aus zwei Seen – dem äusseren, voralpinen See (von Luzern bis Vitznau) und dem inneren, inneralpinen See (mit Gersauerbecken und Urnersee). An der engen Durchfahrt zwischen den Nasen war immer ein Wetterwechsel möglich.

Die unberechenbaren Wetter- und Windverhältnisse zeichnen den Vierwaldstättersee aus. Seien es die überraschenden Windeffekte der Seitentäler, die lokale Thermik der steilen Felswände mit ihren Fallböen, die plötzlichen West- oder Südwinde – von Föhnsturm bis Flaute war alles möglich. Und dies in einer Zeit, als gesegelt oder gerudert wurde, zudem in Schiffen, deren

18

1   Johann Gottfried Ebel, Anleitung, auf die nützlichste und genussvollste Art die Schweitz zu bereisen, 2. Auflage, Bd. 3, S. 148.
2   Francesco Todeschini Piccolomini (1439–1503) reiste als Kardinal und Gesandter des Papstes an den Reichstag, um über die Abwendung der Türkengefahr zu beraten. 1503 erhielt er die Papstwürde, nur knapp vier Wochen vor seinem Tod.
3   Otto Stolz, Ein italienischer Bericht über die Schweiz und eine winterliche Reise über den St. Gotthard im Jahre 1471, S. 283.
4   Schiffgesellschaft zum Hoftor.

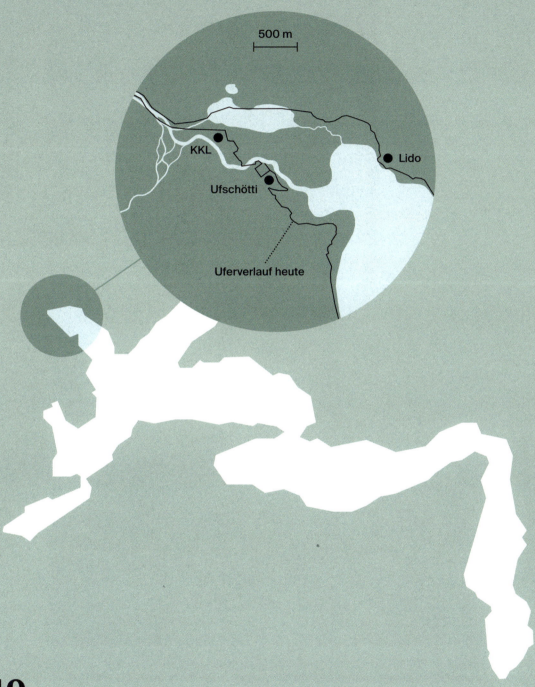

19

Seebecken

Grafik 1 Bis in das 8. Jahrhundert lag der Spiegel des Vierwaldstättersees rund fünf Meter unter dem heutigen Stand (Visualisierung aufgrund der archäologischen Untersuchungen von 2021). Noch zwischen 1100 und 1200 endete der See für die Schifffahrt zwischen Lido und Tribschenhorn.

20

Abb. 2   Detailgetreu zeigt Diebold Schilling in seiner Chronik von 1513, wie die Schwelle in der Reuss angelegt war. Sie führte das Wasser zu den Mühlen (hinten links) und diente als Schutzverbauung gegen den Krienbach. 1504 zerbarst ein Reussschiff auf dem Weg an die Messe in Zurzach.

Abb. 3   Ansicht der Stadt Luzern in einer Darstellung von 1763: In der Reuss sind die Mühlen zu sehen. Sie brannten 1875 nieder. Auf dem See fährt ein (über)grosses Lastsegelschiff.

Rumpf aus einer einfachen Holzschale bestand, und in einer Zeit, als es noch keine verlässlichen Wettervorhersagen gab.

Und plötzlich wächst der See über die Ufer hinaus

Hinzu kam eine weitere Unwägbarkeit: Bis in die zweite Hälfte des 19. Jahrhunderts, bis das Nadelwehr in Luzern gebaut wurde, variierte der Seespiegel um rund drei Meter – zwischen dem Tiefstand in den trockenen Wintermonaten und der anschliessenden Schneeschmelze. Insgesamt stieg der Seespiegel seit dem Hochmittelalter, als die Besiedelung der voralpinen Gebiete begann, um rund zwei Meter an.[1] Konkret bedeutete dies für die Schifffahrt: Luzern lag zwischen 1100 und 1200, als die städtische Siedlung entstand, an der Reuss; der See endete zwischen dem heutigen Verkehrshaus und dem Alpenquai.

Bis in das 8. Jahrhundert, etwa zu der Zeit der ersten Klostergründung, lag der Seespiegel sogar rund fünf Meter unter dem heutigen Stand. → Grafik 1 Erst danach sorgte der Krienbach mit seinem Geschiebe dafür, dass sich die Reuss auf der Höhe der heutigen Jesuitenkirche staute. An der engsten Stelle zwischen dem gewaltigen Geröllkegel und dem Musegghang wurde die erste Brücke über die Reuss gebaut, wohl um die Mitte des 12. Jahrhunderts.[2] Sie bildete ein Kernstück der neuen Stadt und wirkte – zusammen mit den Gebäuden, die entlang der Reuss entstanden – als ein zusätzliches Stauwerk.

Die grösste Stauwirkung hatten aber die klösterlichen Mühlen, die spätestens seit dem 13. Jahrhundert in der Reuss standen.[3] → Abb. 2+3 Mit dem kontinuierlichen Ausbau der Mühlen – vor allem mit den Schwellen, die in die Reuss gelegt wurden, um das Wasser auf die Mühlräder zu leiten – stieg der Seespiegel weiter an. Dies belegen auch die archäologischen Untersuchungen, die 1993 an der Krongasse in der Kleinstadt und 1998 bei den Aushubarbeiten für das Parkhaus des «Casino-Palace» gemacht wurden: Zwischen dem Beginn der Siedlungstätigkeit um 1100 und dem Ausbau der befestigten Stadt gegen das Ende des 14. Jahrhunderts war der Anstieg markant. Er betrug rund 1,35 Meter.[4]

«Mocht kein gross schiff uff und nider komen»

Gross waren die Auswirkungen auf die Schifffahrt. Denn erst mit dem Anstieg des Seespiegels wurde Luzern zu einem ganzjährigen Hafenort. Zuvor, so beschreibt es Diebold Schilling in seiner Chronik von 1513, «ee die statt gantz erbuwen ward, der se nit witer gieng dann bitz an das selb end an Meggenhorn».[5] Und auch noch später

---

1 Fabian Küng, Luzern. Bauen am Fluss, S. 44 ff.
2 Erwähnt wird die Brücke erstmals 1168. Sie ist eine der ältesten Brücken der Schweiz. Aus dem 12. Jahrhundert sind nur Flussübergänge in Luzern, Zürich, Brugg und Rheinfelden bezeugt. Lange war sie auch die einzige Brücke über die Reuss. Erst rund hundert Jahre später entstanden die befestigten Brücken in Bremgarten und Mellingen. Vergleiche dazu: Fritz Glauser, Fluss und Siedlung, S. 68.
3 Sie werden 1278 erstmals in einem Tauschhandel zwischen dem Abt von Murbach und dem Probst von Luzern erwähnt. Murbach erhielt dabei die Hälfte des Weizenzehnten der Mühlen. Quellenwerk zur Entstehung der Schweizerischen Eidgenossenschaft, Abt. 1, Bd. 1, Nr. 1248 (vor dem 15. 2. 1278), S. 570 f., und Nr. 1249 (15. 2. 1278), S. 571.

4 Küng, S. 44 ff., und Jakob Bill, Denkmalpflege im Kanton Luzern 1998, S. 59 ff. Immerhin befand sich der Normalpegel bereits um 1400 nur noch 35 Zentimeter unter dem heutigen Stand.
5 Die Luzerner Chronik des Diebold Schilling 1513, S. 16.

Altstadinsel: Und dann schlägt der Blitz ein

Auf der kleinen Altstadinsel vor dem Meggenhorn stand einst nicht nur eine mächtige Burg, sondern in der zweiten Hälfte des 18. Jahrhunderts auch eine Attraktion, die weit über die Landesgrenzen hinausstrahlte. Sogar der grosse Johann Wolfgang von Goethe wollte den Obelisken besichtigen, doch zu spät: Auf seiner dritten Schweizerreise von 1797 war das Mahnmal, das an die verklärte Gründung der Eidgenossenschaft erinnerte, verschwunden. Goethe war allerdings von der Idee, den Tellenmythos mit einem monumentalen Obelisken zu verherrlichen, nicht begeistert. 1781, als das Denkmal noch in Planung und die Rütliwiese als Standort vorgesehen war, schrieb er an Johann Caspar Lavater[1], mit dem er befreundet war: «Der dreissig Fuss hohe Obelisk wird sich armselig zwischen der ungeheuren Natur ausnehmen. Was sich der Mensch mit seiner Nadelspitze von Marmor einbildet. Ich hoffe, es soll nicht zu Stande kommen.»[2]

Uri braucht kein Denkmal, um sich frei zu fühlen

Tatsächlich kam das Vorhaben auf dem Rütli nicht zustande. Denn nicht nur Goethe fand keinen Gefallen an der Idee, auch die Urner Regierung hielt sie für eine Zumutung. Wer sich «der Freiheit freuet und sich frei fühlt», brauche kein steinernes Denkmal, und wenn «ihre Söhne oder Enkel diese Empfindungen einst verlieren sollten, würde ein solches Denkmal der Eydsgenossenschaft so wenig nützen, als in den letzten Zeiten der Republik dem in die Knechtschaft sinkenden Rom seine so häufigen Monumente geholfen».[3] Urheber der Idee war Abbé Guillaume Thomas François Raynal (1713–1796). Der französische Philosoph und Schriftsteller wandte sich in seinen Schriften gegen den europäischen Kolonialismus und löste damit – nicht nur in Frankreich – eine heftige Polemik aus. 1780 musste er Frankreich verlassen und lebte in der Folge auch in der Schweiz.[4]

Unterstützung kommt von einem prominenten Luzerner

Auf dem Rütli scheiterte sein Vorhaben. Doch in Luzern fand er einen potenten Unterstützer. Franz Ludwig Pfyffer von Wyher, der seit 1762 an seinem Relief der Urschweiz[5] arbeitete, war von der Idee begeistert. In einem Brief an Raynal spottete er über die Urkantone:

1   Johann Caspar Lavater (1741–1801) war ein reformierter Pfarrer, Philosoph, Schriftsteller in Zürich. In seinen meisten Werken war er der Aufklärung verpflichtet und gehörte zu den bedeutenden Persönlichkeiten des 18. Jahrhunderts.
2   Zitiert in: Margrit Wyder, «Ich hoffe, es soll nicht zu Stande kommen», in Neue Zürcher Zeitung, Nr. 261, 9./10.11.2002, S. 74.
3   Fritz Ernst, Wilhelm Tell, Blätter aus seiner Ruhmesgeschichte, S. 71.
4   François de Capitani: Raynal, Guillaume Thomas François, in: HLS, Version vom 24.1.2020.
5   Heute in der Ausstellung des Gletschergarten-Museums in Luzern zu sehen.

«Les sauvages de l'Amérique ne le sont pas autant que les Suisses des cantons populaires.»[6]
Zunächst beabsichtigte er, das Monument bei der Treib an der Nordspitze des Urnersees aufzustellen. Doch er hatte nicht mit dem Widerstand der Gemeindeleute von Seelisberg gerechnet. In seiner eigenen Heimat hatte er mehr Einfluss. 1783 überzeugte er den Rat von Luzern, die Ausführung des Denkmals auf der Altstadinsel vor Meggen zu erlauben.[7]

Abb. 4   Von der Altstadinsel inspiriert: Druckgrafik von Charles Melchior Descourtis in seinen «Vues Remarquables des Montagnes de la Suisse: dessinées et colorées d'après Nature, avec leur Description», entstanden um 1785 auf der Grundlage eines Gemäldes von Caspar Wolf. Zwar bezieht sich die Bildunterschrift eindeutig auf das Denkmal von Abbé Raynal, doch ist die Landschaft in einer verklärten Weise dargestellt, die wohl der Wahrnehmung der Vorromantik entspricht. Eine ähnliche Darstellung ist auch in der Leinwandbilderfolge des historischen Gemeindehauses von Männedorf, das auf das Jahr 1543 zurückgeht, zu finden.[8] Offenbar waren das Gemälde von Wolf und die Druckgrafik von Descourtis auch ausserhalb der Innerschweiz bekannt.

23

6   Zitiert in: Wyder, S. 74.
7   Theodor Ottiger, General Franz Ludwig Pfyffer von Wyher, Schöpfer des Reliefs der Urschweiz, S. 71.
8   Zora Parici-Ciprys, Männedorf, in: Zürcher Denkmalpflege, 13. Bericht 1991–1994, S. 211.

Eine goldene Kugel, durchbohrt von einem Pfeil

Unter der Aufsicht von Pfyffer wurde das Monument aus Granit gehauen – nicht aus Marmor, wie von Abbé Raynal gewünscht, sondern aus einem witterungsbeständigen Material, so Pfyffer.[1] Auch sonst setzte sich Pfyffer mit seinen Vorstellungen durch. Auf einem zweigeteilten Sockel erhob sich ein viereckiger Obelisk etwa zehn Meter in die Höhe. Eine goldene Kugel – aus Bronze geformt – krönte die Spitze, in der Kugel steckte ein Pfeil. Mit dem symbolischen Apfelschuss war Wilhelm Tell verewigt. → Abb. 5 Darunter, etwa auf der Höhe des zweiten Drittels der Steinsäule, hing der Gesslerhut in einem länglichovalen Relief. Er war nach Luzern gerichtet, an der Schauseite des Denkmals. Auf dem unteren Teil des Sockels prangten die Wappen der Urkantone in einem Rundschild – ebenfalls nach Luzern gerichtet. Die lateinischen Inschriften der Marmortafeln, die an den vier Seiten der oberen Sockelhälfte angebracht waren, ehrten die drei Männer des Rütlischwures und den Stifter des Denkmals, Abbé Raynal.

«Man kann sich nichts Kleinlicheres denken»

Ergänzt wurden die Inschriften – auf Wunsch von Pfyffer – mit einer deutschen Einleitungsformel. Pfyffer versprach sich davon eine breitere Verankerung des Denkmals in der Bevölkerung.[2] Tatsächlich gehörte der Obelisk während der Zeit seines Bestehens zu den Sehenswürdigkeiten der Urschweiz,[3] die Schaulustigen kamen zu Fuss und mit Booten, um das Freiheitsdenkmal zu bestaunen. Allerdings wurde das Bauwerk in den einschlägigen Reiseführern der damaligen Zeit nicht mit Lob bedacht. Johann Gottfried Ebel erwähnte das Denkmal in seinem Standardwerk von 1793 in einem Satz. Auf der Altstadinsel stehe «der kleine Obelisk aus Granit, den der Abbé Raynal den Stiftern des helvetischen Bundes setzen liess», heisst es dort.[4] 1804 hatte er sich eine Meinung gebildet: «Man kann sich nichts Kleinlicheres denken, als der Anblick dieser 40 Fuss hohen dünnen Steinsäule in dem Schoosse einer so erhabnen und allmächtigen Natur».[5] → Abb. 5

24

1   Wyder, S. 74.
2   Ebenda.
3   Willy Raeber, Um ein untergegangenes Denkmal, S. 242.
4   Johann Gottfried Ebel, Anleitung auf die nützlichste und genussvollste Art die Schweitz zu bereisen, Bd. 2, S. 178.
5   Johann Gottfried Ebel, Anleitung, auf die nützlichste und genussvollste Art die Schweitz zu bereisen, 2. Auflage, Bd. 3, S. 152.

Goethe verpasst das Monument
um ein Jahr

Nur: 1804 stand der Obelisk gar nicht mehr. Schon mehrfach hatte der Blitz in die Metallkugel an der Spitze der Granitsäule eingeschlagen, 1796 traf er den kupfernen Tellenpfeil, der Obelisk zerbarst. Es war das Todesjahr von Abbé Raynal – und ein Jahr vor der dritten Schweizerreise von Johann Wolfgang Goethe. Goethe hatte geplant, das Denkmal zumindest aus der Ferne zu betrachten. Doch dann, auf der Schifffahrt von Stans nach Küssnacht, stellte er 1797 fest: «Wir sahen uns überall nach dem Raynalschen Monument um, aber vergebens; man wies uns den Felsen, wo es gestanden hatte. Durch die Zuleitung des goldnen Knopfs auf der Spitze ward es vom Gewitter getroffen, beschädigt und abgetragen.»[6]

Gedenkstein für Freischärler
und Metallstift in Relief

Ab- und weggetragen wurde es zunächst nach Luzern, in den Garten von Franz Ludwig Pfyffer von Wyher. Dort blieben die gehauenen Steine liegen – bis 1816, als der amtierende Luzerner Schultheiss, Franz Xaver Keller, in der Reuss ertrank. Zu seinen Ehren wurde an der Stelle in der Sentimatt, wo er den Tod fand, ein Gedenkstein errichtet. Verwendet wurde dafür der alte Sockel des Altstad-Obelisken.[7]

Auch die weiteren Teile des Obelisken fanden eine Zweitverwendung – einerseits als Teil einer Brunnensäule in Luzern, andererseits als Gedenkstein für 28 Freischärler, die 1845 in Malters bei einem blutigen Rückzugsgefecht gegen die luzernischen Regierungstruppen gefallen waren. Dort steht die Spitze der Steinsäule noch heute auf dem Friedhof. Eigentlich treffend, denn «aus dem Erinnerungszeichen für die mythischen Freiheitshelden der Urschweiz» ist so «eines zum Andenken an die historischen Vorkämpfer des modernen Bundesstaats geworden».[8]

Dass es sowohl Abbé Raynal als auch Franz Ludwig Pfyffer nicht an einem gewissen Mass an Eitelkeit mangelte, zeigt eine Randnotiz: Abbé Raynal hatte 1783 darauf bestanden, dass er mit einer eigenen Schrifttafel auf dem Obelisken verewigt werde. Pfyffer wiederum liess es sich nicht nehmen, das Freiheitsdenkmal auch in seinem Glanzwerk – dem Relief der Urschweiz – zu verewigen. Noch heute ragt der kleine Metallstift, den er auf der gipsernen Insel angebracht hatte, um den Obelisken zu markieren, aus seinem Relief hervor.

25

6   Goethes Werke, Weimarer Ausgabe, III. Abteilung, Bd. 2, S. 182.
7   1968 wurde der Gedenkstein wegen des Baus der Autobahn entfernt.
8   Gedanke von Wyder, S. 74.

26

Abb. 5　　　Blick auf die Altstadinsel, wie sie 1786 aussah. Sie wies praktisch keine Vegetation auf. Rechts auf dem Felssporn sind die Mauerreste der ehemaligen Burg zu erkennen. Links in den Bäumen steht die Taverne, die nicht nur als Anlegestelle diente, sondern auch als Unterschlupf für Schiffleute, die in einen Sturm gerieten. → siehe auch S. 254 ff.

sei es in den Wintermonaten nicht möglich gewesen, die Stadt zu erreichen, «als man den selben runs [Strömung] und graben noch im se gesicht und den namen hat der winterwäg, wann zu den selben zitten mocht kein gross schiff uff und nider komen». Die drei Länder mussten deshalb «an dem end lenden, das man jetz nent die alten statt». Von da mussten sie dann «alle ding inn cleinen schiffen oder zeruck ouch mit ross und karren uff und nider füren; wie man dann zu Ure ouch tut.»[1]

Der «alten statt» oder der «alten stad», wie Schilling festhält, «da sye ein stad und schiff lende denn ein statt gewäsen»,[2] kam eine grosse Bedeutung zu – gerade für die Schifffahrt. → Abb. 6 Denn auf der Altstadinsel stand die «Burg ze Mekkenhorn», von der nicht bekannt ist, wann sie erbaut wurde, deren primäre Aufgabe es aber war, den Schiffsverkehr zwischen den Waldstätten und Luzern zu kontrollieren.[3] Sie war eine habsburgische Festung, die Luzern wahrscheinlich in den Auseinandersetzungen mit Graf Rudolf von Habsburg-Laufenburg zwischen 1242 und 1244 zerstörte. Sie wurde um diese Zeit durch die Neuhabsburg in Meggen ersetzt.[4] → Abb. 7

Ursprünglich war die Altstadinsel «viel grösser» als heute, so das Ergebnis einer archäologischen Untersuchung von 1999, und «höchstwahrscheinlich noch über eine Landbrücke mit dem Festland verbunden». Noch heute könne die Untiefe bei Niedrigwasserstand problemlos in Stiefeln durchquert werden.[5] Die wenigen Mauerreste, die noch erhalten sind, lassen auch auf die Grösse der Burg schliessen. Sie war mächtig, allein der Turm wies einen Grundriss von zehn auf elf Metern auf. Er war damit grösser als der Schnitzturm in Stansstad.[6]

Bei den archäologischen Untersuchungen der Altstadinsel wurden auch die Pfahlbauten der Hafenbefestigung analysiert. → siehe auch S. 155 Dabei bestätigten die Analysen, was bereits Diebold Schilling beschrieben hatte: In der ersten Hälfte des 13. Jahrhunderts, als die Pfähle in den Seegrund gerammt wurden, lag der Seespiegel weit unter dem Stand von 1513, als die Chronik entstand. Offenbar erfolgte der Anstieg innerhalb einer kurzen Zeitspanne – wohl aufgrund des Ausbaus der Mühlen. Er betrug rund achtzig Zentimeter und manifestierte sich in einer Anhebung des Seegrundes. Weil der Seespiegel anstieg, lagerten sich mehr Sedimente ab.[7]

Länderorte wehren sich gegen das «Aufschwellen» des Sees

Dass auch das andere Ende des Sees von den Schwankungen und dem Anstieg des Seespiegels betroffen war, zeigen die archäologischen Befunde von Ausgrabungen in Flüelen. Diese wurden 2016 und 2018 gemacht und umfassten den Ortskern mit dem ehemaligen Hafenbereich. Dabei zeigte sich, dass Flüelen noch vor dem Ende des 15. Jahrhunderts gezwungen war, das alte Hafenbecken zuzuschütten und Land mit Aufschüttungen zu gewinnen.[8] → Abb. 9

28

1 Die Luzerner Chronik des Diebold Schilling 1513, S. 17.
2 Ebenda.
3 Jürg Manser/Jakob Obrecht, Meggen. Insel und Burg Altstad. Archäologie im Kanton Luzern, Jahrbuch der Historischen Gesellschaft Luzern, Bd. 19, S. 143.
4 Das Habsburgische Urbar von 1303 bis 1307 bezeichnete die Burg bereits als Ruine («burgstal» = Burgstelle). Das Habsburgische Urbar, Bd. 1, Nr. 34, S. 214 f. Die neue Burg, auch Neuhabsburg genannt, wurde 1352 von den Eidgenossen zerstört. An ihrer Stelle wurde das heutige Schloss um 1900 als Privatsitz erbaut.
5 Manser/Obrecht, S. 145.
6 Der quadratische Schnitzturm weist eine Seitenlänge von 8,8 Metern auf. Er wurde zwischen 1250 und 1300 als Bollwerk gegen die Habsburger erbaut. Vergleiche dazu auch: Maria Letizia Heyer-Boscardin, Burgen der Schweiz, Bd. 1, S. 70.
7 Manser/Obrecht, S. 148 f.
8 Christian Auf der Maur, Raumgestaltung zwischen Fels und See, S. 312 ff.

Seit dem 15. Jahrhundert sorgte die Seeregulierung wiederholt für Streit zwischen den Seeanrainern und Luzern. Die sogenannten «Überschlachten» (Verbauungen) in der Reuss beschäftigten sogar die eidgenössische Tagsatzung. 1427 erkannte sie «einhellig, dass in Zukunft stets die Vögte zu Baden, zu Muri und zu Meyenberg jeder in seiner Vogtei denen, welche Überschlachten in der Reuss haben, gebieten soll, dieselben in der Mitte aufzuthun in solchem Masse, dass das Wasser zum dritten Theil offen stehe, damit jedermann an Leib und Gut sicher fahren möge».[9]

Offenbar geschah aber in Luzern nichts. 1430 antwortete der Schiffmeister, dass er das Wehr erst öffne, «wenn die nidern überslachtten dannen komen».[10] Damit waren die Reussschwellen in Mellingen gemeint. 1431 anerkannte der Rat, dass «sich der Eydgn[ossen] botten mer dann ein mal erkent hant, das man die söllte dannen tun ... dem aber noch nie mocht gnug beschehen».[11]

Luzern war bestrebt, den Seespiegel so hoch wie möglich zu halten. Deshalb stieg er auch während des 15. und 16. Jahrhunderts weiter, wenn auch nur noch um etwa dreissig Zentimeter.[12] Und er verärgerte die Seeanrainer. In der zweiten Hälfte des 16. Jahrhunderts häuften sich die Klagen über die hohen Wasserstände, vor allem aus Uri.[13] «An disem ort ynzeführen diese wüerj [dieses Wehr] in der Rüss», darüber hätten «die allten vil gearguiert», hielt auch Renward Cysat in seiner Chronik fest.[14] Teilweise waren die Proteste gegen das «Aufschwellen» heftig,[15] der Landammann von Uri bot den Luzernern sogar tausend Gulden «für sin theil», um das Wehr «ettwas ze nidern».[16]

1587 willigte Luzern schliesslich ein, die Reussverbauung um dreissig Zentimeter tieferzulegen. Allerdings nur bis 1608, als die Schwelle erstmals zu einem beweglichen Wehr ausgebaut wurde. Dieses erlaubte einen Niederwasseraufstau von sechzig Zentimetern, aber keine Hochwasserabsenkung. Deshalb brach der Streit mit Uri, Schwyz und Unterwalden erneut aus.[17]

Kampfschrift gegen die «Thalsperre zu Luzern»

Auch die Erneuerungen des Reusswehrs in den Jahren 1738/39 und 1788/89 brachten keine Entschärfung. In der ersten Hälfte des 19. Jahrhunderts – nach einer Reihe von Hochwasserereignissen – eskalierte der Streit. Uri wehrte sich 1841 sogar gegen den Bau der Quaianlage vor der Jesuitenkirche, weil man einen zusätzlichen Aufstau der Reuss befürchtete. Gleichzeitig sprach sich der Stadtingenieur von Luzern gegen eine Absenkung der Reuss aus. Er hatte Bedenken wegen der Stabilität des Reussufers und der Häuser.[18] → Abb. 8

29 Allerdings waren die Meinungen über den Nutzen des Reusswehrs auch in Luzern geteilt. Jost Mohr, Vermesser und Kartograf sowie Forstinspektor der Stadt Luzern, verfasste eine Kampfschrift gegen die

9   Eidgenössische Abschiede, Bd. 2, Nr. 98 (8. 6. 1427), S. 67.
10   StALU Ratsprotokolle RP 4.157v (15. 12. 1430).
11   Rechtsquellen des Kantons Luzern, Teil 1, Bd. 1, Nr. 164, S. 137 (29. 11. 1431), später auch: Eidgenössische Abschiede, Bd. 2, Nr. 824 (4. 12. 1475), S. 573.
12   Küng, S. 45.
13   Vergleiche dazu auch: Fritz Glauser, Eine Brücke, ihre Geschichte, ihr Umfeld, S. 13.
14   Renward Cysat, Collectanea chronica, Bd. 1, Teil 1, S. 214 f.
15   Daniel L. Vischer, Die Geschichte des Hochwasserschutzes in der Schweiz, S. 175.
16   Cysat, S. 215, Anm. 1.
17   Indiz dafür in: Eidgenössische Abschiede, Bd. 6, Abt. 1, Nr. 115 (13. 4. 1654), S. 210 f.

18   Vischer, S. 175.

30

Abb. 6   Spazierfahrt in einem Jassen vor dem Meggenhorn, Darstellung von 1818. Links
ist die Altstadinsel zu sehen, rechts die St.-Niklaus-Insel. → siehe auch S. 213 ff. Dazwischen
befindet sich eine dritte Insel, auf der früher sogar drei Kreuze standen. → Abb. 21 + 64
Heute befindet sich kein Kreuz mehr auf der Insel. Sowohl die ehemalige Kreuz- als auch
die St.-Niklaus-Insel gehören der katholischen Kirchgemeinde Meggen, die Altstadinsel
befindet sich in Privatbesitz.

32

Abb. 7 Ein kleiner Segeljassen vor der Altstadinsel und der Ruine der Neuhabsburg.
Johann Ulrich Schellenberg wählte einen lateinisch-deutschen Namen für seine aquarellierte
Zeichnung von 1776: «Rudera von Habsburg» – «Schutthaufen von Habsburg».

«Thalsperre oder Reussschwelle zu Luzern» und plädierte für «das gänzliche Aufheben des Übels».[1] Dadurch würden rund tausend Jucharten (rund vierzig bis sechzig Hektaren)[2] an Land zurückgewonnen, zusätzlich würde die gleiche Fläche «mehr Werth durch die Umwandlung der gegenwärtigen Rieder in fette Wiesen erhalten». Betroffen wären vor allem die «in der Umgebung von Luzern befindlichen Riedmatten und Möser, sowie jene von Winkel, Alpnacht, Stansstad, Buochs, Flüelen, Brunnen und Küssnacht». Mohr sah in der Reussverbauung auch den Hauptgrund für die Fischarmut seit dem Beginn des 19. Jahrhunderts: «In dem naturwidrigen Anbringen der Thal- und Flusssperre, dem rücksichtslosen Öffnen und Schliessen derselben, wodurch der Laich von mancherlei Fischarten zu Tausenden zerstört worden, liegt der Grund der Verarmung an Fischen des ehemals so fischreichen Luzerner-Sees.»[3] Ernsthaft war an eine Absenkung des Sees nicht mehr zu denken – auch wegen der Dampfschiffe, die seit 1837 auf dem See verkehrten. Zu gross wäre die Gefahr des Auflaufens in den Untiefen des Luzerner Seebeckens gewesen. Und dennoch gaben die Urkantone nicht auf: Als die Centralbahn mit dem Bau der Aufschüttungen für die neue Bahnstrecke und den Bahnhof begann, wehrten sich die Urkantone erneut. Luzern ging aber nicht auf die Klagen ein.

Der neue Bundesstaat beendet den Streit um das Reusswehr

Schliesslich schaltete sich die Bundesregierung ein. 1858 – ein knappes Jahr vor der Eröffnung des ersten Bahnhofs in Luzern – vermittelte sie einen «Vertrag betreffend Verbesserung des Seeabflusses in Luzern» zwischen der Eidgenossenschaft, den Uferkantonen und der Schweizerischen Centralbahn. Darin wurde in Artikel 1 verfügt: «Es soll, unter Wegreissung eines Teils des bisherigen geschlossenen Wehres in Luzern, ein Schleusenwehr angelegt werden, und zwar nach demjenigen Projekte, welches die vom Bundesrate ernannten Sachverständigen ... in Vorschlag bringen.»[4] Es war das Projekt des regulierbaren Nadelwehrs, das zwischen 1859 und 1861 gebaut wurde. In einem verbindlichen Reglement wurden die unterschiedlichen Wasserstände festgelegt – immer mit dem Ziel, «die Seestände möglichst tief zu halten».[5] Es gilt noch heute.

34

1   Jost Mohr, Der Vierwaldstätter-See und die Thalsperre oder Reussschwelle zu Luzern, S. 9.
2   Für die Jucharte gibt es kein genaues Umrechnungsmass. Sie bezeichnete das Tageswerk eines Pflügers. Dieses wurde in den Ebenen des Mittellandes auf 41 bis 62 Aren geschätzt. Anne-Marie Dubler, Juchart, in: HLS, Version vom 20. 5. 2010.
3   Mohr, S. 16.
4   Vertrag betreffend Verbesserung des Seeabflusses in Luzern vom 9. Oktober 1858, Bundesarchiv, AS VI 142.
5   Reglement über das Öffnen und Schliessen des Reusswehres in Luzern vom 27. Juni 1867, Bundesarchiv, RS 721.313.1.

Abb. 8   Wie man Luzern nicht kennt, weil es sich um ein seitenverkehrtes Guckkastenbild aus Augsburg handelt. Es zeigt, wie die Häuser noch um 1765 direkt in der Reuss standen. Rechts ist die Jesuitenkirche (mit dem Kreuz auf dem Dach) zu erkennen. Sie müsste eigentlich auf der linken Seite des Bildes stehen.

36

Abb. 9   Flüelen nach 1800. Auf dem breiten Pier wartet eine Gesellschaft auf den Urinauen,
der sich dem Hafen nähert. Ein kleiner Jassen macht den Weg frei. Auf der anderen Seite
des Hafens wird ein Nauen von einem sogenannten «Sackträger» über eine Planke und über
die Bugspitze des Schiffes beladen. Rechts ist die Sust von Flüelen zu erkennen.

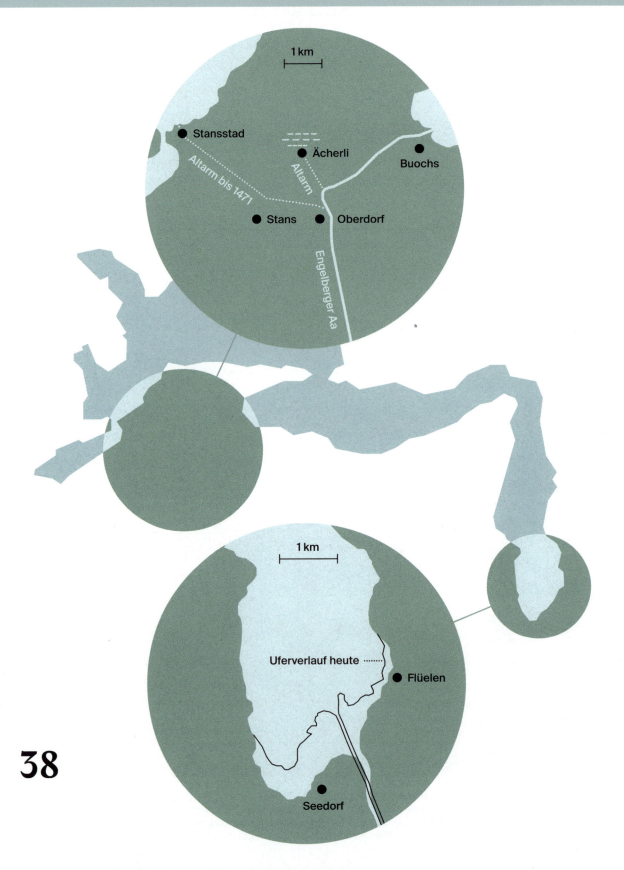

Zuflüsse des Vierwaldstättersees

Grafik 2   Ursprünglich floss die Engelberger Aa sowohl nach Buochs als auch nach Stansstad. Seedorf stiess bis in die zweite Hälfte des 19. Jahrhunderts tatsächlich an den See an.

38

Bürgenberg – eine Insel versperrt den Weg

Was auf den Seeabfluss in Luzern zutrifft, gilt auch für die Zuflüsse in Uri und Nidwalden. Sie sind in ihren heutigen Ausformungen nicht mehr mit den früheren Verhältnissen vergleichbar.

Seedorf befand sich, wie es der Name sagt, tatsächlich an der Bucht des Urnersees – bis in die zweite Hälfte des 19. Jahrhunderts, als der Kanton Uri mit einer umfassenden Korrektion der Reuss begann. Zuvor mäandrierte der Fluss fast nach Belieben durch die Talebene und bildete eine stetige Gefahr für die Anwohner. In der ersten Hälfte des 19. Jahrhunderts häuften sich die Hochwasserereignisse, deshalb wurde eine Korrektion unausweichlich. Anstoss dafür gab nicht zuletzt die Schweizerische Gemeinnützige Gesellschaft, die 1834 begann, Geld für die Unwettergeschädigten in Uri zu sammeln.[1]

Zunächst wurde die Reuss von 1850 bis 1863 zwischen der Attinghauserbrücke und dem See begradigt. Auf einer Länge von vier Kilometern entstand ein schnurgerader Kanal, der nun das Geröll direkt in den Deltabereich der Reuss leitete – durchschnittlich 150 000 Kubikmeter pro Jahr. Eine weitere Korrektion zwischen der Seedorferbrücke und dem See zielte deshalb von 1900 bis 1912 auf den Durchstich des Deltas ab. 1888 wurde in Seedorf auch der Palanggenbach verbaut, in der ersten Hälfte des 20. Jahrhunderts dann die linksseitige Reussebene melioriert. Heute liegt der frühere Hafenbereich mit dem mittelalterlichen Turm etwa fünfhundert Meter von der Seebucht entfernt.[2]

Engelberger Aa spricht ein Machtwort

Ähnlich wie die Reuss in Uri führte auch die Engelberger Aa immer wieder Hochwasser und bahnte sich ihren eigenen Weg in den Vierwaldstättersee. Bis in die zweite Hälfte des 15. Jahrhunderts teilte sich der Fluss bei Stans-Oberdorf, wo er eine Breite von 120 Metern erreichte, in drei Arme – nach Stansstad, gegen den Bürgenberg in ein Sumpfgebiet und nach Buochs.[3] Heute fliesst die Engelberger Aa nur noch nach Buochs.

Dies entsprach bereits den Plänen nach einer Landsgemeinde von 1462, als eine Fachgruppe empfahl, die beiden Arme nach Stansstad und in den Ächerli-Sumpf stillzulegen und nur den Arm nach Buochs zu korrigieren. Dagegen wehrten sich allerdings die Leute von Buochs, die dafür die Arbeit zu leisten hatten, weil sie der Wuhr- oder Schwellenpflicht unterlagen.[4] Schliesslich entschied

39

---

1   Vischer, Geschichte des Hochwasserschutzes, S. 130 ff.
2   Vergleiche dazu auch: Gemeinde Seedorf, Seedorf im Wandel der Zeit.
3   Vischer, S. 54.
4   Daniel Vischer, Gewässerkorrektionen, in: HLS, Version vom 11.12.2006. «Wuhr- und Schwellenpflicht» gibt es noch heute als Rechtsbegriffe. Sie bezeichnen die Pflicht des Grundeigentümers, die Gewässer auf seinem Grundstück zu unterhalten.

die Engelberger Aa selber: Bei einem Hochwasser von 1471 wählte sie den Weg nach Buochs und verstopfte die anderen Arme mit ihrem Geröll. Weiterhin waren die Buochser skeptisch, erst ein Kompromiss von 1501 regelte, dass sich auch Stans und Stansstad an den Unterhaltskosten der Dämme und Wuhren zu beteiligen hatten.[1] 1586 wurde das «Aawasser» oder der «wilde Surenenchnab», wie der Fluss von den Einheimischen genannt wird, begradigt.[2] Offenbar war die Verbindung zwischen Buochs und Stansstad auch zweihundert Jahre nach dem Machtwort der Engelberger Aa noch ein Thema. Johann Leopold Cysat schildert in seiner «Beschreibung dess Berühmbten Lucerner- oder 4. Waldstätten Sees» von 1661, dass es neben der Aa noch einen anderen Bach gebe, «der laufft auff der anderen Seiten bey Stansstad in den See, also dass der ganze Bürgenberg ein lautere Insel ist». → Abb. 10 Wenn man nun «bey den Ursprüngen dieser beyden Brünnen ein wenig grabte, die Bäch erweiterte und zusammen züge, köndte man hinder dem Berg aller nähe nach, von der Buchser Mühli gehn Stansstad, unnd hingegen von Stansstad zu der Buchser Mühli, mit einem eychbäuminen Schiff, gar kommlich durchfahren». Damit würde man «einen grossen Umweg ersparen und denen vilmahlen einfallenden ungestümen Winden entrinnen».[3] → siehe auch S. 272 f.

Trockengelegt und melioriert wurde die Ebene erst in der Krisenzeit zwischen den beiden Weltkriegen des 20. Jahrhunderts.[4] Dort wurde 1940 auch der Réduit-Flugplatz der Armee gebaut.

1   Vischer, Geschichte, S. 55.
2   Bruno Amstad/August Cueni, Vom Aawasser, S. 227.
3   Johann Leopold Cysat, Beschreibung dess Berühmbten Lucerner- oder 4. Waldstätten Sees, S. 244.
4   Amstad/Cueni, S. 227.

Abb. 10   Ausschnitt aus der Karte von Johann Leopold Cysat von 1645: Sie zeigt eine direkte Flussverbindung zwischen Buochs und Stansstad.

41

Hochmittelalter: Verkehr und Handel erobern die Voralpen

Adelige stifteten Klöster, Höfe wurden zu Dörfern, an Verkehrsknotenpunkten entwickelten sich Marktorte zu Städten: Der tiefgreifende Umbruch des 11. und 12. Jahrhunderts erfasste den voralpinen Raum mit seiner ganzen Wucht. Hier gab es Freiräume, um Täler, Orte und Verkehrswege zu erschliessen – nicht zuletzt den See. Wirtschaft und Gesellschaft verabschiedeten sich allmählich von der Selbstversorgung. Zunächst der lokale Handel, dann auch der Fernverkehr förderten die Spezialisierung und die Arbeitsteilung. Für die ländliche Innerschweiz war es eine Revolution, die Fortschritt brachte, aber auch Begehrlichkeiten und Abhängigkeiten schuf. In einer neuen Welt waren deshalb Sicherheiten zentral, auch die Sicherheit der Verkehrswege und damit der Schifffahrt.

Fast überall in Europa nahm die Bevölkerungszahl seit der Jahrtausendwende zu, zeitweise in einem beträchtlichen Tempo.[1] Dies wirkte sich nicht nur auf die europäischen Ballungszentren aus, sondern auch auf die Randregionen, insbesondere die Voralpen. Hier waren die Rodungen von Waldhängen und Seitentälern schon in der Mitte des 11. Jahrhunderts fortgeschritten.[2]

Vor allem die Städte übten eine starke Sogwirkung auf die Landschaft aus. Sie brachten eine neue Schicht von Bürgern hervor, die an die Stelle des herrschenden Adels traten. Insbesondere in der Innerschweiz und in Luzern starb der höhere Adel um 1300 aus. Danach, unter der österreichischen Herrschaft des 14. Jahrhunderts, schwand auch die Präsenz des niederen Adels.

Dies führte zu einer sozialen Umschichtung, die auch die Landschaft erfasste. In den bäuerlichen Regionen entstand eine neue Schicht von Landleuten, die begannen, Rechte und Besitzungen von den Klosterherrschaften zu übernehmen. Daneben entstand eine «bäuerliche Unrast», die sich häufig in Konflikten um die konkrete Bodennutzung äusserte, nicht als «Freiheitsbewegung».[3]

1   Fritz Glauser, Verkehr im Raum Luzern-Reuss-Rhein im Spätmittelalter, S. 2.
2   Erstmals festgehalten 1064 in der Auflistung von Gütern des Klosters Muri in der Acta Murensia. Vergleiche dazu: Fritz Glauser, Von alpiner Landwirtschaft beidseits des Gotthards 1000–1350, S. 41.
3   Roger Sablonier, Gründungszeit ohne Eidgenossen, S. 79 ff. und S. 187 f.

Urkantone geraten in die Abhängigkeit von Luzern

Gleichzeitig etablierten sich die Städte als Verwaltungszentren und als Marktorte für den lokalen Austausch. Schon in der zweiten Hälfte des 13. Jahrhunderts waren die Urkantone – insbesondere Uri und Unterwalden – nicht mehr in der Lage, ihren Bedarf an Brotgetreide aus dem eigenen Anbau zu decken. Sie waren auf das habsburgische Luzern angewiesen. Es war das Bindeglied zu den Kornkammern des Mittellandes.[4] → Abb. 11+12

Märkte versorgten ein Einzugsgebiet von zehn bis fünfzig Kilometern.[5] Dies galt für Luzern, aber auch für Altdorf. Der internationale Fernhandel war für die Innerschweiz bis in das späte 13. Jahrhundert unbedeutend.[6] Uri und Unterwalden bezogen in Luzern vor allem Getreide; Schwyz konnte sich auch in Zug oder Zürich eindecken. Umgekehrt diente Luzern als Marktort für Butter und Käse aus den drei Ländern. Nidwalden versorgte die Stadt vor allem mit Butter.[7]

Milchprodukte spielten eine wichtige Rolle in der verkehrstechnischen Erschliessung der Innerschweiz und des Vierwaldstättersees. Diese lässt sich in das 11. Jahrhundert zurückverfolgen, als das Kloster Muri begann, Butter und Käse aus seinen Besitzungen in den Voralpen zu beziehen. Zehntabgaben aus Buochs, Stans oder Gersau setzten ein organisiertes Transportwesen voraus. Zwar gibt es keine Angaben über die Art und Weise, wie der Warenverkehr über den See ablief, doch ist aus dem Elsass und dem Breisgau bekannt, wie der Weintransport funktionierte. Dort waren die Bauern gemäss einer Satzung des Klosters verpflichtet, einen Wagen, vier Ochsen und fünf Kannen für den Weintransport bereitzuhalten. Mussten sie den Wein in den Sommermonaten herbeiführen, genügte ein Ochse; der Probst musste den Ochsentreibern zudem «zwei Sohlen für die Herstellung von Schuhen geben».[8] Muri verfügte also über die entsprechende Erfahrung und Logistik für den Warentransport.

Wasserläufe bestimmen die Handelsrouten

Wie wichtig der Seeweg für den Warentransport war, zeigt auch die Erschliessung des Gotthards in der ersten Hälfte des 13. Jahrhunderts. Wegen der arabischen Dominanz war der Seeweg zwischen dem Mittelmeer und Nordwesteuropa seit dem 10. Jahrhundert stillgelegt. Umso bedeutender waren die Landwege. Gleichzeitig begannen Schwaben und Norditalien, Exportgüter zu produzieren, unter anderem Textilien und Waffen. Konstanz und Mailand wurden zu Wirtschaftszentren.[9]

Dabei waren die Händler nicht auf den Gotthard angewiesen. Es gab bereits die Verbindung über den Septimer oder den San Bernardino nach Chur und über den Walen- und Zürichsee nach Zürich. Zehn reichsfreie

43

4 Hans Nabholz, Der Kampf der Luzerner und Urner Schiffsleute um die Schiffahrt auf dem Vierwaldstätter See, S. 81.
5 Glauser, Verkehr, S. 4.
6 Ebenda und Hans Stadler-Planzer, Geschichte des Landes Uri. Teil 1, S. 175 f.
7 Nabholz, S. 81.
8 Acta Murensia. Die Akten des Klosters Muri mit der Genealogie der frühen Habsburger, S. 75.
9 Fritz Glauser, Handel und Verkehr zwischen Schwaben und Italien vom 10. bis 13. Jahrhundert, S. 230 und S. 234.

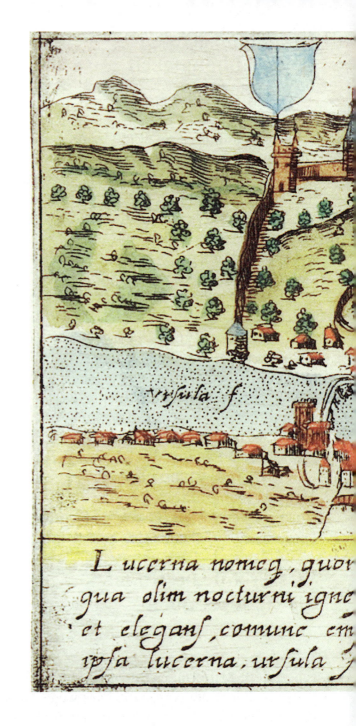

ursula f.

Lucerna nomeq̄, quov
qua olim nocturni igne
et elegans, comune em
ipsa lucerna. ursula J

LVCERNA

am opinione obtinuit, à magna turri in exitu lacus, ex
rauigantibus perluxerunt, ciuitas est satis amena,
uim suctensium Vranorum, et transsiluanorum, in
ius manet,

Abb. 11   Stadtansicht um 1579. Der lateinische Text bedeutet: «Luzern bekam den Namen nach Meinung einiger von einem grossen Turm am Ausfluss des Sees, von dem einst nächtliche Feuer den Schifffahrern leuchteten; es ist eine ziemlich reizende und elegante Stadt, ein gemeinsamer Marktort der Schwyzer, Urner und Unterwaldner, in Luzern selbst fliesst[1] der Fluss Ursula.»
Mit dem Leuchtturm ist der Wasserturm gemeint, der in der Chronik von Johannes Stumpf von 1548 mit einer Laterne dargestellt wird. Stumpf schreibt, dass «bey nacht ein scheynend Liecht oder fheür auff einem Thurn zuo underist im aufgang des Sees entzündet» wurde, das «die schiffleüt unn wandelbaren [Gesinde, Knechte] auff dem See sähen und sich darnach richten, auch den port unn schifflende destbasz [desto besser] träffen mochtend».[2]

1   Gemeint ist wohl «manat» (fliessen) statt «manet»
(bleibt, besteht).
2   Johannes Stumpf, Gemeiner loblicher Eydgnoschafft Stetten,
Bd. 2, Buch 7, S. 196v.

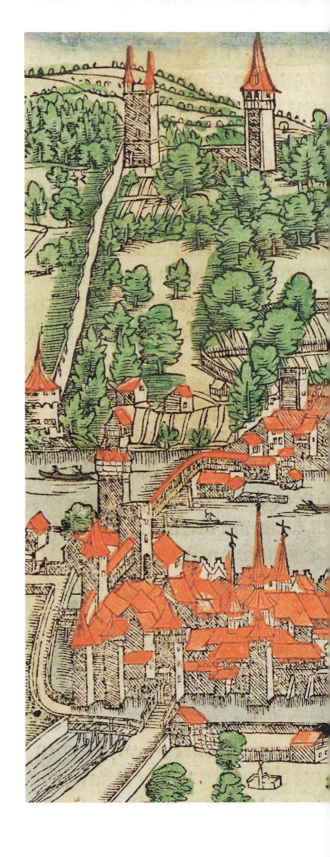

46

Abb. 12   Luzern in der Mitte des 16. Jahrhunderts. Die kolorierte Darstellung stammt aus dem Jahr 1606, die Vorlage wurde von Johannes Stumpf[1] aber bereits 1548 erstellt. Stumpf zeigt eine geschäftige Betriebsamkeit sowohl auf dem See als auch auf der Reuss. Prominent sind die Anlegestellen unter der Egg dargestellt. Dass sich ein Schiff zwischen der Kapell- und der Reussbrücke bewegte, ohne den Mastbaum herunterzunehmen, ist eher unwahrscheinlich. Dafür reichte die erhöhte Durchfahrt unter der Kapellbrücke bei der Peterskapelle nicht.

1   Johannes Stumpf, Bd. 2, Buch 7, S. 196v.

Schiffe wurden auf dem Walensee schon in einer Urkunde von 841 aufgeführt.[1] Interessant wurde der Gotthard erst zu Beginn des 13. Jahrhunderts unter den Stauferkönigen. Kaiser Friedrich II. suchte eine neue Reichsstrasse auf der Nord-Süd-Achse. Er und sein Sohn, König Heinrich VII., erklärten zunächst Uri (1231), dann das Blenio- und Livinental (1239) und schliesslich Schwyz (1240) als reichsfrei. Allerdings kam diese «zielbewusste, grossangelegte Politik» schon 1254 zu einem jähen Ende, als der letzte Stauferkönig, Konrad IV., starb.[2]

Nach dem Zusammenbruch des Stauferreiches verlagerte sich das Schwergewicht der kaiserlichen Politik nach Osten; der Handel konzentrierte sich auf den Brenner.[3] Für den Gotthard bedeutete dies, dass er nicht, wie von den Staufern wohl beabsichtigt, zu einer Heeresstrasse ausgebaut wurde. Für die Eidgenossen wiederum bewirkte das Desinteresse des Reiches, dass sie nun weitgehend die Kontrolle über den Handelsweg hatten. Damit war die soziale Umschichtung auch in der Innerschweiz angekommen. Nicht mehr der Adel, sondern die Landleute übernahmen die Verantwortung für die wirtschaftliche Entwicklung. In der Regel war es die begüterte Oberschicht der Landleute.

Auf ihre neuen Aufgaben und Möglichkeiten waren die Landleute aber kaum vorbereitet.[4] Das zeigte sich auf der Gotthardroute. Dort, wo der Fernverkehr unter den Staufern eingesetzt hatte, geschah vorerst wenig. Erst gegen Ende des 13. Jahrhunderts machte sich eine Zunahme des Handels bemerkbar – in Form von Hausierern und Handelsreisenden. Dann begannen sich die Kaufleute zu organisieren, beauftragten Mittelsleute, um die Transporte zu begleiten und die Abwicklung an den zahlreichen Umschlagplätzen zu überwachen. Mit den Susten für den Warenumschlag, der bewussten Etappierung der Transportstrecken und in Uri mit der Bildung von Säumergenossenschaften entstand nun erstmals ein eigentliches Transportwesen.[5]

Zwiespältig fällt die Beurteilung der historischen Bedeutung des Gotthardverkehrs für die wirtschaftliche Entwicklung der Innerschweiz aus. Einerseits beschränkte sich der Gotthardhandel immer auf den Transitverkehr,[6] in der europäischen Gesamtschau und gegenüber den Bündner Pässen spielte er nur eine untergeordnete Rolle.[7] → siehe auch S. 140 ff. Andererseits erwies er sich vor allem für die Säumer in Uri und für die Schifffahrt als ein Gewinn – zumal es keine Strassenalternative gab, zumindest nicht für den Warenverkehr zwischen Flüelen und Luzern.[8]

48

1   Otto P. Clavadetscher, Verkehrsorganisation in Rätien zur Karolingerzeit, S. 18 f.
2   Ferdinand Güterbrock, Wann wurde die Gotthardroute erschlossen?, S. 146 und S. 151.
3   Fritz Hofer, Die Schiffahrt auf dem Vierwaldstättersee, S. 12.
4   Glauser, Verkehr, S. 3.
5   Glauser, Handel und Verkehr, S. 287.
6   Glauser, Verkehr, S. 3.
7   Fritz Glauser, Der internationale Gotthardtransit im Lichte des Luzerner Zentnerzolls von 1493 bis 1505, S. 202 f.

8   Der einzige Landweg, der Uri mit dem Mittelland verband, führte über Seelisberg nach Nidwalden. Er wurde wohl von Pilgern genutzt, eignete sich aber nicht für den Güterverkehr. Auf der anderen Seeseite, von Flüelen nach Brunnen, gab es einen schmalen Pfad. Nutzbar wurde die Verbindung aber erst 1865, als die Axenstrasse eröffnet wurde.

Bündnisse haben den Zweck, die Verkehrswege zu sichern

Gleichzeitig standen die neuen Landesherren nun vor einer Aufgabe, die für den Transitverkehr essenziell war: Sie mussten den Seeweg sichern. Dies wiederum stellte sich angesichts der politischen Konstellation in der Innerschweiz als eine schwierige Aufgabe heraus. Luzern, das seit 1250 von einem beachtlichen Aufschwung profitierte und sich um 1300 bereits als Finanzplatz – auch für den beginnenden Vieh- und Söldnerhandel über den Gotthard – etabliert hatte,[9] war 1291 unter die Herrschaft der Habsburger gekommen. In den heftigen Auseinandersetzungen zwischen den Eidgenossen und Habsburg – sowohl 1308 nach der Ermordung von König Albrecht I. in Königsfelden als auch 1315 in der Morgartenkrise – verlagerten sich die Berührungspunkte auch auf den See. Schon die eidgenössischen Bündnisse von 1291 beziehungsweise 1309 und 1315 bezweckten vor allem die Sicherung der Verkehrswege. Eindeutig sind dann die Absichten des Waldstätterbundes von 1332. Er diente vor allem der Friedenswahrung auf dem See und damit den Interessen von Uri und Luzern.[10] Luzern war nicht Teil der Reichsvogtei Waldstätte, sondern blieb eine habsburgisch-österreichische Landstadt – bis 1415.[11]

Genossenschaften organisieren die Wirtschaft

Die politischen Umwälzungen schlugen sich seit dem 13. Jahrhundert auch in den wirtschaftlichen Organisationsformen nieder. Die wirtschaftliche Ordnung in den Städten baute schon immer auf dem Prinzip der Arbeitsteilung auf, bereits zu Zeiten der Selbstversorgung.[12] Auch auf der Landschaft bemühten sich schon die Klosterverwaltungen, die bäuerliche Arbeitsweise in ihrer Grundherrschaft zu organisieren. Beispielsweise legte das Kloster Muri für die einzelnen Höfe in Küssnacht fest, dass es einen Meierhof für den Ackerbau gab, dazu eine Mühle und eine Viehherde, aus der auch die Zugtiere für den Schiffstransport des Fischers zwischen Zuger- und Vierwaldstättersee stammten.[13] Eine ähnliche Aufteilung definierte das Kloster Muri auch für die Besitzungen in Gersau mit Äckern, Weiden, Schaf- und Kuhherden. → siehe auch S. 60
Mit dem schleichenden Wegfall der grundherrlichen Strukturen setzte sich dann aber eine neue Form der Selbstverwaltung durch – die Genossenschaft. Sie war nicht auf die Wirtschaft beschränkt, sondern erfasste auch das politische Handeln, wie der geschworene Bund der Eidgenossen zeigt.

Für die wirtschaftliche Selbstorganisation bildeten sich die Genossenschaften auf der Grundlage ihrer arbeitsteiligen Tätigkeiten. Wobei die Stadt an sich eine privilegierte Genossenschaft war.[14] Sie erkämpfte sich

49

9   Nicht nur der Geldhandel und das Kreditwesen waren in Luzern angesiedelt, um 1300 hatten sich bereits auch dreizehn italienische Kaufleute in der Stadt niedergelassen. Quellenwerk zur Entstehung der Schweizerischen Eidgenossenschaft, Abt. 2, Bd. 2, Nr. 743 (20.12.1314), S. 372 ff. Vergleiche dazu auch: Roger Sablonier, Politischer Wandel und gesellschaftliche Entwicklung, S. 240 und S. 254.
10   These von Roger Sablonier, Wandel, S. 240. Vergleiche dazu auch: Roger Sablonier, 1315 – ein weiteres Gründungsjahr der Eidgenossenschaft?, S. 12 und S. 17. Er argumentiert damit, dass bereits das Bündnis von 1315 vor allem die friedens- und ordnungssichernden Bestimmungen betonte und dass Brunnen als Ausstellungsort des Bündnisvertrags darauf hinweise, dass es das Ziel des Abkommens war, den Handelsverkehr auf dem Vierwaldstättersee zu schützen.

1332 lehnte sich der Waldstätterbund stark an die Formulierungen von 1315 an. Deshalb sei klar, dass es wieder um die Friedenswahrung ging – mit Luzern als dem einzigen Seeanrainer, der noch nicht in das Netzwerk eingebunden war.
11   1415 wurden die Habsburger während des Konzils von Konstanz entmachtet. Luzern erhielt die Reichsfreiheit, der Aargau (Freie Ämter und Grafschaft Baden) wurde den Eidgenossen als Gemeine Herrschaft überantwortet.
12   Glauser, Verkehr, S. 3.
13   Karin Fuchs/Georges Descoeudres, Frühes und hohes Mittelalter, S. 156.
14   Gedanke von Paul Wiesendanger, Die Entwicklung des Schifffahrtsrechts in der Schweiz, S. 8.

ihre Rechte von Kaiser und Landesherren und gab sie an die städtischen Zünfte oder Handwerksvereinigungen weiter. Dabei waren auch die Empfänger dieser Rechte privilegiert, denn Rechte standen seit dem Ausgang der Habsburgerherrschaft nur den eingesessenen Bürgern zu.[1] Seit dem ausgehenden 13. Jahrhundert veränderten sich die Rahmenbedingungen auch auf dem Land. Renten- und Pachtverhältnisse lösten die grundherrlichen Lehen ab, Bauern erhielten Zugang zu Krediten und erlangten eine gewisse Mobilität – auch als Unternehmer.[2]

Schifffahrt schafft Voraussetzungen für eine neue Landwirtschaft in den Voralpen

In den ländlichen Gebieten der Voralpen verlor nun der Ackerbau weiter an Bedeutung. Mit dem zunehmenden Handel und Verkehr konzentrierte sich die Landwirtschaft nicht mehr auf die Selbstversorgung, sondern auf den Export. Getreide, Wein und Tücher fanden ihren Weg in die Alpentäler, anstelle des Acker-, Wein- und Flachsbaus stellten die Bauern auf Viehzucht und Milchwirtschaft um.[3]

Schon in der Mitte des 12. Jahrhunderts ist die Viehwirtschaft in der Innerschweiz bezeugt – in den Verzeichnissen des Klosters Muri über seine «Schweighöfe».[4] Fritz Glauser vermutet, dass schon bald auch die Ausfuhr von Vieh begann.[5] Zunächst beschränkte sich der Export auf das Mittelland und diente wohl nur der Überwinterung. Dann – in einer zweiten Phase – setzte der Rückimport des «überschüssigen Grossviehs aus dem ackerbauenden Mittelland» für die Mästung auf den Alpen und den Weitertransport nach Italien ein. 1309 gab es aufgrund eines Schiedsspruchs zwischen dem Kloster Engelberg und Uri offenbar eine Schiffsverbindung für Grossvieh sowohl von Buochs nach Flüelen als auch von Stansstad nach Luzern.[6]

Rasch entwickelte sich die exportorientierte Vieh- und Molkereiwirtschaft zu einem Kerngeschäft der ländlichen Wirtschaft. → Abb. 13 + 14 Sie prägte den bäuerlichen Alltag noch während Jahrhunderten.[7] So war Uri seit dem 13. Jahrhundert in einen Tauschzyklus von Vieh und Käse gegen Getreide, Wein und Reis eingebunden. Die meisten Exporte gingen in die volksreiche Lombardei. Dies mag auch ein Grund für die ennetbirgischen Kriegszüge in der Leventina und der Südschweiz gewesen sein. Man wollte sich den Zugang zu den lombardischen Märkten sichern.[8]

50

1   Segesser, Rechtsgeschichte der Stadt und Republik Lucern, S. 181.
2   Sablonier, Wandel, S. 254.
3   Stadler-Planzer, S. 64.
4   Senn- und Milchhöfe.
5   Ausführungen in Glauser, Von alpiner Landwirtschaft, S. 61. Fritz Glauser (1932–2015) war Staatsarchivar des Kantons Luzern (1971–1997). Er gilt aufgrund seiner Forschungen noch heute als der profundeste Kenner der Handels- und Verkehrsgeschichte der Innerschweiz, insbesondere des Gotthardhandels.
6   Ebenda.
7   Oliver Landolt, Wirtschaft im Spätmittelalter, S. 141.
8   Andres Loepfe, Historische Verkehrswege im Kanton Uri, S. 14.

«Welschlandfahrt» ersetzt die Überwinterung des Viehs

Gross war die Bedeutung des Viehhandels auch für Schwyz. Rinder und Pferde aus Innerschwyz wurden bis in die Mitte des 15. Jahrhunderts vor allem nach Zürich und Süddeutschland verkauft, dann verlagerte sich der Hauptmarkt nach Oberitalien. Vor allem in den Herbstmonaten wurde das überschüssige Vieh über den Gotthard exportiert. So musste es nicht durch den Winter gefüttert werden.[9]

Die sogenannten «Welschlandfahrten»[10] – der Viehtrieb über den See und den Gotthard nach Italien – sorgten für einen beträchtlichen Betrieb an der Schifflände in Brunnen. Und manchmal für Aufregung: 1670 beklagten sich die italienischen Viehhändler über die Schiffleute in Brunnen, die nicht genügend Fahrten anboten. Darauf antwortete der Landrat, «die Welschen sollen zufrieden sein, wenn die Schiffleute des Tages drei Fahrten machen, wenn Wind und Wetter solche gestatten».[11] Die grössten Schiffe konnten bis zu vierzig Kühe transportieren.[12]

Immer wieder wurden die italienischen Händler in die Schranken gewiesen, wenn sie in Brunnen auf den Einsatz von Zusatzschiffen drängten. Offenbar wollten die Schiffleute nur in den eigenen Nauen fahren. Als ihnen der Landrat befahl, «fremde Nauen anzuschaffen», wehrte sich der Schiffmeister, dass «niemand in fremden Nauen fahren» wolle.[13] Ebenso war es den italienischen Viehkaufleuten verboten, «vor sechs Uhr morgens das Vieh zusammenzutreiben, bei 1 Gulden Busse auf jedes Haupt Vieh». Und der erste Nauen durfte «nicht vor 12 Uhr abfahren».[14]

Zu einem wichtigen Zentrum des Viehverlads für die Welschlandfahrer wurde auch Buochs. Schon seit dem 11. Jahrhundert wurden Rinder aus dem Mittelland von Buochs auf die nahegelegenen Alpen getrieben,[15] bald entwickelte sich auch ein Exportmarkt. Ende des 17. Jahrhunderts ging dann das alte Schifffahrrecht der Buochser Ürte von 1428 an die Landesregierung über. Mit der starken Zunahme des Personen- und Warenverkehrs war die «Verstaatlichung» des Fährwesens auch in Buochs nicht abzuwenden.[16]

Schiffsverkehr sorgt für Arbeit und Geldeinnahmen

Tatsächlich entwickelte sich die Schifffahrt über die Jahrhunderte zu einem wichtigen Wirtschaftszweig – nicht nur für den «Staat», sondern auch für die Schiffgesellschaften, für Handwerker und Taglöhner. Nicht umsonst wurde unablässig über Privilegien, über Zölle und Gebühren auf dem See gestritten.

Als ein exemplarischer Beleg für die wirtschaftliche Bedeutung der Schifffahrt soll der Gotthardverkehr in Uri dienen. Er sorgte nicht nur

9   Christine Doerfel, Alpwirtschaft in früheren Zeiten, S. 25.
10   «Welschland» war die gebräuchliche Bezeichnung für den romanischen Raum, insbesondere für Italien und Frankreich.
11   Alois Dettling, Schwyzerischer Geschichtskalender, 11.10.1670, S. 510.
12   Christine Doerfel, Verkehrsgeschichte im Überblick, S. 16.
13   Schwyzerischer Geschichtskalender, 8.10.1760 und 11.10.1760, S. 136.
14   Ebenda, 10.10.1760, S. 136.
15   Acta Murensia, S. 99.
16   Andres Loepfe, Von «Nauwen» und «Jaassen», «Fehren» und «Susten», S. 30.

Abb. 13   Idylle der Alpenlandschaft, gezeichnet zwischen 1740 und 1760 von Johann Caspar Ulinger. Hirten mit ihren Kühen, Ziegen und einem Hund befinden sich auf der Rigi, auf dem See herrscht ein ungewöhnliches Gedränge. Die gleichförmigen Alpengipfel scheinen einer Schablone zu entstammen.

Abb. 14   Viehtransport vor Flüelen nach 1861. Flüelen war der Ausgangspunkt für die «Welschlandfahrten», das heisst für die Viehexporte über den Gotthard nach Norditalien.

für die Schiffleute, sondern auch für die Säumer für einen ständigen Nebenverdienst. Zudem schuf er ein lebhaftes Verkehrsnebengewerbe mit Wirten, Sattlern und Hufschmieden, und die Zölle und Fürleite-Gebühren füllten die Kassen der Genossenschaften.[1]

Mit den Einnahmen wurden die Schiffländen, Strassen und Brücken ausgebaut und unterhalten. Doch nicht nur: Innerhalb einer kurzen Zeit war so viel Bargeld vorhanden, dass es den Urnern möglich war, die stolze Summe von 10 535 Gulden aufzubringen und sich 1359 von den grundherrlichen Pflichten gegenüber den Zisterzienserklöstern loszukaufen.[2] Aus den Einkünften des Flüeler Zolls, den sie nach 1359 in ihren Besitz brachten, gewährten sie sogar Darlehen an Private.[3]

Für die politische Entwicklung war der Güterloskauf von 1359 «viel mehr als eine Transaktion zwischen den vier Klöstern und dem Lande Uri».[4] Zu den hauptsächlichen Nutzniessern des Auskaufs gehörten zwar die Mächtigen des Landes, beispielsweise die von Attinghausen und ihre Erben, denn sie besassen die besten Klosterlehen, die nun in ihren Besitz übergingen. Doch die plötzliche Ablösung der Feudalstrukturen, die um die Mitte des 14. Jahrhunderts auch die Fraumünsterabtei erfasste, wirkte sich ebenso auf die übrigen Schichten aus: Hörigen brachte sie die persönliche Freiheit, Boden wurde von den grundherrlichen Lasten befreit, das bäuerliche Eigentum erfuhr eine bedeutende Ausweitung.[5] Für die effektive «Gründung» der Eidgenossenschaft war der Auskauf von 1359 wohl mindestens so wichtig wie die Bunderneuerung von 1291.

54

1   Stadler-Planzer, S. 205.
2   Ebenda. Vor allem von Wettingen, aber auch von Kappel, Frauenthal und Rathausen.
3   Ebenda, S. 201 und S. 205.
4   Ebenda, S. 285.
5   Ebenda.

Schiffe werden auch in Pferden gemessen

Nicht nur der Viehhandel war eine wichtige Einnahmequelle für die Wirtschaft der Innerschweiz, auch der Pferdehandel blühte. → siehe auch S. 128 f. Pferde wurden für den Landtransport gebraucht, deshalb fuhren sie häufig mit den Kaufleuten auf den Schiffen mit. Luzern gab das Fassungsvermögen der Nauen sogar in Pferden an: 25 Pferde in einem Knechtennauen, 16 in einem Steinnauen → Abb. 15 / siehe auch S. 121 und immerhin noch zwei in einem Jassen.[1] 1376 legte der Luzerner Rat für die Fahrt nach Küssnacht fest, wie sich die Fahrpreise zusammensetzten. Für ein Pferd wurden acht Pfennige verlangt, eine Kuh kostete nur die Hälfte, ein Rind aber sechs Pfennige, gleich viel wie ein Eimer Wein. Eine einzelne Person zahlte einen Pfennig.[2]

Schon früh wurde in Luzern über den Pferdeexport in die Lombardei beraten. 1496 war der Rat mit der Klage über einen schiefgegangenen Auftragsverkauf in der Lombardei konfrontiert.[3] Wie wichtig der Pferdehandel für Luzern war, ist nicht dokumentiert. Er scheint aber von einer gewissen Bedeutung gewesen zu sein, denn in der Stadtordnung von 1706 wurden die Details geregelt. Grundsätzlich bestand beispielsweise ein Rückgaberecht von acht Wochen und drei Tagen, wenn «es [das Pferd] mit einem oder mehrer ... Mänglen behafftet zu seyn erfunden wird». Darunter fiel auch, wenn das Pferd «gantz faul» war. Ausgenommen von dem Rückgaberecht waren die «Ross ..., welche über den Albis, Hauwenstein und Gotthard gegen Frömbden oder Heimbschen verkaufft werden, allso dass solche aus dem Land eigentlich verkaufft seyn sollen».[4]

1   Hans Wicki, Bevölkerung und Wirtschaft des Kantons Luzern im 18. Jahrhundert, S. 501. Zu den Schiffstypen und deren Grössen → siehe auch S. 114 ff.
2   Vermischte Urkunden, Nr. 37 (11. 8. 1376), S. 264.
3   StALU Ratsprotokolle RP 8.37v f. (22. 8. 1496).
4   Rechtsquellen des Kantons Luzern, Teil 1, Bd. 5, Nr. 7 (1706), S. 382.

56

Abb. 15   Ein grosser Nauen gerät 1836 vor Brunnen in einen Föhnsturm. Er ist beladen mit Kühen, die in einer Koppel zusammengehalten werden, und mit Begleitpferden. In den grossen Schiffen konnten bis zu 49 Ochsen oder 37 Pferde transportiert werden.[1]

1   Zahlen gemäss den Aufzeichnungen von Sebastian Schindler in seinen Rechnungsbüchlein von 1585 und 1588.
StALU AKT A1 F7 SCH 902 B, Rechnung des Schiffmeisteramtes, 1585–1586, und StALU COD 5629, Schiffmeisterrechnung (Rechnungsrödel) von Schiffmeister Sebastian Schindler, 1588.
→ siehe auch S. 128 f.

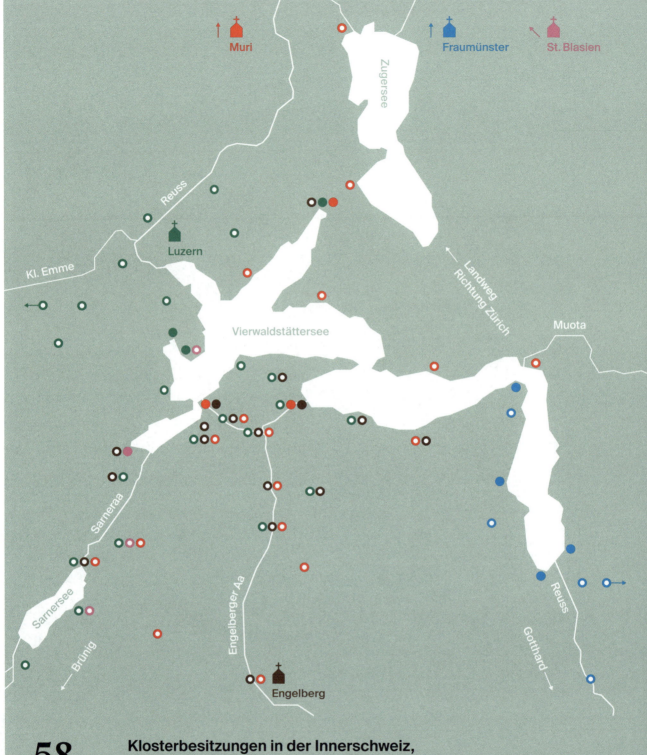

Muri
Fraumünster
St. Blasien

Zugersee

Reuss

Luzern

Kl. Emme

Vierwaldstättersee

Muota

Landweg Richtung Zürich

Sarneraa

Engelberger Aa

Sarnersee

Brünig

Reuss

Gotthard

Engelberg

58

Klosterbesitzungen in der Innerschweiz, 11. bis 14. Jahrhundert

Grafik 3 ● Besitzungen mit Schifffahrrecht
○ Besitzungen mit Zehntenpflicht

✝ Kloster im Hof Luzern, gegründet um 735 (Angaben für 13./14. Jh.)
✝ Kloster St. Blasien, Schwarzwald, um 948 (Angaben für 14. Jh.)
✝ Kloster Muri, um 1027 (Angaben für 11./12. Jh.)
✝ Fraumünsterabtei Zürich, 853 (Angaben für 13./14. Jh.)
✝ Kloster Engelberg, um 1120 (Angaben für 12. Jh.)

Klöster integrieren den See in ihre Versorgungsnetze

Dort, wo Menschen an einem See leben, gibt es immer auch Schiffe. Das ist seit Urzeiten so – anfänglich für die Fischerei oder den einfachen Fährdienst, später für die kommerzielle Schifffahrt. Kenntnis von der Schifffahrt erhalten wir aber erst, wenn Quellen festhalten, was Menschen tun. In der Innerschweiz berichten die schriftlichen Quellen erstmals kurz nach der Jahrtausendwende über eine intensivierte Siedlungstätigkeit. Sie lassen auch Rückschlüsse auf den Schiffsverkehr zu.

Ursprung der ersten Quellen sind die grossen Klöster – das habsburgische Kloster Muri und die karolingische Fraumünsterabtei in Zürich mit ihren ausgedehnten Besitzungen in Uri. Sie berichten über Gutshöfe und Fährstellen, längst bevor der Verkehr über den Gotthard einsetzt oder sich die Eidgenossenschaft anschickt, ihren reichen Quellenbestand anzulegen. Die eigentliche Schifffahrtsgeschichte auf dem Vierwaldstättersee beginnt mit den Klöstern.

Es ist anzunehmen, dass auch das Kloster Luzern schon früh über eine organisierte Schifffahrt verfügte, um seine Besitzungen an das Mutterhaus anzubinden. Leider ist aber die Quellenlage für die Zeit unter der Klosterherrschaft bis in das 14. Jahrhundert dürftig.

So oder so: Von einer öffentlichen Schifffahrt kann bis in das frühe 13. Jahrhundert noch nicht die Rede sein. Die klösterliche Schifffahrt konzentrierte sich auf den Eigenbedarf. Sie war mehrheitlich Privatverkehr. Erst als die Gesellschaft begann, sich ausserhalb der grundherrlichen Strukturen der Klöster zu organisieren, entstand auch das Bedürfnis nach einem regelmässigen Seeverkehr, der Menschen und Waren transportierte.

Auch in der Innerschweiz verlässt sich Muri auf seine straffe Organisation

Für den grössten Teil des Vierwaldstättersees – von Küssnacht bis nach Stansstad und von Meggen über Buochs und Gersau bis nach Brunnen – dokumentiert die Gründungschronik des Klosters Muri («Acta Murensia»),[1] was über die wirtschaftlichen Verhältnisse des 11. und 12. Jahrhunderts bekannt ist. Gegründet wurde das Kloster um das Jahr 1027 von den Grafen von Habsburg, die damals noch ein

1 Geschrieben wurde die Acta Murensia um 1140 auf der Grundlage der klösterlichen Urkunden, die bis in die Gründungszeit zurückreichen.

junges Adelsgeschlecht waren,[1] bereits aber Besitzungen in der Innerschweiz hatten. Einer der Söhne von Radbot übergab nämlich sein Gut, das er in Küssnacht besass, 1055 an das Kloster – für das Seelenheil seines verstorbenen Bruders.[2]

Ganz offensichtlich war Muri seit der Zeit seiner Gründung überzeugt, dass sich die Voralpen für die wirtschaftliche Nutzung eignen, vor allem für die Haltung von Grossvieh. Indiz dafür ist, dass sich der Abt und der Probst selber um die Organisation des Alpauftriebs und die Verteilung des Viehs auf die verschiedenen Alpen kümmerten.[3]

Muri besass eine Vielzahl von Alpen, die zu einem grossen Teil nur über den Seeweg zu erreichen waren. Bereits bei der Klostergründung werden Besitzungen in Buochs, Kerns und Gersau (neben Küssnacht und Meggen) genannt.[4] 1064 kommen Weggis, Emmetten, Wil an der Aa, Stans, Stansstad und Engelberg dazu, ebenso Höfe und Alpen in Wolfenschiessen, Ennetmoos, Sarnen, Rickenbach, sogar in Bauen und Isental.[5] Das heisst: Muri besass den grössten Teil seiner Streugüter auf der gegenüberliegenden Seeseite, vor allem in Nidwalden.[6] Und es hatte sich bereits in Uferorten wie Küssnacht, Meggen, Weggis, Gersau, Brunnen, Buochs und Stansstad eingerichtet.[7]

Muri verlässt sich auch in der Innerschweiz auf seine straffe Organisation

Interessant sind dabei die Details aus «ganz Gersau», wie die Besitzungen in der ersten Aufzählung bezeichnet werden, insbesondere die Aufzählung der Zehntabgaben: Käse, Ziger, Fleisch, Fische, Schlachtvieh, Tücher, Wolle, Filze, Häute, Leder, Felle, Pfennige, Nüsse und Äpfel.[8] Dies zeugt in einer frühen Zeit schon von Alpwirtschaft, Grossvieh-, Schaf- und Ziegenhaltung, von Obstkulturen und Fischfang, nicht aber von Ackerbau. Und bereits wurden auch Geldzinse eingezogen.

Weiter beschreibt die Acta Murensia detailliert, wie die straffe Organisation der Klosterherren aussah. So fuhr der Probst dreimal pro Jahr selber nach Gersau. Mitte Mai holte er die Wolle der Schafe ab, organisierte den Alpauftrieb und zog den Zins für Neurodungen in Form von fünf Schafen mit Lämmern ein. Mitte September überwachte er den Alpabzug und entschied, wo das Vieh überwintern sollte – in Gersau und in Unterwalden. Ein drittes Mal – Ende November – kam er nach Gersau, um die Abgaben und Zinse abzuholen.[9]

60

1   Der ursprüngliche Stammsitz der Habsburger ausserhalb von Brugg wurde in der gleichen Zeit, ebenfalls von Radbot, gegründet.
2   Acta Murensia. Die Akten des Klosters Muri mit der Genealogie der frühen Habsburger, S. 17.
3   Fritz Glauser, Von alpiner Landwirtschaft beidseits des Gotthards 1000–1350, S. 35.
4   Acta Murensia, S. 21.
5   Ebenda, S. 99 und S. 101.
6   Mehr als die Hälfte der Besitzungen befand sich in der Ebene zwischen Buochs, Stans und Stansstad. Vergleiche dazu: Glauser, S. 34.
7   In der Acta Murensia werden die folgenden Orte genannt: Küssnacht, Weggis, Gersau, Buochs, Emmetten, Hofstetten [bei Wil an der Aa], Wil [an der Aa], Stans, Stansstad, Engelberg, Ober- und Nieder-Eilse [Eltschen, Wolfenschiessen], Füringen [wahrscheinlich

nicht Fürigen, Obbürgen, sondern Fieringen, Wolfenschiessen], Hüton [Hittis-, Hüttismatt, Engelberg], Fallenbach [Hof in der Pfarrei Wolfenschiessen], Wolfenschiessen, Rohren [Ennetmoos], Sarnen, Kerns, Melchtal, Ellenbrunnen [im Melchtal], Ramersberg [Sarnen], Schwarzenberg [Sarnen], Mutterschwand [Ennetmoos], Walde [ehemaliger Hof in Ennetmoos], Rickenbach, Bauen, Obrenalp [Isental], Rigintal [Pfarrei Emmetten], Horn [Buochserhorn?], Stoffelberg [Engelberg], Egg [-Dürrenboden, oberhalb Wiesenberg], Kernalp [Wolfenschiessen], Furken [Engelberg], Sinsgau [Oberrickenbach], Trübsee, Lutersee [Wolfenschiessen], Furen [Engelberg], Tagenstal [Engelberg], Meggen. Acta Murensia, S. 99 ff. sowie S. 245 ff. (zu den Ortsnamen).
8   Acta Murensia, S. 97 und S. 99.
9   Ebenda, S. 97 und S. 245, Anm. 779.

Engelberg kommt der «fremde Käse» abhanden

Trotz seiner grossen Bedeutung für die Innerschweiz hatte das Kloster Engelberg mit der Schifffahrt nur wenig zu tun. Allerdings ist eine Besonderheit erwähnenswert: In den ersten Verzeichnissen der Einkünfte von 1199 wird ein Hof in Birrholz erwähnt, der auch verpflichtet war, «immer ein Schiff bereitzuhalten».[1] Dabei handelt es sich um Birrholz auf der Horwer Halbinsel.[2] Engelberg stellte von dort die Verbindung nach Stansstad sicher, wo das Kloster ebenfalls das Recht besass, «für alle klösterlichen Bedürfnisse» über ein Schiff zu verfügen.[3]

Engelberg war um 1120 inmitten von Gütern des Klosters Muri gegründet worden. Stifter waren die Edlen von Seldenbüren-Regensberg, die um 948 bereits das Kloster St. Blasien nördlich von Koblenz gegründet hatten. Sie hatten sich darauf spezialisiert, Randgebiete zu erschliessen, und konzentrierten sich dabei auch auf das Engelbergertal.[4] Die ersten Mönche stammten wahrscheinlich aus dem Kloster Muri, vielleicht aus St. Blasien.

Die meisten Besitzungen hatte das Kloster Engelberg an den gleichen Orten wie das Kloster Muri, vor allem in Nidwalden, aber auch rund um den Alpnachersee. Das einzige Schifffahrrecht des Klosters ist aus Buochs überliefert, als die Dorfleute von Buochs und der Abt von Engelberg um das Fahrrecht stritten. 1402 urteilte das Geschworene Gericht zu Nidwalden, dass sich das Fahr des Klosters von «den vert der ab Bürgen» bis «an den vert ze Niderdorf» erstrecke, also von Ennetbürgen bis Beckenried, und dass «nieman daruff varen sölt wider iren willen, er wölte denn holtzen oder vischen oder sich selber füren».[5] Offenbar hatte das Kloster aber wenig Einfluss, um das Vorrecht des Waren- und Personentransports durchzusetzen. So sei das Recht «im Laufe der Jahre ... mehr oder minder in Vernachlässigung oder Vergessenheit geraten» und «dieser oder jener der Dorfleute zu Buochs» hätte «fremde Käse nach dem benachbarten Brunnen oder nach Flüelen» geführt.[6]

Verbindungen in die Innerschweiz und an den See wies auch das Kloster St. Blasien auf – allerdings spät. 1357 und 1359 hatte es Anrecht auf 36½ Fische aus Birrholz,[7] 1371 wird «ain drittail des vars ze Alpinach» genannt. Es ist der einzige Direktbezug zu einem Schifffahrrecht, dafür umschreibt es auch die Pflichten der Schiffleute, insbesondere «den phleger des gotzhus, so er die zins samnon [sammeln] wil, vergeben und onne lön über füren, oder wa der phleger hin wil mit allen zinsen, dar zu sol der schiffman den phlegern und den knechten geben ze essenn zigern und brot».[8]

1   «... navigium semper paratum». Quellenwerk zur Entstehung der Schweizerischen Eidgenossenschaft, Abt. 2, Bd. 2, Kloster Engelberg, Nr. 1 (vor 1199), S. 226.
2   Wahrscheinlich befand sich die Anlegestelle dort, wo heute die Einrichtungen des Eidgenössischen Wasserforschungsinstituts (Eawag) stehen.
3   «Navigare quoque ad omnia necessaria monasterii.» Quellenwerk, Abt. 2, Bd. 2, S. 226.
4   Andres Loepfe, Verkehr in Nidwalden, S. 10.
5   StANW SF 3-2/236, Fahrrecht des Klosters Engelberg. Dort transkribiert und in: Urkunden des Stifts Engelberg, Teil 5, Nr. 429 (25. 2. 1402), S. 231 ff.
6   Jakob Wyrsch, Das Fahrrecht zu Buochs, S. 65.

7   Quellenwerk, Abt. 2, Bd. 2, Kloster St. Blasien, Nr. 2 (1357 und 1359), S. 11.
8   Ebenda, S. 13.

Ein ausgeklügeltes Transportwesen setzt eine leistungsfähige Schifffahrt voraus

Ähnliches berichtet die Chronik von den Alpen in Nid- und Obwalden,[1] was verdeutlicht, dass Muri nicht nur auf eine straffe Organisation zurückgriff, sondern auch auf ein ausgeklügeltes Transportwesen. Und dass es den Vierwaldstättersee als einen zentralen Verkehrsraum nutzte. Dies wiederum setzte eine leistungsfähige Schifffahrtsorganisation voraus – und Schiffe, die in der Lage waren, auch Grossvieh zwischen Gersau und Buochs, Stansstad oder Küssnacht zu transportieren.[2]

Dabei verstand es Muri, den See- mit dem Landverkehr zu verknüpfen und seine Eigenleute auch als Schiffleute einzusetzen. Dies galt mit Sicherheit für die isolierten Uferorte wie Meggen, Weggis und Brunnen.[3] Doch auch in Küssnacht, das als Drehscheibe für den Weitertransport nach Muri diente, gab es keine eigene Schifffahrtsorganisation. Muri besass dort einen Teil der Kirche, dazu «Ackerland, das kaum für einen Pflug[4] reichte», Weiden, Tagländer[5], Mühlen, Fischweiher und einen Schweighof[6]. Küssnacht teilte sich den Fischer und das Fischerboot mit Immensee. Gefischt wurde von Anfang März bis Mitte Mai in Immensee, dann transportierte man das Boot mit dem Ochsen nach Küssnacht. «Genährt» wurden der Fischer und sein Gehilfe mit dem Getreide aus den Mühlen in Küssnacht.[7]

Fraumünsterabtei zieht die Zehntabgaben in Uri ein

Während sich das Kloster Muri auf den nördlichen Teil des Vierwaldstättersees konzentrierte, kam der Urnersee schon früh in den Einflussbereich eines anderen Klosters. Der untere Teil des Urnerlandes war 853 bei der Gründung der Fraumünsterabtei an das königliche Eigenkloster in Zürich gegangen. Es handelte sich um Streubesitz in Bürglen, Spiringen, Silenen, Schattdorf und Altdorf. Bereits bei der Stiftung gehörten der Fraumünsterabtei auch die Patronatsrechte der Kirchen in Altdorf, Silenen und Bürglen.[8] Sie lieferten die Zehntabgaben nach Zürich.[9]

Damit war auch der Urnersee in den Einflussbereich der Fraumünsterabtei geraten. Um die Mitte des 13. Jahrhunderts wurden drei Meierämter geschaffen, die identisch mit den drei Kirchämtern waren. Sie hatten die Aufgabe, den Zehnten einzuziehen und den Transport für die Waren zu organisieren, die nach Zürich gingen.[10] Geschuldet wurde der Zehnt jährlich auf den 1. April und den 1. Juli.[11] Zu diesem Zweck wurden zwei Hofstätten in Flüelen verpflichtet, den Fährdienst zu versehen. Sie sollten «miner frauwen der abbtissin ihr mulkin[12] fertigen von Flüelen untz gen Brunnen in einem nauwen mit zweyen knechten ohn ir schaden und die lammer zu osteren und die hubschaft und zinsschaft[13] ze herbst». Auch

1 Acta Murensia, S. 103.
2 Glauser, S. 32.
3 Ebenda.
4 Pflugleistung von etwa einer Jucharte pro Tag (= 0,3 bis 0,4 Hektaren), auch gleichzusetzen mit der saisonalen Arbeitsleistung eines vierspännigen Ochsenzuges (gemäss Glauser, S. 30).
5 Tagländer waren Kleinhöfe ohne Gebäude. In der Regel waren sie Teil eines grösseren Hofes.
6 Schweige = Viehherde. Schweighöfe waren Sennhöfe, die Käse oder Ziger herstellten. Anfänglich wurde vor allem Kleinvieh, das heisst Schafe und Ziegen, auf den Schweighöfen gehalten.
7 Acta Murensia, S. 97.
8 Judith Steinmann, Fraumünster, in: HLS, Version vom 9. 11. 2006.

9 955 werden die Abgaben erstmals in einem Zehntstreit zwischen dem Vogt in Zürich und den Urner Landleuten greifbar. Dabei versprechen die Urner, die Zehntschafe auf den zehntpflichtigen Bergwiesen bis Mitte Mai mit Wildheu zu füttern. Quellenwerk zur Entstehung der Schweizerischen Eidgenossenschaft, Abt. 1, Bd. 1 (22. 11. 955), S. 21 f.
10 Quellenwerk, Abt. 2, Bd. 2, Fraumünsterabtei Zürich, S. 244.
11 Quellenwerk, Abt. 1, Bd. 1, Nr. 230 (27. 3. 1210), S. 108 f. Vergleiche dazu auch: Hans Stadler-Planzer, Geschichte des Landes Uri, Teil 1, S. 112.
12 Ziger und Käse.
13 Hier sind Hub- und Zinsschafe gemeint. «Hube» bezeichnet eine bäuerliche Hofstelle.

Kloster Wettingen – gross, aber ohnmächtig

Bedeutend für die frühe Geschichte des Urnerlandes ist neben der Fraumünsterabtei in Zürich auch das Kloster Wettingen. Es besass ein Mehrfaches des Abteibesitzes, allerdings ging der ganze Zehnt des Landes nach Zürich.[1] Wettingen, 1227 von den Grafen von Rapperswil als Zisterzienserkloster gegründet, interessierte sich vor allem für den besonderen Ertrag, der aus Uri kam: Milchprodukte wie Käse und Ziger, aber auch Geldzinse. 1310 waren es 400 Pfund, die in die Kassen des Konvents flossen – ein beträchtlicher Anteil an den gesamten Einnahmen.[2]

Wettingen besass in Uri auch Hörige. Diese waren bei der Klosterstiftung mit dem ausgedehnten Grundbesitz der Grafen von Rapperswil an das Kloster übergegangen. Nur der politische Einfluss blieb den Urnern, die in den Diensten des Klosters standen, verwehrt. Wettingen führte ein enges Regime, weshalb sich die einflussreichen Geschlechter in den Dienst des Fraumünsters stellten. Dort hatten sie mehr Einfluss und die besseren Karrierechancen.[3]

Obwohl der Abt und der Kellner von Wettingen regelmässig nach Uri reisten, das Kloster bis um 1300 auch seinen Besitz ausweitete und nachweislich Vieh in Uri kaufte,[4] taucht in den Quellen nichts über den Transport – weder auf dem Land- noch auf dem Wasserweg – auf.

Mitte des 14. Jahrhunderts geriet das Kloster Wettingen, das in den Einflussbereich der Habsburger gehörte, in die Wirren der kriegerischen Auseinandersetzungen zwischen den Eidgenossen und Habsburg. Besonders die führenden Landleute in Uri erkannten die Gelegenheit, sich gegen das Kloster zu stellen, und weigerten sich, die Zinse zu entrichten. Die jährlichen Einnahmen waren auf 50 Pfund zusammengeschrumpft.[5] Wettingen entschied sich deshalb 1357, seine Besitzungen in den entlegenen Regionen abzustossen, was 1359 – zusammen mit den Zisterzienserklöstern in Rathausen, Kappel und Frauenthal – geschah.[6] Für die gewaltige Summe von 10 535 Gulden, die sie mehrheitlich aus Zöllen und Fürleite-Gebühren eingenommen hatten, → siehe auch S. 54 kauften sich die Landleute von den Klöstern los. Es war zweifellos ein bedeutender Schritt in der Konstituierung des Landes Uri, noch ein Jahr vor der Übernahme des Reichszolls in Flüelen. Von der Fraumünsterabtei löste sich Uri erst zwischen 1426 und 1428.

1   Quellenwerk zur Entstehung der Schweizerischen Eidgenossenschaft, Abt. 2, Bd. 2, S. 244.
2   Hans Stadler-Planzer, Geschichte des Landes Uri. Teil 1, S. 122.
3   Ebenda, S. 124.
4   Ebenda, S. 177. 1354 gab es hundert Gulden – eine bedeutende Summe – für den Kauf von Vieh aus.
5   Ebenda, S. 279 f.
6   Urkunden aus Uri, Nr. 143 (18. 7. 1359), S. 110 ff.

für den Meier von Erstfeld fuhren die Inhaber der Belmen- und der Fischlishofstatt auf den See – allerdings nur bis Bauen. Dafür erhielten sie «ze Mejen ein lamm und ze herbst ein viertel gersten».[1]

Schiffleute stehen zu Diensten der Fraumünsterabtei

Zinspflichtig waren um 1370 mehr als 80 Hofstätten und 160 Güter. Zehntabgaben waren Osterlämmer, Schafe, Widder, Käse, Ziger, Butter, Wolle, Ziegenhäute, Nüsse und Geldabgaben. In einem Zehntenrodel des Meiers von Erstfeld werden auch Kälber, Fohlen, Erbsen, Bohnen, Äpfel und Birnen genannt.[2] Um den Transport der Naturalabgaben nach Zürich zu organisieren, reiste der Bote der Äbtissin zweimal pro Jahr nach Uri. Er kontrollierte und quittierte die Waren und beauftragte die Belmen- oder Fischlishofstatt mit der Fahrt nach Brunnen. Entlöhnt wurden die Schiffleute mit Käse aus den klösterlichen Schweighöfen.[3]

Es ist anzunehmen, dass auf diesen Schiffen schon früh auch der reguläre Personenverkehr zwischen Flüelen und Brunnen abgewickelt wurde.[4] Ebenso dürfte die Treib-Fähre unter der Verwaltung der Fraumünsterabtei gestanden haben.[5] Darüber gibt es aber keine schriftlichen Belege, genauso wenig wie über die Verbindungen von Seedorf nach Brunnen oder nach Luzern. Seedorf befand sich seit der Gründung des Lazariterklosters um 1200 an einem bedeutenden Pilgerweg. Flüelen aber entwickelte sich aus den klösterlichen Fährstellen zu einem Hafenort, der als Umschlagplatz zunächst den Markt in Altdorf erschloss, dann auch den Handel über den Gotthard.

Kloster Luzern dehnt sich an der Handelsstrasse über den Brünig aus

Die älteste Klostergründung in der Innerschweiz erfolgte um 735 in Luzern. Wahrscheinlich noch vor 840 wurde die Benediktinerabtei erneuert und dem elsässischen Kloster Murbach unterstellt. In diese Zeit fällt auch die Schenkung von Gütern in Küssnacht, Alpnach, Sarnen und Giswil.[6]

Luzern, das zu dieser Zeit noch nicht an den See anstiess, sondern an die Reuss, verfügte also schon vor der Jahrtausendwende über einen Güterkomplex um den unteren Vierwaldstättersee sowie an der Handelsstrasse über den Brünig nach Süden und über Küssnacht nach Zürich. Es ist deshalb mit Sicherheit davon auszugehen, dass schon früh Schiffsverbindungen nach Stansstad und Alpnachstad, aber auch nach Küssnacht bestanden. Anders als in Muri, wo Quellen bereits für das 11. Jahrhundert bestehen, setzt die Schriftlichkeit in Luzern aber erst zweihundert Jahre später ein.

64

1 Quellenwerk, Abt. 2, Bd. 2, Nr. 17 (um 1400), S. 293.
2 Ebenda, Nr. 14 (1370), S. 278 ff., und Nr. 15 (um 1370), S. 289 ff.
3 Stadler-Planzer, S. 115.
4 Helmi Gasser, Die Kunstdenkmäler des Kantons Uri, S. 61.
5 Andres Loepfe, Historische Verkehrswege im Kanton Uri, S. 11.
6 Quellenwerk, Abt. 1, Bd. 1, Nr. 9 (vor 840)/6, S. 8.

Das erste Schifffahrrecht des Klosters Luzern wird um 1306 erwähnt

Das erste Hofrecht des Klosters weist den Probst gegen Ende des 13. Jahrhunderts an, «ze Giswil und ze Alpnach» zu fahren, um dort die Höfe zu verrichten.[7] Dies geschah zweifellos über den See.

Deutlicher werden die Hinweise nach 1291 – nach dem Verkauf der Stadt Luzern von Murbach an die Habsburger. So erwähnt das Habsburgische Urbar um 1306, dass «die zölle, die ligent von Hospendal untz an Reyden, die der herschaft sint, die nimet man ze Lucern».[8] Das heisst: Luzern war als Reichszollort bereits das Zentrum der Handelsstrasse zwischen Uri und dem Mittelland. Das gleiche Urbar nennt ein Fahrrecht – «ein vert ze Lucern, das der herschaft eigen ist».[9]

Ob es sich um ein klösterliches Recht handelte und ob es für den Vierwaldstättersee oder die Reuss galt, ist unklar. Konkret wird ein Schifffahrrecht des Klosters erst 1318 genannt, und zwar das «vare [Fahr] ze Winkeln» in Horw.[10] Später, 1373 und 1376, werden die Fahrrechte in Küssnacht erwähnt.[11] Ansonsten schweigen die klösterlichen Quellen über die Schifffahrt.

Kloster Luzern ist noch lange mit dem «Fahr ze winkel» verbunden

Und dennoch: Die grundherrliche Verflechtung des Klosters mit seinen Besitzungen vor allem in Unterwalden lässt auf einen regen Austausch auch auf dem Seeweg schliessen. Noch in der ersten Hälfte des 14. Jahrhunderts sassen die klösterlichen Verwalter in Stans.[12] 1314 nennt das Almoseramt nicht nur drei Dinghöfe in Unterwalden, sondern auch rund dreissig Orte, die Zinse an das Kloster in Luzern ablieferten – von Stans bis in das obere Engelbergertal.[13] Die wichtigste Fährstelle dürfte schon damals Stansstad gewesen sein. Für den Verkehr nach Alpnach hielt man eine schiffbare Rinne zwischen dem Alpnachersee und dem Kreuztrichter offen.[14]

Auf der anderen Seeseite schien die private Winkelfähre für das Kloster nicht an Bedeutung zu verlieren. Auch nicht 1479, als die letzten Rechte ausserhalb des Stiftsbezirkes an die Stadt übergingen. In der Vereinbarung über den sogenannten «Generalauskauf» wurde «das Fahr ze winkel, so Lehen ist von unser probstie» ausdrücklich von den Verkaufsbestimmungen ausgenommen.[15] Zwar gelangten die Lehensrechte um die Mitte des 16. Jahrhunderts doch noch an die weltlichen Herren, doch bezog der Probst weiterhin, nachweislich noch bis 1607, einen bescheidenen Zins.[16]

65

7 Rechtsquellen des Kantons Luzern, Teil 1, Bd. 1, Nr. 7 (vor 1291?), S. 19.

8 Das Habsburgische Urbar, Bd. 1, Nr. 34, S. 218. Datierung siehe: Quellenwerk, Abt. 2, Bd. 1, Habsburg, S. 299.

9 Maag, S. 217.

10 Quellenwerk, Abt. 2, Bd. 3, Nr. 12 (1318), S. 108. Älterer Kammeramtsrodel mit Propsteirodel und Hofrecht. Gleichzeitig erwähnt das Kusteramtsrodel des Klosters, «das man sulle der kustrie ein mes salzes von dem verte zu Winkeln» geben. Ebenda, Nr. 2 (1311–1339), S. 37.

11 Ebenda, Nr. 12 (1373), S. 122, und Nr. 13, Jüngerer Kammeramtsrodel (1376), S. 166. Erwähnt werden in Nr. 16 (1392–1439) auch die Jahre 1406 und 1409, S. 219, sowie 1410, S. 243. Nachträge zum älteren Kammeramtsrodel.

12 Andres Loepfe, Verkehr in Nidwalden, S. 10.

13 Quellenwerk, Abt. 2, Bd. 3, Nr. 4 (1314), S. 57 ff. Genannt werden Besitzungen in Buochs, Beckenried, Ennetbürgen, Stans, Oberdorf, Wolfenschiessen, Ennetmoos, Niederrickenbach, Kehrsiten, Wil an der Aa, Hergiswil, Giswil, Sachseln, Kerns, Sarnen und Alpnach.

14 Loepfe, S. 10.

15 Hans Reinhard, Winkel bei Horw und seine Fähre am See, S. 236.

16 Andreas Ineichen, Die Gemeinde [Horw] in der frühen Neuzeit, S. 134.

Wie kann es sein, dass Küssnacht nicht zu Luzern gehört?

Luzern hatte die besten Voraussetzungen, um die Kontrolle über Küssnacht zu erlangen – und damit über die Handelsroute nach Zürich. Doch es kam anders, trotz der uralten Verbindungen und der persönlichen Verflechtungen. 1424 wandte sich Küssnacht von Luzern ab und liess sich in das Landrecht von Schwyz aufnehmen. Wie war das möglich?

Aufgrund seiner geografischen Lage – an der nördlichen Spitze des Vierwaldstättersees und an der Verkehrsachse nach Zürich – war Küssnacht schon früh ein Ort, an dem sich die Interessen der Mächtigen kreuzten. Zunächst waren es die kirchlichen Herrschaftsträger, die über Rechte an der Kirche von Küssnacht oder an Höfen verfügten. Besitzbestätigungen liegen für die Klöster in Luzern, Muri, Engelberg und ursprünglich auch Beromünster vor.[1]

Führungsleute in Küssnacht sind auch Bürger von Luzern

Insbesondere zu Luzern waren die Beziehungen eng. Wahrscheinlich zwischen 1189 und 1291 kam das Hofkloster in den Besitz der Kirchenrechte in Küssnacht.[2] Ihm und seinen Dienstleuten gehörte der grösste Teil des Grundeigentums, ab 1360 auch die Hälfte des «Fahrs zu Küssnacht».[3] Das älteste Steuerrodel der Stadt Luzern von 1352 zählt insgesamt 87 Namen von Ausbürgern aus Küssnacht, Greppen, Haltikon und Immensee auf.[4] Darunter befanden sich der Pfarrer von Küssnacht und Ritter Hartmann von Küssnacht, der Burgrechte sowohl mit der Stadt Zürich als auch mit Luzern einging.[5]
Mit der Aufnahme von Ausburgern – von Bürgern, die zwar das Stadtrecht besassen, aber nicht in der Stadt wohnten – versuchte Luzern, seinen Einfluss auf der Landschaft auszubauen. Es versprach Schutz gegen Geld.
1370 kam auch der wichtigste Teil des klösterlichen Besitzes in Küssnacht, der sogenannte «Kelnhof»[6], in die Hände eines Stadtbürgers. Er ging an Walter von Tottikon. Damit verbunden waren die Gerichte sowie die weiteren Pfandgüter der Habsburger. Was also hinderte Luzern daran, Küssnacht und damit die gesamte Vogtei Habsburg zu übernehmen?

1   Karin Fuchs/Georges Descœudres, Frühes und hohes Mittelalter, S. 170. Beromünster hatte Anteile an der Kirche von Küssnacht (und Udligenswil), die nach 1036 nicht mehr in den Quellen auftauchen.
2   Quellenwerk zur Entstehung der Schweizerischen Eidgenossenschaft, Abt. 1, Bd. 1, Nr. 858 (August 1259), S. 393, und Nr. 1662 (16.4.1291), S. 765.
3   Schifffahrrecht.
4   Das älteste Steuerrodel Luzerns (1352), S. 188 und S. 250.
5   Ritter Hartmann von Küssnacht war der Schwiegersohn des späteren Bürgermeisters von Zürich, Rudolf Brun. Vergleiche dazu: Martin Leonhard: Küssnacht, von, in: HLS, Version vom 5.11.2007.
6   «Kelnhof» oder «Kehlhof» ist die Bezeichnung eines klösterlichen Hofgutes, das von einem «Kellner» oder «Keller» verwaltet wird. Die weltlichen Hofgüter wurden «Fronhöfe» genannt.

Luzern verspielt sich Sympathien
mit Expansion nach Weggis

Darauf gibt es zunächst eine einfache Antwort: Luzern scheute die Kosten und zögerte. Schwyz kam den städtischen Ratsherren zuvor.[7] So sahen es wohl die Luzerner. Doch aus der Perspektive der Küssnachter stellte sich nicht die Frage nach dem finanziellen Vorteil, sondern nach den eigenen Entwicklungsmöglichkeiten. Und da sprachen die Argumente für einen Seitenwechsel. Denn

Abb. 16   «Wie Küssnacht am Luzerner See überfallen unnd verbrent ward.» Nach dem Eintritt von Zürich in den eidgenössischen Bund griff der Konflikt zwischen den Eidgenossen und Habsburg auch in die Innerschweiz über. 1352 kam es zu einem Schlagabtausch, der nicht auf Eroberung, sondern auf Schädigung abzielte: Luzern und die Eidgenossen zerstörten die Neuhabsburg in Meggen, die Österreicher rächten sich mit der Brandschatzung von Küssnacht. Dabei wurde wahrscheinlich auch die Burg zerstört.[8] Die fantasievolle Darstellung des Überfalls auf Küssnacht stammt aus der Chronik von Christoph Silbereisen von 1576, also mehr als zweihundert Jahre nach dem effektiven Ereignis.[9]

7   Fritz Schaffner, Die Geschichte der luzernischen Territorial-politik, S. 184.

8   Christoph Silbereisen, Chronicon Helvetiae, Teil 1, S. 348. Silbereisen (1541–1608) war Abt des Klosters Wettingen. Illustriert wurde seine Chronik unter anderem von Jacob Hoffmann.

9   Sie ist auch als «Gesslerburg» bekannt. Vergleiche dazu: Markus Bamert et al., Gesslerburg und Hohle Gasse mit Tellskapelle, S. 11 ff.

erstens gab es bereits eine Reihe von Berührungspunkten mit Schwyz, und zweitens ging von der aggressiven Territorialpolitik der Stadt Luzern auch eine bedrohliche Wirkung aus. 1380 hatten die Küssnachter in der engsten Nachbarschaft miterlebt, wie sich ein Teil der Dorfleute von Weggis gegen die Unterstellung unter die Gerichtsherrschaft der Stadt Luzern stellte, sogar den Gehorsam verweigerte und das Landrecht zu Schwyz annahm. Man versprach sich von Schwyz offenbar die grösseren Freiheiten als von dem mächtigen Luzern.[1] Nach dem Sempacherkrieg von 1386 verschärfte sich dieser Eindruck. Luzern dehnte seine Herrschaft innerhalb von drei Jahrzehnten auf sein gesamtes Hinterland aus.[2]

Zweihundert Gulden für die Vogtei- und Gerichtsrechte in Küssnacht

Dabei blieb Schwyz, das ebenfalls bestrebt war, sein Territorium auszubauen, nicht untätig. Schon drei Jahre vor der Schlacht bei Sempach hatten die Schwyzer versucht, eine Zollstation in Küssnacht einzurichten. Allerdings scheiterte der Versuch an den energischen Protesten, die Zürich an einer Tagsatzung vorbrachte.[3] Nicht von der Hand zu weisen ist auch die Vermutung, dass sich die Schwyzer bereits 1365, als sie die Stadt Zug überfielen und dort bis 1404 als Vertreter der habsburgischen Landesherrschaft regierten,[4] auch in Küssnacht festsetzten. Immerhin war hier das militärische Aufmarschgebiet der Österreicher.[5]

1402 fiel die Entscheidung gegen Luzern. Die letzte Erbin des Geschlechts von Tottikon, Johanna von Hunwil-Tottikon, verkaufte die Gerichts- und Vogteirechte in Küssnacht, Haltikon und Immensee für zweihundert Gulden an den Ammann und die Landleute von Schwyz, «zuo ir selbs und zuo ir landlüten ze Küsnach handen».[6]

1424 wurde die Zugehörigkeit in einem Landrechtsbrief besiegelt; den Küssnachtern wurde verboten, Bürger oder Landmann eines anderen Ortes zu werden. Möglicherweise wurde eine Zollstation in Küssnacht noch 1424 eingerichtet.[7]

Luzern gelang es 1406, wenigstens die Gerichtsrechte in Meggen, Udligenswil, Meierskappel und Greppen zu erwerben. Auf den Zoll in Küssnacht und damit die Kontrolle über den Verkehrsweg nach Zürich hatte die Stadt aber keinen Zugriff mehr. Und dies sollte sich rächen: Mitte des 16. Jahrhunderts begannen nämlich die Schiffleute aus Unterwalden, dann auch aus Uri, den Zoll in Luzern zu meiden und nach Küssnacht auszuweichen. Luzern antwortete mit einer neuen Zollstation an den Zinnen (auf der Hertenstein-Halbinsel gegenüber von Meggen), was in der Folge zu einem hundertjährigen Zollkrieg auf dem See führte. → siehe auch S. 93 ff.

68

1   Franz Wyrsch, Die Landschaft Küssnacht am Rigi im Kräftefeld von Schwyz und Luzern, S. 33.
2   Schaffner, S. 172.
3   Eidgenössische Abschiede, Bd. 1, Nr. 156 (6. 8. 1383), S. 64.
4   Thomas Glauser, 1352 – Zug wird nicht eidgenössisch, S. 114.
5   Wyrsch, S. 33.
6   Ebenda, S. 31.
7   Werner Schnyder, Mittelalterliche Zolltarife aus der Schweiz, S. 159. 1424 wurde Schwyz von Kaiser Sigismund ermächtigt, zwei Zollstationen auf seinem Gebiet zu errichten. Orte werden in den Quellen nicht genannt, infrage kamen aber am ehesten Küssnacht und Brunnen. Küssnacht wird erstmals 1542 in den Schwyzer Zollabrechnungen als Zollort erwähnt.

Wer hat das Sagen auf dem See?

Der ewige Kampf um die Vorherrschaft auf dem See

Wenn es eine Konstante in der Geschichte der Schifffahrt gibt, dann ist es der Dauerstreit zwischen Uri und Luzern. Spätestens seit dem 13. Jahrhundert – mit dem erhöhten Handelsvolumen auf dem See, aber auch als Folge der politischen Entwicklungen in der Innerschweiz – war es den beiden Kontrahenten nicht mehr möglich, sich aus dem Weg zu gehen.

Dabei ging es nicht nur um Marktanteile, um Zölle und Gebühren oder um die Kontrolle von Verkehrswegen und damit von Wirtschaftsgebieten. Es ging auch um die Versorgungssicherheit. Immer wieder herrschten Not und Getreidemangel, der Kampf galt auch den Spekulanten. Und nicht zuletzt ging es um Rechtsauffassungen. Noch zweihundert Jahre nach der Bundesschliessung beriefen sich Uri und Luzern immer wieder auf ihre unterschiedlichen Privilegien und Rechte, ihre «Freiheiten und Gerechtigkeiten».

So ist die Schifffahrtsgeschichte denn auch ein Lehrstück, wie die frühe Eidgenossenschaft funktionierte. Wie sie den Gemeinsinn ausblendete, wenn der Eigensinn überwog. Wie schwach die föderalen Strukturen und wie stark die einzelnen Orte waren. Und sie lehrt, wie man Probleme aussitzt.

Einigungen bestanden in der Regel nur auf dem Papier. Grundsatzvereinbarungen wie der Schiedsspruch zu Beckenried von 1357 oder die Abschiede zu Gersau von 1687 kamen nur zustande, wenn es die äusseren Umstände erforderten. Und dennoch: Nicht nur, was auf dem Papier stand, war die Wirklichkeit der entstehenden Eidgenossenschaft. Nur schon die Tatsache, dass sich die Kontrahenten verbündeten, einigte den Wirtschaftsraum und schuf die Verkehrssicherheit, die erst den Aufschwung ermöglichte. Dies war das Verdienst der jungen Eidgenossenschaft.

Reichspolitik und Krieg erreichen den Vierwaldstättersee

Notwendig wurde eine Bereinigung der Fronten, als 1291 erstens die Stadt Luzern von den Klosterherren verkauft und zu einer habsburgischen Kleinstadt wurde und sich zweitens Uri, Schwyz und Unterwalden – durchaus als Gegenreaktion auf den wachsenden Einfluss der Habsburger – in ihrem Bund stärkten. Da in der gleichen Zeit, etwa um 1300, auch der neue Reichszoll in Flüelen eingerichtet wurde, verlagerten sich die Interessen der Reichspolitik nicht nur in die Innerschweiz, sondern auch auf den See.

Eine entscheidende Rolle spielte dabei Werner von Homberg, dessen Mutter aus dem Geschlecht der Herren von Rapperswil stammte und mit Rudolf III. von Habsburg-Laufenburg verheiratet war. Gleichzeitig hatte er sich schon 1302 mit den Landleuten von Schwyz auf ein zehnjähriges Schutzbündnis eingelassen.

Er befand sich 1308 in der idealen Vermittlerrolle, als der Konflikt zwischen den Habsburgern und den Eidgenossen nach der Ermordung von König Albrecht I. in Königsfelden eskalierte. Das habsburgische Luzern musste auf dem Vierwaldstätter-see mit einem offenen Krieg rechnen, damit war sowohl der Reichs- als auch der lokale Verkehr beeinträchtigt. 1309 wurde Werner von Homberg als Vogt der neuen Reichs-vogtei Waldstätte eingesetzt,[1] und er nutzte seine Position sogleich, um den Frieden auf dem See zu sichern. Er als Reichsvogt, zusammen mit Ammann und Gemeinde von Schwyz, sagte den Luzernern zu: «Wir tun üch kunt an disim gegenwirtigen brief, das wir die kenecte und die schiffunge, die üwer stat anhöret, die koufschaz fuerent, old die kouflüte von üwer stat uf dem Sewe ünz an die sustun ze Fluolen vride hant von uns und von allen dien, die uns anhörent und in unser gewalt sint, an alle ge-verde wider an üwer stat zem thore und an den hof.»[2] Es ist dies die erste urkundliche Erwähnung der «Knechte und der Schifffahrt» auf dem Vierwaldstättersee.

In der Zeit des Morgartenkrieges, von 1314 bis 1316, schien die Sicherheit auf dem See gleich mehrfach in Gefahr.[3] Ob allerdings die Geschichte eines Seekrieges, die Melchior Russ in seiner Chronik von 1482 erzählt, in Zusammenhang mit Morgarten stand, ist ungewiss. Ebenso, ob sie überhaupt stimmt. → siehe auch S. 89 ff. Klar ist hin-gegen, dass sich der Waldstätterbund von 1332 vor allem an den Interessen von Uri und Luzern orientierte; sein Hauptziel war die Friedenswahrung auf dem See.[4]

1357 markiert den Beginn der eidgenössischen Schifffahrtsgeschichte

An der Tatsache, dass Luzern weiterhin eine habsburgische Landstadt war, än-derte der Waldstätterbund nichts. Uri und Luzern verfügten nun aber über ein Vertragswerk, das es ihnen erlaubte, ihre Konflikte in einem gemeinsamen Organisationsgefüge auszutragen. Dies geschah erstmals 1357, als sich Luzern über eine Gebühr beschwerte, die es bisher auf dem Vierwaldstättersee nicht gab – die «Fürleite». → siehe auch S. 79

Uri hatte nach der Öffnung der Gotthardroute für den Warenverkehr begonnen, die Schifffahrt in den Händen der eigenen Landleute zu monopolisieren.[5] Als noch wenige Güter über den Gotthard kamen, herrschte der freie Wettbewerb. Immer mehr bildeten sich aber Privilegien heraus, zunächst

73

---

1   Der neue, nicht habsburgische König Heinrich VII. gewann damit Werner von Homberg als Kriegsherrn für den Italienfeldzug von 1310. Vergleiche dazu auch: Roger Sablonier, Politischer Wandel und gesellschaftliche Entwicklung 1200–1350, S. 232.

2   Quellenwerk zur Entstehung der Schweizerischen Eidgenossen-schaft, Abt. 1, Bd. 2, Nr. 483 (22.6.1309), S. 233 f. «Wir tun euch kund, dass («wir» wird in der Satzkonstruktion nicht weitergeführt) die Knechte und die Schiffung (= Schifffahrt), die eurer Stadt angehört, die Kaufschatz führen, oder die Kaufleute von eurer Stadt auf dem See bis an die Sust in Flüelen [führen], Friede haben von uns und von all denen, die uns angehören und in unserer Gewalt sind (= die drei Waldstätte als Teil der Reichsvogtei), ohne jede Gefahr wieder zu eurer Stadt an das Tor und zum Hof.»

3   Roger Sablonier, Gründungszeit ohne Eidgenossen, S. 92 ff. Sablonier sieht diese Massnahmen, die Luzern vor der Morgartenschlacht traf, als Anzeichen für eine mögliche Auseinandersetzung auf dem See. Luzern hiess seine Leute und die Untertanen in Küssnacht und Greppen, sich zu rüsten und «auszufahren». Quellenwerk, Abt. 1, Bd. 2, Nr. 790 (Juli bis November 1315), S. 400 f. Verhandlungen von 1316 bringt er ebenfalls in Zusammenhang mit der Sicherheitsfrage auf dem See. Quellenwerk, Abt. 1, Bd. 2, Nr. 859 (11.11.1316), S. 438.

4   Sablonier, Politischer Wandel, S. 240.

5   Hans Stadler-Planzer, Geschichte des Landes Uri. Teil 1, S. 188.

74

Abb. 17   1598 steht die Eidgenossenschaft vor der Zerreissprobe. Die «neue Religion»
greift in der Ostschweiz um sich, an den Tagsatzungen in Baden wird über die möglichen Folgen gestritten. In der Innerschweiz fanden damals keine Tagsatzungen statt,
dennoch wird die Allegorie des Glaubensstreits auf den Vierwaldstättersee verlegt.
Das grosse Schiff der dreizehnörtigen Eidgenossenschaft befindet sich auf der Höhe von
Weggis, mit Blick auf den Kreuztrichter und gegen die Alpenkulisse. Darin sitzen sich die
Bannerträger der sechs reformierten Orte (von links Zürich, Bern, Basel, Appenzell, Glarus
und Schaffhausen) sowie der sieben katholischen Orte (von links Luzern, Uri, Schwyz,
Unterwalden, Zug, Solothurn und Freiburg) gegenüber. Darüber sind die Wappen der eid-
genössischen Orte auf dem Hauptsegel vereint und mit Ketten verbunden, wohl als Symbol
des Zusammenhalts.

In der hinteren Hälfte des Schiffes sind eine Kurtisane und Männer zu erkennen, die sich vergnügen. Einer trinkt aus einem Becher. Möglicherweise wird damit das lasterhafte Wesen des Menschen angesprochen. Vorne, auf der Jochbank an der Bugspitze, sind ein reformierter Geistlicher und ein katholischer Priester in einen Widerstreit verwickelt. Dazwischen bemüht sich ein Mann in Amtstalar, die beiden Kleriker zu trennen. Über der Szene erheben sich der Auferstehungschristus, die betende Maria und zwei Apostel. Dabei ist die Botschaft klar: Christus hat das letzte Wort.

Nicht ganz einfach einzuordnen ist die geografische Lokalisierung der Szene. Links ist der Bürgenstock zu sehen, dahinter wohl die Alpnacher Bucht und neben dem Segel möglicherweise die alte Loppburg. Rechts neben dem Segel ist die Luzerner Bucht zu erkennen, davor die Altstadinseln (mit dem Kreuz).

auf den Säumerabschnitten, wo die einheimischen Bergbauern für Schutz und Geleit sorgten, dann auch in Flüelen, wo man das System der Fürleite auf den Schiffsverkehr übertrug. Luzerner, die in Flüelen versuchten, Waren in ihren Schiffen abzutransportieren, wurden gezwungen, «zu Leiti» zu fahren. Das heisst: Sie mussten die Schiffleute von Flüelen mit einem Geldbetrag für den entgangenen Transportauftrag entschädigen.

Dagegen wehrte sich Luzern. 1357 wandte sich der Rat an die Eidgenossen und bat um einen klärenden Schiedsspruch. Bestimmt schwelte der Konflikt schon seit Jahren. Doch erst nach ihrer Erweiterung zwischen 1351 und 1353 (mit Zürich, Zug, Glarus und Bern) war die Eidgenossenschaft überhaupt in der Lage, ein Schiedsgericht zu benennen. Nicht nur durften es keine Beteiligten sein, auch strebte man ein ausgewogenes Verhältnis zwischen Länder- und Städteorten an. Schwyz, Unterwalden, Zürich und Bern nahmen sich der Sache an und richteten «tugentlich und früntlich, das wir von Flüelon füren und aber si von Lucern mit unser koufmanschaft und anderm unserm gute, mit wem wir aller nahest von stat möchten komen».[1] Dass also die freie Schifffahrt galt – sowohl in Flüelen als auch in Luzern.

Weiterhin befanden sich Luzern und Uri aber in einem konfliktgeladenen Umfeld, denn weiterhin stand Luzern unter dem Einfluss der Habsburger. 1385, kurz vor dem Beginn des Sempacherkrieges, erliess Luzern noch ein generelles Ausfuhrverbot nach Uri, dass nämlich «nieman sollte nüt gen Ure füren».[2] Ruhe kehrte erst 1394 mit dem Zwanzigjährigen Frieden zwischen Österreich und den Eidgenossen ein.

Und plötzlich ist wieder die Rede von einem halben Schifflohn

Es war eine kurzlebige Ruhe. Bereits in der ersten Hälfte des 15. Jahrhunderts versuchte die Stadt Luzern, die Schifffahrt mit einer Reihe von Massnahmen zu monopolisieren. 1431 begann sie mit den Viehtransporten. Sie ordnete «allen unsern schiflüten» an, dass «was vichs si ... fürent, das si das sullent in die statt füren und suss niena uslassen».[3] Kurz darauf erliess sie einen Nauenzwang für die Fahrt nach Uri: «Wer gen Ure welle varn, der sol jn unsern nawen varn. Und diss sol mann mit den knechten reden.»[4]

1432 wurde den Unterwaldnern verboten, mit ihren Schafen nach Meggen zu fahren. Sie mussten in die Stadt «gewist werdent und den zoll richten».[5] Und zwei Jahre später war wieder die Rede von Verrechnungen für die Rückfuhren in der Höhe von einem halben Schifflohn. In der Schiffmeisterordnung von 1434 vermied der Rat zwar den Begriff der Fürleite, er beschrieb die Regelung aber unzweideutig: «Wäre dz ein gefert [Gefährt] von Ure har käme und der schiffmeister hie ouch ein gefert hätte, es wär lüt oder guot, so sol der schiffmeister halben lon nehmen.» Diesen solle er «bescheidenlich teilen dem schiff, den knechten und ouch

76

1 Rechtsquellen des Kantons Luzern, Teil 1, Bd. 1, Nr. 25 (16.8.1357), S. 108 f. Überliefert ist die Luzerner Abschrift, deshalb ist das Urteil in der Wir-Form geschrieben.
2 Ebenda, Nr. 46 (1385 oder davor), S. 133.
3 Rechtsquellen, Teil 1, Bd. 2, Nr. 138 (8.1.1431), S. 104.
4 Ebenda, Nr. 153 (24.9.1431), S. 116.
5 Ebenda, Nr. 181 (23.6.1432), S. 152 f.

jm, und sol denn den andren halbenteil lons und ouch das gefert den von Ure lan».[6]
1480 war dann die Fürleite auch als Begriff zurück – und als Streitpunkt. Luzern verlangte an einer Tagsatzung mit den Waldstätten, dass Uri an der nächsten Zusammenkunft in Stans auf sein «Ansuchen um Abschaffung der Fürleite» antworte.[7] An der nächsten Tagsatzung geschah – nichts. Und auch in den nächsten Jahren nicht.

Ignorieren, herunterspielen, vertagen – so funktioniert die Tagsatzung

Etwas anderes war von der Tagsatzung auch nicht zu erwarten. Sie war kein Gremium, das Entscheidungen fällte oder Verbindlichkeiten schuf.[8] Sie versuchte, zu vermitteln und Empfehlungen «in den Abschied», sozusagen auf den Nachhauseweg, zu geben. Entscheiden mussten die einzelnen Orte selber – oder eben auch nicht.

Der kleine Fürleite-Streit dauerte elf Jahre und endete 1491 mit einem Freispruch für Uri. Er ist ein anschauliches Beispiel dafür, wie die Eidgenossenschaft funktionierte:

— 1480 beschwert sich Luzern über die Fürleite.
— 1483 befindet die Tagsatzung, dass man «mit Uri vorerst gütlich reden soll».[9]
— 1484 droht die Tagsatzung mit Rechtsschritten, Uri will das Geschäft vor die Gemeindeversammlungen bringen.[10]
— 1484 antwortet Uri, es «wolle die Fürleite nicht abstellen und stehe in der Ansicht, die Sache betreffe nicht das ganze Land, sondern nur die ‹Teyler›», das heisst die einzelnen Säumergenossenschaften. Wiederum droht die Tagsatzung, den Rechtsweg zu beschreiten.[11]
— 1485 will die Tagsatzung wieder eine gütliche Einigung. Konkret will sie «einen freundlichen Tag verwilligen».[12]
— 1486 vereinbart die Tagsatzung, das Problem an einer Konferenz in Zug zu erörtern. Dort werden aber keine konkreten Schritte besprochen.[13]
— 1488, mittlerweile sind acht Jahre vergangen, scheint der Geduldsfaden zu reissen. Nun schalten sich Zürich, Bern, Zug und Glarus ein. Sie wollen an einer Tagsatzung vermitteln.[14]
— Nur drei Wochen später wird Uri an der Tagsatzung vor die Wahl gestellt – mit Ultimatum: Es erhält zwei Vorschläge und Zeit bis nach der Alten Fasnacht, um einen Vorschlag anzunehmen. Vorschlag eins: Entweder gelte die Fürleite für niemanden oder für alle, also auch für Urner, die in Uri kaufen oder verkaufen. Vorschlag zwei: Es wird ein Schiedsgericht eingesetzt, das aus sechs Urnern, je zwei Luzernern, Schwyzern und Unterwaldnern sowie je einem Zürcher, Berner, Zuger und Glarner besteht, also aus sechzehn Richtern.[15]

77

6   Ebenda, Nr. 205 (Juni 1434 oder später), S. 172 f.
7   Eidgenössische Abschiede, Bd. 3, Abt. 1, Nr. 97 (29. 12. 1480), S. 90.
8   Ausser für die Gemeinen Herrschaften, d.h. nach 1415 für den Aargau (Grafschaft Baden und Freie Ämter). 1460 kamen Sargans und der Thurgau unter die gemeinsame Verwaltung, 1490 auch das Rheintal.
9   Eidgenössische Abschiede, Bd. 3, Abt. 1, Nr. 177 (17. 3. 1483), S. 149.
10 Ebenda, Nr. 213 (16. 6. 1484), S. 180, und Nr. 215 (2. 7. 1484), S. 185.
11 Ebenda, Nr. 228 (7. 12. 1484), S. 199.
12 Ebenda, Nr. 253 (16. 12. 1485), S. 225.
13 Ebenda, Nr. 255 (9. 1. 1486), S. 226, und Nr. 259 (19. 2. 1486), S. 229.
14 Ebenda, Nr. 317 (13./14. 1. 1488), S. 284.
15 Ebenda, Nr. 318 (7. 2. 1488), S. 285.

— Uri entscheidet sich für den komplizierten, zeitaufwendigen Weg, bei dem es auch ein beträchtliches Mitspracherecht hat. Nach mehr als drei Jahren liegt ein Urteil vor, und es fällt zugunsten von Uri aus. «Weil sie grosse Kosten haben mit Unterhaltung der Strassen und Brücken und deren Schutz vor Wässern und Bergstürzen» und weil sie «von alters hergekommen» sei, sei die Fürleite gerechtfertigt. Punkt.[1]

Fürleite kehrt auch auf den See zurück

Luzern schickte sich in die Unabwendbarkeit der Fürleite, offenbar auch auf dem See. Was sich 1434 angekündigt hatte, schien hundert Jahre später die Regel zu sein: Nicht nur die Urner verlangten die Gebühr von den Luzerner Schiffen, sondern auch die Luzerner von den Urnern. 1532 arrangierten sich die beiden Orte und regelten die gegenseitigen Verpflichtungen in einer Übereinkunft, in der es hiess: «So handt des erst die Schiffgsellen im mercht nawn [Marktnauen] ze Ure anzeigt wen si in ir nawen teil gutt[2] gan Lucern bracht habint, es sy lützel [wenig] oder viel wen den kouffmanns gut oder teil gut zu Lucern gewäsen, hab man sy das mit inen gan Ure füren lassen, doch das sy die Fürleitte da von gäbint.»[3] Die gleiche Regelung galt auch in Flüelen. Zwar wurde das Rückfuhrrecht nicht angetastet, dafür war die Fürleite geschuldet. → siehe auch S. 79

Für die beiden Marktschiffe von Uri und Luzern stellte sich die Frage der Rückfuhren jeweils an den Tagen nach den Wochenmärkten in Luzern und Altdorf. Markttag in Luzern war der Dienstag, in Uri war es der Donnerstag. Vor allem der Mittwoch war deshalb in Luzern umstritten.

Die meisten Auseinandersetzungen betrafen die Pfisterschiffleute in Luzern, die mit dem Wochenmarktschiff jeweils das Getreide nach Uri transportierten. In der Vereinbarung von 1532 werden aber auch die «andren Schifflütt zu Lucern» aufgeführt – zu diesem Zeitpunkt noch als die «Schiffgsellen von Lucern» und die «Ferren [Fährleute] von Lucern». 1544 werden sie dann in einer weiteren Übereinkunft als «die feeren von Lucernn so mann Sanct Niclausen Feeren nempt [nennt]» erstmals mit Namen erwähnt.[4]

Immer wieder Streit gab es wegen des Transports von Fussgängern.[5] Waren sie, wenn sie als Gruppe an die Schifflände kamen, ein «Teil», also fürleitepflichtig, oder waren es Einzelpersonen? 1532 wurde auch diese Frage geregelt: «Wen frömbdt fusslütt es sient bilgerig [Pilger] koufflütt oder süst wolhabent lütt mit den Lucerneren gan Ure oder mitt den Urneren gan Lucern gefaren, wenn dan der selbigen fusslütt sient gsin fier oder me so habint sy ein andren den teil davon gen, wen aber dry oder minder gewäsen, so hab dewäders ort dem andren den teil davon gen.»[6] Vier oder mehr waren also eine Gruppe.

78

1   Eidgenössische Abschiede, Bd. 3, Abt. 1, Nr. 408 (22.4.1491), S. 379 f.
2   Teilgut bezeichnet Waren, die mehr als einem Besitzer gehören; in der Regel war es Handels- oder Kaufmannsgut, nicht Marktware.
3   Rechtsschrift über die Freiheit der Schifffahrt auf dem Vierwaldstättersee, S. 19.
4   StALU Schifffahrtsakten AKT A1 F7 SCH 901, Akte zu den Streitigkeiten zwischen den Marktschiffen von Luzern und Uri, 1544.
5   In den Quellen werden Fahrgäste konsequent als «Fussgänger» bezeichnet.
6   Rechtsschrift, S. 19.

Fürleite: Dauerstreit wegen einer fiktiven Abgabe

Neben den vielfältigen Zöllen, die auf das Gewicht oder die Stückzahl von Handelswaren anfielen, neben den Weg- und Seegeldern, die als Pauschalabgaben für die Benützung der Verkehrswege galten, und neben dem Schifflohn und der Fahrtaxe für den eigentlichen Transport zeichnete sich der Gotthardverkehr durch eine weitere Gebühr aus – die sogenannte «Fürleite». Sie hatte ihren Ursprung in der Begleitung von Kaufleuten auf den Säumerwegen, doch auf dem Vierwaldstättersee nahm sie schon früh den Charakter einer Ersatzabgabe an. Schiffgesellschaften, die in einem fremden Hafen mit einem leeren Schiff auf die Rückfahrt warteten, durften Waren oder Personen nur aufnehmen, wenn sie die einheimischen Schiffleute mit der Fürleite entschädigten – als Ausgleich für das entgangene Geschäft. Weil es sich um eine protektionistische Massnahme handelte, die letztlich den freien Verkehr behinderte, bildete die Fürleite immer wieder den Kern der Auseinandersetzungen zwischen Uri und Luzern.

«Fürleite» heisst nichts anderes als «vorwärts leiten». Auf den unvertrauten Strassen und Wegen über die Alpen war ein Vorankommen ohne das Geleit der einheimischen Säumer undenkbar. 1260 tauchte die Fürleite erstmals als Begriff auf – an der Septimerstrasse nach Chiavenna. Sie warf offenbar einen hohen Ertrag ab.[1] Ursprünglich war die Fürleite als Abgabe für den Bau und Unterhalt der Reichsstrassen gedacht. 1300 bestand in Vicosoprano auch eine bischöfliche Fürleite, kurz darauf ist sie an der Gotthardroute nachzuweisen. Wie wichtig die neue Abgabe wurde, zeigt das Beispiel von Bellinzona: Dort stellte die Fürleite schon bald die wichtigste Einnahmequelle der Stadt dar.[2] Und auch in Uri füllte sie die Kassen der Säumer- und Schiffgesellschaften. Sie erlaubte es den Landleuten sogar, sich 1359 von den grundherrlichen Pflichten der Zisterzienserklöster loszukaufen.[3]

Auf dem Vierwaldstättersee wurde die Fürleite zu einem Dauerthema, weil sie eben nicht mit einer konkreten Leistung verbunden war, sondern nur eine protektionistische Massnahme darstellte. 1357 urteilte das eidgenössische Schiedsgericht, dass es keine rechtliche Grundlage für eine Fürleite auf dem See gebe. Uri aber zeigte Hartnäckigkeit und war auf Dauer nicht bereit, auf die Einnahmen zu verzichten. In der ersten Hälfte des 16. Jahrhunderts hatte sich die Fürleite – trotz des Widerstands aus Luzern – etabliert. Sie wurde in Verordnungen geregelt und auf einen halben Schifflohn festgesetzt.[4]

1   Fritz Glauser, Handel und Verkehr zwischen Schwaben und Italien vom 10. bis 13. Jahrhundert, S. 254 f.
2   Ebenda.
3   Hans Stadler-Planzer, Geschichte des Landes Uri. Teil 1, S. 205.
4   Erstmals geschah dies 1532. Wortlaut in: Rechtsschrift über die Freiheit der Schiffahrt auf dem Vierwaldstättersee, S. 19.
→ siehe auch S. 185 + 226

«Von alters her» ist eine Frage der Perspektive

In der Übereinkunft von 1544 werden die ständigen Querelen zwischen den Schiffleuten angesprochen. Weil es immer wieder zu «spän und misshäll zwüschen den Feeren» komme und weil es «bisshar zu beider sydts dhein [kein] verschriben ordnung» gebe, sahen sich die Räte von Uri und Luzern veranlasst, «ihnen artickell zu setzen».[1] Dabei wurden die Mittwochfahrten in Luzern zugunsten des Pfisternauens geregelt. Er erhielt das Privileg auf das Teilgut, selbst wenn «die von Ury in ijrem marckt schiff sollich theill gut bracht heten». Dann mussten es die Urner ausladen.

Hauptpunkt war aber die Festsetzung der Fürleite auf den halben Schifflohn – «wie von allterhar khommen», so die Begründung.[2] «Von alters her» ist eine Formulierung, die in Auseinandersetzungen immer wieder als Rechtfertigung für das Festhalten an den eigenen Positionen dient. Wobei sich sowohl die Urner als auch die Luzerner nicht nur auf ein gewachsenes Gewohnheitsrecht beriefen, sondern auf ihre ursprünglichen Rechte und Freiheiten.

Exemplarisch für die unterschiedlichen Rechtsauffassungen ist ein Streit, der zwischen 1539 und 1543 mehrmals die Tagsatzung beschäftigte. Luzern hatte die Getreidelieferungen nach Uri auf zwei Schiffe pro Woche beschränkt, um dem sogenannten «Fürkauf» vorzubeugen – dem Aufkaufen von Waren durch Händler, häufig durch Spekulanten, was die Preise für die einfachen Leute in die Höhe trieb.[3] Uri war dadurch nicht mehr in der Lage, die ennetbirgischen Vogteien zu versorgen.[4] In den folgenden Jahren kumulierten sich die Konfliktpunkte zu einem ausgewachsenen Zoll- und Handelsstreit, der 1543 vor der Tagsatzung in Luzern ausgetragen wurde. Luzern stellte sich auf den Standpunkt, es sei «von alters her gefreit, mit Leib und Gut vom St. Gotthardsberg über Land bis nach Reiden, und über Wasser bis nach Windisch zollfrei zu fahren»,[5] schulde also keinen Zoll und keine Fürleite über den Gotthard. Uri argumentierte, der Zoll sei «eine Freiheit vom römischen Reiche, die ihre Vordern und sie hergebracht, nicht mit Gewalt gewonnen, sondern erkauft haben, indem tausend Mark Silbers dafür bezahlt worden seien, wofür man gute Briefe und Siegel habe».[6]

Hinzu kam von den Urnern immer wieder das Kostenargument: Uri müsse Strassen und Brücken bauen, seine Schiffleute müssten zudem «eigene Schiffe und Rüstung haben, sich hiemit ernähren und jene mit grossen Kosten unterhalten, indem das Land hieran nichts leiste, wie das in Lucern der Fall sei».[7] Deshalb sei die Fürleite wichtig für die Schiffgesellen.

Auch an Spitzfindigkeiten fehlte es in der Argumentation nicht. Wenn man in der Vergangenheit auf die Erhebung eines bestimmten Zolls verzichtet habe, so die Urner, sei dies entweder aus «Nachlässigkeit

1   StALU Schifffahrtsakten A1 F7 SCH 901, 1544.
2   Ebenda.
3   Immer wieder schritt der Luzerner Rat gegen den sogenannten «Fürkauf» (oder «Vorkauf») ein. Die zahlreichen Verbote scheinen aber nur zu belegen, dass sie in der Praxis nicht durchsetzbar waren.
4   Eidgenössische Abschiede, Bd. 4, Abt. 1c, Nr. 707 (3.12.1539), S. 1162.
5   Eidgenössische Abschiede, Bd. 4, Abt. 1d, Nr. 124 (17.4.1543), S. 250.
6   Ebenda.
7   Ebenda, S. 251.

der Zoller» geschehen oder «aus guter Freundschaft».[8] Davon lasse sich kein Recht ableiten. Und wenn die Luzerner meinten, den Zoll und die Fürleite beispielsweise auf Reis oder Honig nicht zu schulden, weil dies früher nicht der Fall gewesen sei, «so melde die Freiheit derer von Uri vom Reis nichts, weil man erst später solches zu führen angefangen habe; aber die Freiheit besage, dass man Zoll von allen Kaufmannsgütern beziehen möge».[9]

Abgesehen davon sei die Freiheit der Urner viel älter als die Freiheiten der Luzerner. Diese seien zudem von den «Grafen von Habsburg und anderen gegeben worden, die in Uri damals keine Gewalt gehabt haben, weshalb die von Lucern sich hiemit nicht behelfen können».[10]

Buhlen um Diplomaten, die Geschenke verteilen

Streitigkeiten entstanden zwischen den Schiffleuten von Uri und Luzern auch immer dann, wenn sich eine aussergewöhnliche Transportmöglichkeit bot, etwa von Kriegsleuten oder Diplomaten.

1575 entbrannte ein Zwist wegen eines spanischen Grafen, der über den Gotthard reiste und in Flüelen von den Luzerner Schiffleuten mitgenommen wurde. Dagegen wehrten sich die Urner.[11] Gesandte und Adlige waren umkämpft, denn offenbar verteilten sie neben der Schiffstaxe immer auch noch Geschenke an die Schiffgesellen.[12] Begehrt waren die Kriegsleute allein aufgrund ihrer grossen Zahl. Sie waren in der Regel auf der Durchreise aus den spanischen Niederlanden nach Mailand, und die Luzerner verwehrten den Urnern, die Söldner in Luzern aufzunehmen. Dafür rächten sich die Urner in Flüelen. Sie schnappten ihnen Ladungen weg und liessen sie mit dem leeren Schiff nach Luzern zurückfahren.[13]

Um sich die lukrativen Transporte zu sichern, weigerten sich die Urner häufig, ihr eigenes Getreide, das sie auf dem Kornmarkt in Luzern gekauft hatten, nach Flüelen zu transportieren. Sie schoben es an den Pfisternauen ab, der aufgrund des Abkommens von 1544 verpflichtet war, die Ladung zu übernehmen. Dies traf die Pfisterschiffleute doppelt, denn ursprünglich hatten sie den Getreidemarkt in Altdorf beherrscht – und deshalb das Recht erhalten, ein eigenes Schiff für den Getreidetransport anzuschaffen. Mittlerweile beschafften sich die Urner aber ihr eigenes Getreide – vor allem in Luzern –, und nun verlangten sie von den Pfisternauenleuten, die Konkurrenzware auch noch auf ihrem eigenen Schiff nach Flüelen zu bringen.[14]

81

8 Ebenda, S. 250.
9 Ebenda.
10 Ebenda, S. 252.
11 Eidgenössische Abschiede, Bd. 4, Abt. 2, Nr. 456 (15. 2. 1575), S. 559 f.
12 Hans Nabholz, Der Kampf der Luzerner und Urner Schiffsleute um die Schiffahrt auf dem Vierwaldstätter See, S. 83.
13 Ebenda, S. 84 mit Verweis auf Vorfälle in den Jahren 1583, 1618 und 1625.
14 Ebenda, S. 83 f.

Wenn die Nachbarn versuchen, die Streithähne zu versöhnen

Daran änderte offenbar auch die Vereinbarung von 1575 nichts, die festhielt: «Bezüglich des Führens von Getraide ... sollen die Pfisterleute von Lucern nicht verpflichtet sein, denen von Uri etwas zu führen, ausser wenn sie sich miteinander darüber verständigen.»[1] Denn die Klagen rissen nicht ab,[2] obwohl die Räte von Luzern und Uri mahnten, «das ungebührliche Klagen bei den Obrigkeiten in bisheriger Weise zu unterlassen». Man solle sich an die unteren Instanzen wenden und «da Bescheid erwarten, ob der Streithandel sogleich berichtigt werden könne».[3]

Schliesslich wurde es auch den Nachbarn zu bunt. 1588 schritten Schwyz, Unterwalden und Zug ein, um zwischen Uri und Luzern zu vermitteln. Sie boten sich als Schlichtungsstelle an und forderten die Streithähne auf, «die bezogenen Bussen den Bestraften zurückzugeben» und «die allfällig von beiden Parteien gewechselten beleidigenden Schreiben ... den drei Schiedorten herauszugeben». Es habe schon genug Verdruss gegeben.[4]

Allerdings erhielten sie keine Bestätigung von den beiden Streitparteien. Als dann Uri antwortete, «es habe, um künftigen Missverständnissen vorzubeugen, einige unbedeutende Worte» an der Vereinbarung geändert,[5] trat Luzern von der Einigung zurück und bemerkte, «der Span [Streit] wäre vermieden worden, wenn der Schreiber sich nicht Unrichtigkeiten in der Ausfertigung erlaubt hätte».[6] Uri und Luzern waren nicht bereit, von ihren Positionen abzurücken, und der Versuch der drei Nachbarorte, das Geschäft an einer eidgenössischen Tagsatzung in Baden zu traktandieren,[7] schlug fehl. Einmal mehr endete die Betriebsamkeit ohne ein greifbares Resultat.

In der Not sind auch die Spekulanten nicht weit

In der zweiten Hälfte des 16. Jahrhunderts spitzte sich die Situation auf dem Nahrungsmittelmarkt zu, die Fronten zwischen Uri und Luzern verhärteten sich. Uri besann sich nun auf eine neue Taktik und begann, den Zoll in Luzern zu umgehen. → siehe auch S. 93 ff.

Nicht aber den Markt. 1591 hatte dort ein massiver Getreidefürkauf eingesetzt. Schwyz, Unterwalden und Zug machten dafür Uri verantwortlich. Uri beziehe wöchentlich rund fünfhundert Mütt,[8] «wobei wohl anzunehmen sei, dass so viel Korn im Land Uri nicht verbraucht, sondern dass ein Theil auf Fürkauf bezogen und über das Gebirg spedirt werde».[9] Uri wehrte sich mit dem Argument, dass es an Luzern liege, Getreidekäufer zu bestrafen, die sich nicht an die Regeln hielten. Dies war kein leichtes Unterfangen, denn auch Luzerner gehörten zu den Zwischenhändlern und Spekulanten, auch aus dem Kreis der

82

1   Eidgenössische Abschiede, Bd. 4, Abt. 2, Nr. 456 (15. 2. 1575), S. 559 f.
2   Etwa in: Eidgenössische Abschiede, Bd. 4, Abt. 2, Nr. 499 (6. 8. 1576), S. 607.
3   Ebenda, Nr. 456 (15. 2. 1575), S. 559 f.
4   Eidgenössische Abschiede, Bd. 5, Abt. 1, Nr. 81 (15. 12. 1588), S. 137 f.
5   Ebenda, Nr. 88 (7. 3. 1589), S. 149.
6   Ebenda, Nr. 162 (8. 1. 1591), S. 244.
7   Ebenda, Nr. 186 (9. 10. 1591), S. 270.

8   Mütt (von lateinisch Modius = Mass), Hohlmass für Getreide, entsprechend einer Mannslast, die von Region zu Region variierte. In der Innerschweiz betrug ein Mütt zwischen 138 und 150 Liter. Anne-Marie Dubler: Mütt, in: HLS, Version vom 2.9.2010.
9   Eidgenössische Abschiede, Bd. 5, Abt. 1, Nr. 184 (1. 10. 1591), S. 268.

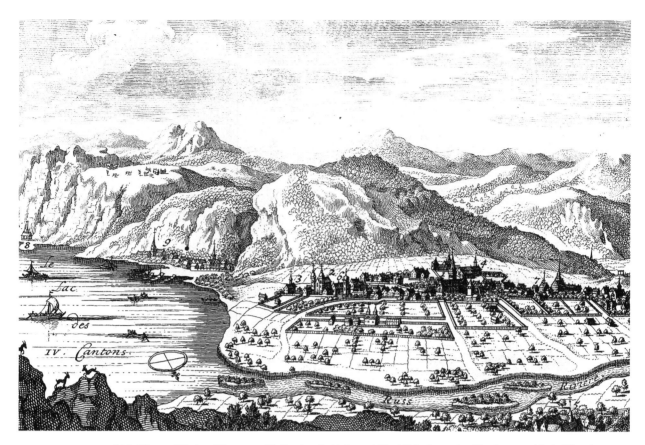

Abb. 18   Flüelen (Nummer 9) diente als Hafenort für Altdorf, wo der Wochenmarkt stattfand, und als Umschlagplatz für den Gotthardverkehr. Von der grossen Bedeutung des Orts zeugen die zahlreichen Schiffe auf dem See. In der Ansicht von 1730 wird auch die Tellskapelle gezeigt (Nummer 8), darüber der Alpbetrieb auf dem Oberaxen.

Abb. 19   Flüelen um 1837: Links ist der «Adler» zu erkennen (abgebrochen 1907), in der
Mitte steht das «Weisse Kreuz» (abgebrochen 2017/18), rechts die Pfarrkirche St. Georg.
Die beiden Wirtshäuser bildeten die Grenze für die auswärtigen Schiffleute. Sie durften nicht
in das Dorf hineingehen, um Passagiere anzuwerben. → siehe auch S. 186

Pfisternauenleute. 1603 warnte der Kaufhausmeister vor den Gesellen, die sich keinen Deut um die limitierten Lademengen kümmerten: «Die nitt vermüges, die nemen dan von denen, die köüff duntt, in ire rechung». Und dafür bezogen sie «ettlichs zimlichs lönnlj».[1] Auf dem Markt in Altdorf wurde dann das Getreide auf Kredit verkauft, was den Preis noch einmal in die Höhe trieb.

1618 verwaltete einer der grössten Spekulanten sogar das obrigkeitliche Kaufhaus, wo das Getreide gehandelt wurde. Er war zudem Grossrat und nutzte seinen politischen Einfluss, um nicht nur gegen die Konkurrenz aus Uri vorzugehen, sondern auch gegen die Kaufleute in Luzern, die ebenfalls mit Getreide spekulierten.[2]

Uri sucht die wirtschaftliche Unabhängigkeit von Luzern

Mit dem Dreissigjährigen Krieg von 1618 bis 1648 verschlechterte sich die Situation auf dem Getreidemarkt. Luzern verschärfte nun die polizeilichen Bestimmungen auf dem Kornmarkt, gleichzeitig bemühten sich die Urner, unabhängig von Luzern zu werden. Sie begannen, die Mühlen in ihrem Land aufzukaufen, um sich das Monopol auf den lokalen Getreidehandel zu sichern.[3]

Und sie nutzten ihre Privilegien. Konkret beriefen sie sich auf eine Bestimmung, die es dem Urner Marktnauen erlaubte, Getreide auf dem Markt in Luzern zu erwerben und nach Uri abzutransportieren – acht Mütt pro Mitglied.[4] So schoss plötzlich die Zahl der Schiffgesellen, die für den Urner Marktnauen fuhren, in die Höhe, und die Urner gewannen die Oberhand auf dem Markt in Altdorf. Hinzu kam, dass es den Luzernern nicht gestattet war, ihre Ware vor den Urnern anzubieten – in der Regel erst in den Abendstunden.[5]

Schifffahrtsstreit schwebt sogar über der katholischen Politik

Wie angespannt die Stimmung zwischen Luzern und Uri war, zeigt ein Tagsatzungsbericht von 1658. Nach dem Ersten Villmergerkrieg von 1656 waren die katholischen Orte nämlich – trotz ihres militärischen Erfolgs über die «Neugläubigen» aus Zürich und Bern – uneinig über die weitere Politik. Schwyz und Uri blieben der Tagsatzung der katholischen Orte in Luzern fern. Die übrigen Orte beschlossen, den «obschwebenden Schiffahrtsanstande» zwischen Uri und Luzern nicht aufzugreifen. Man müsse alles vermeiden, was «Uri auf's Neue reizen könnte».[6]

Luzern seinerseits litt unter den protektionistischen Massnahmen der Urner, vor allem unter der Preisgestaltung und den Öffnungszeiten auf dem Markt in Altdorf. Teilweise blieben die Luzerner bis zu fünfzehn

1   Kurt Messmer/Peter Hoppe, Luzerner Patriziat, S. 353.
2   Ebenda, S. 354. Hans Krämer war Schiffer und Kaufmann. 1621 erhielt er für seinen Reishandel sogar ein Darlehen des Luzerner Rats.
3   Nabholz, S. 85.
4   Bestimmung aus dem Jahr 1483. Eidgenössische Abschiede, Bd. 3, Nr. 195 (29. 9. 1483), S. 164.
5   Franz Haas-Zumbühl, Die Geschichte der Sankt Niklausen-Schiffs-Gesellschaft der Stadt Luzern bis 1910, S. 60.
6   Eidgenössische Abschiede, Bd. 6, Abt. 1, Nr. 262 (12.–14. 9. 1658), S. 438 f.

Wochen auf ihren Waren sitzen.[1] Um insbesondere den Pfisternauen zu schützen, begannen die Schiffgesellschaften, den Markt ohne den offiziellen Segen der Regierung aufzuteilen. So wurde dem Pfisternauen neben dem Getreidetransport auch der ganze Transitverkehr zugehalten, der über den Hauenstein nach Luzern kam und für Flüelen bestimmt war.[2]

Gleichzeitig entschied der Luzerner Rat, das Kaufhaus für die auswärtigen Getreidehändler erst um zwölf Uhr zu öffnen. Für die Einheimischen war es schon um neun Uhr offen.[3] Nur gegenüber den Käse- und Ankenhändlern aus Unterwalden lenkte der Rat ein. Diese hatten sich beschwert, dass sie wegen der späten Verkaufszeiten häufig selber «nichts mehr einkaufen und auf ihr Schiff bringen können, oder sich mit Gefahr auf dem See bis in die Nacht verspäten müssen».[4] Ihnen wurde der Verkauf bereits um elf Uhr gestattet.[5]

Luzern bangt um seinen Marktnauen

1665 äusserte der Luzerner Rat erstmals seine Zweifel an der Überlebensfähigkeit von zwei grossen Marktschiffen auf dem Vierwaldstättersee.[6] Ob es sich dabei um eine versteckte Drohung an die Adresse der Urner handelte, ist unklar. Allerdings war es nicht der Urinauen, der unter Druck geriet, sondern der Pfisternauen. Auf dem Markt in Altdorf verkauften sie praktisch nichts mehr, beklagten sich die Pfisternauenleute. Sie hätten sogar den alten, ausgedienten Nauen durch ein kleineres Schiff ersetzt, hätte der Rat nicht auf der bisherigen Grösse bestanden.[7]

Als es dann um die Verhandlungen um das Abkommen von Gersau → siehe auch S. 102 ff. ging, versuchten die Luzerner, den Getreidetransport und den Kornhandel zwischen den beiden Marktschiffen aufzuteilen. Sie schlugen Teilmonopole auf dem Markt in Altdorf vor. Uri sollte das alleinige Verkaufsrecht für Weizen haben, der Pfisternauen sollte das Monopol auf Roggen und Hafer, «oder mindestens den Haber ganz und den Roggen zur Hälfte», erhalten.[8] Uri ging nicht auf den Vorschlag ein, sondern richtete den Vorwurf an Luzern: Es komme «eben auf die Schikhaftigkeit der Leute» an. Früher habe «Lucern die ganze Schifferei gehabt», jetzt habe sie Uri.[9]

Nach dem Abkommen von Gersau kam es zu einem eigentlichen «Kernenkrieg» zwischen Luzern und Uri. Nicht zuletzt wegen Ernteausfällen sah sich Luzern gezwungen, die Getreidelieferungen an die Länder zu kontingentieren.[10] Uri und Schwyz liefen dagegen Sturm,[11] Luzern versuchte nun mit einem obrigkeitlichen Erlass, den Getreidehandel auf die beiden Marktschiffe aufzuteilen – ohne Erfolg.[12] 1698 scheiterte der Rat auch mit dem Versuch, das alleinige Transportrecht wenigstens auf den Reis zu erhalten, der aus Italien über Flüelen nach Luzern kam.[13]

1 Messmer/Hoppe, S. 354.
2 Haas-Zumbühl, S. 59 f.
3 Josef Lustenberger, Getreideversorgung in Luzern im 17. und 18. Jahrhundert, S. 30.
4 Eidgenössische Abschiede, Bd. 6, Abt. 1, Nr. 316 (1. 12. 1660), S. 518 f.
5 Ebenda, Nr. 355 (5./6. 6. 1662), S. 557. Darin enthalten ist ein nennenswertes Detail: Sackträger, die Getreidesäcke nicht nur von den Pferde- und Ochsenwagen in das Kaufhaus auf der Egg trugen, sondern «aus dem Kaufhause über die lange gefährliche Eggstiege in das Schiff», erhielten den doppelten Lohn.
6 Ebenda, Nr. 429 (31. 10. 1665), S. 663.
7 Nabholz, S. 85.
8 Aufgezeigt in einem späteren Kompromissvorschlag: Eidgenössische Abschiede, Bd. 6, Abt. 2, Nr. 375 (3. 2. 1698), S. 697.
9 Ebenda.
10 Hans Wicki, Bevölkerung und Wirtschaft des Kantons Luzern im 18. Jahrhundert, S. 495.
11 Eidgenössische Abschiede, Bd. 6, Abt. 2, Nr. 296 (18./19. 4. 1695), S. 540.
12 Wicki, S. 495.
13 Eidgenössische Abschiede, Bd. 6, Abt. 2, Nr. 375 (3. 2. 1698), S. 698.

Schiffgesellen üben sich in Selbsthilfe

Dies führte zu Unmut vor allem unter den Schiffleuten, die sich nun in «Selbsthilfe»[14] übten und auch vor Gewalt nicht zurückschreckten. Ein paar Beispiele von Zwischenfällen an Land und auf dem See illustrieren die Art der Auseinandersetzungen:

— 31. März 1696, eine Bagatelle: Wenn sie in Flüelen übernachten müssten, seien sie vor den Urnern nicht sicher, beklagten sich die Luzerner Schiffgesellen. Ihnen seien sogar die Ruder gestohlen worden.[15]

— 3. Oktober 1696, erst «Missverständnisse», dann Schlägereien und Beschimpfungen: Luzern hinderte die Urner Schiffleute daran, eine Gruppe von Rekruten zu transportieren, die auf dem Weg nach Mailand waren und in Luzern auf das Schiff warteten. Truppen seien keine Fussgänger, sondern ein «gefehrt», argumentierten die Luzerner. Es kam zu einer Schlägerei, die sogar in Flüelen fortgesetzt wurde.[16] In der Folge entschuldigte sich der Luzerner Rat «gegen Ury wegen denen durchfüehrenden Recruten in Italien». Es habe sich um «missverstendnussen zwüschen beydseitigen schiffleüthen» gehandelt.[17] In der gleichen Klage beschwerten sich die Urner über den Knecht des «hiesigen Rösslinwirths», der es einem Kaufmann aus Augsburg untersagte, das Schiff der Urner für die Fahrt nach Flüelen zu nutzen. Er sei kein Fussgänger, weil er ein Felleisen mitführe, das zu einem Pferd gehöre, lautete die fadenscheinige Begründung. Dabei fielen auch Schimpfwörter.[18]

— 30. Oktober 1700, ein gefährliches Manöver auf dem See: Gestritten wurde nicht nur an Land, sondern auch auf dem See. So berichten die Luzerner Schiffgesellen in einer Klageschrift, dass sie von einem Urner Schiff so nahe an einen Felsen gedrängt worden seien, dass sogar die Ruder zerbrachen.[19] 1712 ereignete sich ein ähnlicher Vorfall. Wieder wurden die Ruder beschädigt. Zudem seien die Passagiere von den Urnern beschimpft und mit Wasser bespritzt worden.[20]

Uri drängt den Pfisternauen aus dem Markt

Für die beiden Schiffgesellschaften in Luzern – die St.-Niklausengesellschaft und die Gesellschaft des Pfisternauens – bedeutete die Eskalation auch, dass es gegen Ende des 17. Jahrhunderts immer schwieriger wurde, Neumitglieder zu rekrutieren. → siehe auch S. 186 ff. + 223 ff.

Wie dramatisch die Situation war, belegt eine Eingabe der Schiffgesellen an die Luzerner Obrigkeit. 1697 war die Zahl der Schiffleute von dreissig auf nur noch fünf gesunken. Sie warnten deshalb den Rat, die Schifffahrt in Luzern könne unter dem Druck der Urner eingehen.[21]

87

14 Begriff von Nabholz, S. 86.
15 StALU Schifffahrtsakten AKT A1 F7 SCH 901, Memorial der Schiffung halber, 31.3.1696.
16 StALU Schifffahrtsakten AKT A1 F7 SCH 901, Beilegung des Zwists beider Wochenmarktschiffe, 3.10.1696.
17 StALU COD 5620, Akte der beiden Marktschiffe von Luzern und Uri, 1496 bis 1750.
18 StALU Schifffahrtsakten AKT A1 F7 SCH 901, 3.10.1696.
19 StALU Schifffahrtsakten AKT A1 F7 SCH 901, Klagen der Luzerner Schiffleute gegen die Urner, 29.10.1700.
20 Nabholz, S. 87.
21 Ebenda.

Erst nach der Jahrhundertwende fuhren die Pfisternauenleute wieder wöchentlich nach Flüelen. Kurzfristig profitierten sie von einem unerwarteten Aufschwung, doch nach dem Zweiten Villmergerkrieg von 1712 brach die Wirtschaft in der katholischen Innerschweiz ein.[1] Zudem erhöhten die Urner nun wieder den Druck auf das Luzerner Marktschiff. Sie verheimlichten Ware, die in Flüelen an Kaufleute in Luzern adressiert war, vor den Luzernern, und sie fuhren lieber zweimal pro Woche mit einem halbleeren Schiff nach Luzern, als dass sie einen Teil der Fracht an die Pfisternauengesellen abgegeben hätten.[2]

1750 zählte die Pfisternauengesellschaft noch zehn Mitglieder.[3] In der St.-Niklausengesellschaft waren es immerhin 39.[4] Und der Druck auf die Pfisterschiffgesellen nahm zu. 1765 listeten sie in einem Verzeichnis auf, wie viele Schiffsladungen ihnen von den Urnern weggenommen worden waren. Allein für die ersten drei Monate des Jahres waren es 656 Stück.[5] 1766 transportierten sie nur vierzig bis fünfzig Kaufmannsgüter pro Woche von Flüelen nach Luzern.[6]

Immer wieder musste sich der Luzerner Rat mit den Klagen der Pfisternauenleute befassen und die Urner daran erinnern, dass es dem Luzerner Marktschiff «zustehet, von Flüelen nach Luzern ohngehindert der Schifleüthen von Ury und der Fehren von Flüelen» – der beiden Schiffgesellschaften in Uri – Waren abzuführen, die Luzerner Kaufleuten gehörten.[7] Ungeachtet der Mahnungen aus Luzern und der Rechte des Luzerner Marktschiffes führten die Gesellen des Urinauens aber weiter Ladungen aus Flüelen ab, die ihnen nicht zustanden.[8] Und sie drängten den Pfisternauen auch in Luzern aus dem Markt. 1773 sah sich die St.-Niklausengesellschaft veranlasst, gegen die Pfisternauengesellen zu klagen, weil diese nun sogar darauf verzichteten, an den Markt nach Altdorf zu fahren, und die Fracht an die Urner Schiffleute abtraten.[9]

1798, als die alte Ordnung zusammenbrach und die Privilegien der Zünfte fielen, waren auch die Tage der Pfisternauengesellen gezählt. «Kaum vegetierend traten sie über die Schwelle des 19. Jahrhunderts»[10] und schafften den Schritt in die Neuzeit nicht – anders als etwa die St.-Niklausengesellen. Sie lösten sich 1840 auf.[11]

88

1 Wicki, S. 495 und Tabelle auf S. 496 (Rechnungsbuch des Schiffmeisteramtes).
2 Ebenda.
3 Haas-Zumbühl, S. 62.
4 StALU PA 464/1a, Bruderschaftsrodel der St. Niklausen Schiffgesellschaft, 1727 bis 1848. Zahl von 1753.
5 Nabholz, S. 87.
6 Wicki, S. 496.
7 Mehrfach wurde der gleiche Wortlaut verwendet, etwa in StALU Schifffahrtsakten A1 F7 SCH 900, Klagen 1764–1765, oder StALU Ratsprotokolle RP 151.2 (7.1.1765). Immer wieder mahnte der Rat auch die «Erklärung und Erläuterung des Gersower Abschieds» von 1687 an, etwa in StALU Ratsprotokolle RP 152.123v (4.1.1769).
8 Wicki, S. 496.
9 StALU Ratsprotokolle RP 154.19 (17.9.1773).
10 Haas-Zumbühl, S. 63.
11 Zuvor wurden sie 1835 noch einmal für zwei Fahrten pro Woche zwischen Luzern und Flüelen eingesetzt. Rechtsschrift, S. 8.

Eine wahrhaftige Seeschlacht in der Innerschweiz?

Abb. 20   So stellte man sich Ende des 18. Jahrhunderts vor, war die Seeschlacht vor Stansstad abgelaufen. Unter der Darstellung auf dem Neujahrsblatt der Stadtbibliothek Winterthur von 1793 steht der folgende Text: «Die Luzerner, damals Unterthanen der Herzoge von Österreich, fuhren bewaffnet mit einem grossen Schiffe, die Gans genannt, an den Thurm zu Stansstad, um das Land Unterwalden zu überraschen. Der Wächter, indessen er mit Fackeln dem Volk das Wahrzeichen ertheilte, wälzte einen Mühlstein auf das feindliche Schiff, und als von ungefähr der Fuchs, das Marktschiff der Urner, sich näherte, wurden die Luzerner durch mehr als einen Tod bezwungen.»

Geschichte besteht aus Geschichten. Sie stützen sich auf Fakten, wenn Fakten verfügbar sind – was in der Zeit, als die ersten Mittelalterchroniken entstanden, nicht immer der Fall war. Die älteste Chronik der Stadt Luzern stammt aus der Feder von Melchior Russ. Russ war Schreiber in der Kanzlei Luzern und begann 1482, eine «Cronika» zu verfassen, die nicht auf die Ratsbücher oder die Archive der Stadt zurückgriff, sondern das Ziel hatte, Geschichten zu erzählen. Deshalb genoss er unter Geschichtsforschern nie ein hohes Ansehen. Insbesondere der historische Wert der Erzählungen sei gering, lautete das Urteil. Zudem sei die Chronik voll von Fehlern und Auslassungen.[1]

Unter den Erzählungen befindet sich auch der ausführliche Bericht einer Abfolge von Seeschlachten, die sich möglicherweise um 1310, vielleicht auch vor dem Morgartenkrieg von 1315 auf dem Vierwaldstättersee zutrugen. Russ datiert sie nicht, und in den städtischen Büchern oder den eidgenössischen Quellen gibt es keine Hinweise auf einen Seekrieg.[2] Auszuschliessen ist aber nicht, dass es zu Konfrontationen kam.[3] Jedenfalls wurde die Geschichte auch in den folgenden Jahrhunderten immer wieder von Chronisten aufgegriffen.

«Ein krieg zwüschen den von Lutzernn und den waldluten»

Melchior Russ erzählt die Geschichte von der «Gans», die Luzern verwüstete, und zwar in den folgenden Episoden, jeweils eingeleitet mit den Originaltiteln von Russ:[4]

1 «Ein krieg zwüschen den von Lutzernn und den waldluten so man ytz nempt [nennt] die waldstett»: Luzern fuhr mit zwei Nauen voll «frischer guter gesellen ... durch den rachen des sews» nach Buochs. Dort wurden die «knecht ussgelassen», sie zündeten Häuser an und nahmen Gefangene.

2 «Wie die waldlüt und berglüt mit funffzig nawen und schiffen gen Lutzern furent»: Unter den fünfzig Schiffen der Eidgenossen befand sich «gar ein strittbar werlich schiff, das man nempt die ganss, so dera von Ure was». Vor der Stadt fielen die Waldstätten «hinder das gottzhuss» ein, stürmten in die Stadt, «do stiessent die vigendt [Feinde] des schulmeisters huss und ettliche andere huser mit für an». Die überraschten Luzerner wehrten sich «mit büxen und armbrusten ... und handt inen ettwo mengen erschlagen», wie auch «dero von Lutzern ettwo menger umb kam». Gross seien die Verluste auf Seiten der Waldstätten gewesen, «und als die vigent

90

1   Maya Vonarburg Züllig, Melchior Russ: Cronika, S. 27 ff.
2   Es gibt nur einen Hinweis auf einen Krieg mit den drei Waldstätten, der 1310 mit einem Sieg der Luzerner in einer Auseinandersetzung bei Root endete. Urkunden und Regesten zur Geschichte des St. Gotthardweges, Nr. 83a. (1310), S. 333.
3   Roger Sablonier, 1315 – ein weiteres Gründungsjahr der Eidgenossenschaft?, S. 17.
4   Transkribiert in: Vonarburg, S. T7 ff.

die dotten lichnam ligen sachent, wurden sy von schrecken influcht gekerett, schneller da die adler des himmels sindt sy wyder zu den schiffen geylett».

3 «Wie die von Lutzern nachin furent und zu beyden theilen gar vill lütten verlüren»: Luzern nahm die Verfolgungsjagd auf und stellte die Feinde. «Von grossem geschütz und nott wegen sprungen sy inden sew», so Russ. Verluste erlitten aber auch die Luzerner. Sie brachten «nit vill lobs mit inen heym». Es «warent woll uff hundert von Lutzernn wundt worden». Immerhin aber verloren «die waldlüt gar vill mer lütten dan die von Lutzern».

4 «Wye die von Lutzern gan Stansstat zugen und da wüstent was da was»: Was nun folgte, war ein Rachefeldzug der Luzerner. Sie zogen mit vier Schiffen nach Stansstad und nahmen dort den Hafen und das Dorf ein. Sie plünderten «hüser, spicher und anders, so da mit hussratt und spyss uberfült was». Sie brannten Häuser nieder, und die Feinde, «die so da kommen warent zu stritten, schneller warent zu fliehen». Die grosse Beute nahmen die Luzerner «woll uff zwentzyg schiff mit gewaffneten lüten und in grossen Freuden wider heym». Sie waren so glücklich, dass sie «des nechsten morgens frü ... zu dem oberen gestadt gon Alpnach» fuhren, um dort zu brandschatzen. Allerdings mussten die beiden Nauen wieder abziehen, da «sy inen mit irem grossen vorteyll des bergs halb nüt angewinnen konden».

5 «Wye die von Lutzern gan Buchs zugent»: Damit hatten die Luzerner noch nicht genug. Sie fuhren «schnell und bald» nach Buochs und eroberten dort zwei Nauen. Danach griffen sie Stansstad an und mit neun Schiffen noch einmal Alpnach. Diesmal «erstachen sy fünff gewapnett man, verbrannten acht hüser und fürtent mit inen dannen ein schiff voll essiger spyss». «Gesundt und frisch» seien die Luzerner zurück in die Stadt gefahren, Frieden wurde aber erst «nach lange zytt» geschlossen.

91

Plötzlich wird die Heldenlegende umgekehrt

Offenbar war die Geschichte in der Stadt Luzern bekannt, denn auch Diebold Schilling erwähnt sie in seiner Chronik von 1513 – allerdings nur kurz: «Nach vil swärer kriegen» habe man sich mit den Eidgenossen verbündet. Er nennt neben der «Gans» auch einen «Fuchs».[1]

«Fuchs» und «Gans» tauschten in der Folge auch einmal die Seiten. In einer Darstellung der Bürgerbibliothek Winterthur von 1793 → Abb. 20 wird die «Gans» von den Luzernern gegen Stansstad geführt, der «Fuchs» ist das Marktschiff der Urner und hilft den Stansstadern, die Luzerner «durch mehr als einen Tod» zu bezwingen. Verantwortlich für diese vollständige Umdeutung der Geschichte ist das «Chronicon Helveticum» von Aegidius Tschudi. 1534 gab er nur die Episode des Überfalls auf Stansstad wieder, allerdings als Heldengeschichte der Nidwaldner. In den frühen Morgenstunden seien die Turmwächter von den Luzernern überrascht worden. Sie «wurdent unversechner Dingen des Schiffs erst gewar, als es grad am Turn zuländet, so still warend si mit dem Schiff hargeschlichen». Sie zündeten aber «schnell hoche Hartzfacklen an, dem Landt-Volck zum Sturm Zeichen ze geben».

«Ze oberst im Turn» sei «ein grosser Mülistein» gelegen, «den wurffend die Hüter herab ... in das Lucerner Schiff ... dass es zerbrach». Angesichts der «Ubermacht des Landt-Volcks» und dank der Hilfe der Urner, die «so ouch die Nacht gefaren mit einem grossen Schiff wolgerüst Volcks, ... wurdent die von Lucern übermachtet, mochtend ouch nit mer entwichen, etlich wurdent erschlagen und ertränckt, der merteil ward gefangen, und gieng menger redlicher Burger ze Grund, die Gefangnen wurdend durch die von Lucern mit grossem Gut wider gelöst».[2] Aus den «gesunden und frischen» Luzernern von Russ wurden Erschlagene, Ertränkte und Gefangene bei Tschudi.

1   Die Luzerner Chronik des Diebold Schilling 1513, S. 16.
2   Aegidius Tschudi, Chronicon Helveticum, Teil 1, Buch 4, S. 264.

An den Zinnen tobt ein hundertjähriger Zollkrieg

Was zunächst wie ein kurzes Zwischenspiel aussah, stellte sich bald als eine böse Vorahnung heraus. In den ewigen Auseinandersetzungen auf dem See – vorwiegend um Zolleinnahmen und Weggelder – begannen die Unterwaldner um die Mitte des 16. Jahrhunderts, ihre Milchprodukte nicht mehr über Luzern, sondern über Küssnacht zu exportieren. Umgekehrt bezogen sie das Salz, das sie für die Viehwirtschaft brauchten, ebenfalls über Küssnacht. Sie wollten damit den Zoll in Luzern umgehen. Luzern reagierte mit Vergeltungsmassnahmen auf die Umgehungsgeschäfte. Was folgte, war ein kurzer «Ankenkrieg», der zwar beigelegt wurde, der aber Nachwirkungen hatte. Denn gegen die Jahrhundertwende begannen auch Uri und Schwyz, den Transitverkehr nicht mehr über Luzern zu führen. Luzern wiederum errichtete eine Zollstation an den Zinnen (an der südwestlichen Spitze der Hertenstein-Halbinsel), → Abb. 21 um die fremden Schiffe abzufangen. Während mehr als hundert Jahren bekämpften sich Luzern und die drei Länderorte in diesem «Zinnenkrieg».

Unterwaldner fühlen sich auf dem Markt in Luzern benachteiligt

Wie aber begann die Auseinandersetzung zwischen Luzern und Unterwalden? Anfänglich ging es um Buttertransporte, die aus dem Berner Oberland über den Brünig nach Alpnachstad kamen und von dort direkt nach Küssnacht verschifft wurden. Teilweise handelte es sich auch um Butter, die direkt aus Nid- oder Obwalden kam. 1546 stellte Luzern erstmals fest, dass «des anckenkouffs und korns halber ... der zoll verfüert» werde.[1] Offen brach der Konflikt aus, als ein Händler aus Zürich vor den Luzerner Rat zitiert wurde. Er trat von dem Umgehungsgeschäft zurück, aber Vertreter aus Nid- und Obwalden äusserten sich 1549 unverhohlen über ihre Rechtsauffassung: «Sy vermeinent ouch, so etlich Zuricher by jnen ancken kouffen unnd uber den see varent, zoll unnd gleyt gebent, sollent hie ungstrafft blyben, so ouch sy von Underwalden uber den see varent unnd selbs gan Kusnacht furent, sollent kein zoll noch gleyt schuldig syn.»[2]

Dass sich Luzern und Unterwalden in die Haare gerieten, hatte zwei Hauptgründe. Erstens fühlten sich die Unterwaldner auf dem Markt von Luzern benachteiligt. Mehrfach verlangten sie eine frühere Öffnung

1   StALU Ratsprotokolle RP 17.185v (15. 9. 1546).
2   StALU COD 1270, fol. 105r–106v.

Abb. 21   1591 wurde der Lehensmann der Ziegelei auf den Zinnen mit der Überwachung des Schiffsverkehrs nach Küssnacht beauftragt. Hier wurde der Zinnenzoll errichtet. Wahrscheinlich bestand die Ziegelei zu diesem Zeitpunkt noch nicht lange. 1573 taucht sie erstmals in den Quellen auf. Betrieben wurde sie bis in die zweite Hälfte des 19. Jahrhunderts. Ausschnitt aus der «Abbildung der 4. Waldstätten See. Effigies Quatuor urbium Silvaticum Lacus» von Matthäus Merian von 1654.

des Ankenmarktes und die Aufhebung der Verkaufsbeschränkung von zehn Zentnern. Offenbar blieben sie immer wieder auf ihrer Butter sitzen.[1] Zweitens wurde mit Butter spekuliert, was die Luzerner Obrigkeit davon abhielt, die Regeln zu lockern.[2]

Salzhändler «entführen» den Zoll aus Luzern

1553 schienen sich Luzern und Unterwalden verständigt zu haben. Jedenfalls taucht der Ankenhandel nicht mehr in den Quellen auf. Dafür geriet nun der Salzhandel, der von Zürich (über Horgen, den Hirzel, Zug, den Zugersee, Immensee und Küssnacht) in die Innerschweiz führte, in das Visier der Luzerner. 1579 wurde ein Händler aus Zürich beschuldigt, «den Zoll entführt» zu haben. Darauf antwortete Zürich, dass es schon «etliche jar den saltzhandel gegen üweren und unnseren lieben Eydtgnossen zuo Uri und Underwalden gfürt und dasselbig jederwylen ab unnserm see von Horgen uff Zug zuo, dadannen gen Küsnacht volgents eindtweders uff Uri ald [oder] Underwalden gefertiget» habe.[3] Dagegen habe es bisher keine Einwände gegeben.

1589 stellte Luzern erstmals fest, dass sich auch der internationale Handel verlagerte. Uri transportierte den Reis eines Händlers aus Basel nicht mehr über Luzern, sondern über Küssnacht und Zürich nach Basel.[4] 1590 zog der Luzerner Rat deshalb in Erwägung, die Zölle auch für Waren auf der Seeroute einzutreiben. Er wies die Amtsleute in Weggis an, «das sy acht haben, wann schiff mit rys da fürfarent uff Küsnacht zuo, das sy ushen farent und den gewonlichen zol ... ynzichen».[5] Faktisch war damit der Zinnenzoll errichtet. Sogar das Zollgeld, das zu entrichten war, wurde genannt, nämlich vier Schilling pro Saum.[6]

Ziegelei an den Zinnen wird in Zollstation umfunktioniert

Mit der Aufgabe, den Verkehr zu überwachen und den Zoll einzuziehen, wurde der Lehensmann in der Ziegelei an den Zinnen beauftragt.[7] → Abb. 21 Gleichzeitig wurde den Reiskaufleuten mit der Konfiskation ihrer Ware gedroht, wenn sie nicht den Zoll in der Stadt Luzern benützten.[8] Es dauerte nicht lange, bis sich Schwyz, Uri und Unterwalden über den neuen Zoll beklagten. 1591 wurde erstmals die Tagsatzung angerufen. Luzern wies die Klagen zurück und machte geltend, dass Salz und Kaufmannsgüter bisher in der Stadt verzollt «und daselbs das see geldt davon bezallt worden» sei. «Aber erst syd ettwas jars har habends die koufflut angfangen von Küssnacht dannen über seew jn Berngebiett und andre frömbde ort zu verfertigen», dadurch werde das «gwonlich seegelt (das zwar klein fug[9]) abgefurt».[10]

95

1   Vergleiche dazu: Eidgenössische Abschiede, Bd. 4, Abt. 1d., Nr. 377 (15. 6. 1547), S. 823 f., und Bd. 4, Abt. 1e., Nr. 114 (9. 5. 1550), S. 290 f.
2   Aktenkundig ist ein Hans Knab aus Luzern, der Spekulationsgeschäfte betrieb und in die Schranken gewiesen wurde. Vergleiche dazu: Eidgenössische Abschiede, Bd. 4, Abt. 1e., Nr. 416 (23. 1. 1548), S. 908 f., Nr. 423 (12. 3. 1548), S. 926, und Nr. 430 (7. 5. 1548), S. 943 f.
3   Rechtsquellen des Kantons Luzern, Teil 2, Bd. 1, Nr. 51 (1553?), S. 142.
4   Fritz Glauser, Der Gotthardtransit von 1500 bis 1660, S. 45.
5   Rechtsquellen, Teil 2, Bd. 1, Nr. 51 (1553?), S. 143.

6   «Saum» (von italienisch «soma» = Last, Bürde) ist die gängige Masseinheit für Handelsgüter. Ursprünglich bezeichnete es die Traglast eines Tieres, sicher 150 Kilogramm, in vielen Fällen bis zu 200 und mehr. Später wurde der Begriff als Transportmass für Wein verwendet. Es entsprach der Grösse eines Holzfasses, dessen Inhalt zwischen 130 und 180 Litern schwankte.
7   StALU COD 1435/41, fol. 51r.
8   StALU Ratsprotokolle RP 42.246 (19. oder 26. 2. 1591).
9   «klein Fug» = von wenig Belang, unbedeutend.
10   Eidgenössische Abschiede, Bd. 5, Abt. 1, Nr. 182 (10. 9. 1591), S. 266 f.

Abb. 22   Luzern kontrollierte den Schiffsverkehr zwischen dem Meggenhorn (vorne die Altstadinsel) und den Zinnen auf der Halbinsel von Hertenstein auf der gegenüberliegenden Seeseite. Zwischen dem Benzeholz in Meggen und der Ziegelei, deren Gebäude auf der Darstellung von 1780 zu erkennen sind, bestand auch ein Fährbetrieb.

Damit war die Argumentationslinie skizziert. Und sie hatte Bestand bis 1690: Luzern verteidigte seinen Zoll als «alt», er werde einfach an einem anderen Ort eingezogen. Es seien die eigennützigen Kaufleute, die Luzern nötigten, «kraft der Bünde und der alten Freiheiten, was ihm an einem Ort entzogen sei, an eim andern Ort seiner Jurisdiction zu suchen».[1] Ausserdem betreffe er nur die durchreisenden Kaufleute.[2] Er sei also nicht der Rede wert.

1622 bekräftigte der Rat von Luzern mit einer eigenen «Ordnung des zolls an der Zinnen» und mit der Vereidigung eines eigenen «zollers an der Zinnen»[3], dass er gewillt war, sein Recht durchzusetzen. In der Ordnung wurden die Zollgebühren für die häufigsten Handelswaren festgeschrieben: Käse, Butter, Salz, Kernen, Korn und Hafer, Reis, Pferde und Vieh (mit der Unterscheidung, ob «ross unnd veh in der Eidtgnoschafft blibt» oder ausgeführt wird), Dürres und Grünes. Auch in der Zinnenzollordnung hielt er fest, dass «sich diser zoll allein verstahn [soll] uff wahren, die nit in ihr statt sonder in andere ort verfuehrt werdent».[4]

Eidgenossen schalten sich in den Streit ein

Nun spitzte sich der Konflikt zu. Uri, Schwyz und Unterwalden beschlossen an einer Tagsatzung der drei Orte in Brunnen, «dass sie diesen Zoll nicht bezahlen werden».[5] Schon zuvor hatten sie Schwyz ersucht, «darauf hinzuarbeiten, nach Küssnacht einen Kornmarkt zu verlegen».[6] Damit war auch die Taktik der drei Länderorte klar: Nicht bezahlen und mit der Auslagerung des Marktes nach Küssnacht, später auch nach Sins oder Zug zu drohen.[7]

Dennoch: Während der ganzen Zeit des Konflikts strebten die drei Orte immer eine gütliche Einigung an – auch unter Vermittlung der anderen Orte der Eidgenossenschaft. 1623 schalteten sich Zug, Solothurn und Freiburg in den Streit ein. Sie baten darum, ihnen die Schlichtung des Streits an einer «eidgenössischen Tagsatzung anzuvertrauen, damit die Einigkeit der katholischen Orte wieder hergestellt werde».[8] Aus der eidgenössischen Tagsatzung wurde nichts, auch das gute Zureden führte zu keiner Lösung.

Vielmehr verlegten sich Uri und Schwyz darauf, das luzernische Hoheitsgebiet zu meiden. Schwyz hatte die Strasse von Brunnen über den Sattel nach Richterswil schon seit Mitte des 16. Jahrhunderts ausgebaut, doch nun – als Folge des Zinnenzolls – etablierte sie sich als Ausweichroute für den Durchgangsverkehr.[9]

1   Eidgenossische Abschiede, Bd. 5, Abt. 1, Nr. 807 (18. 8. 1612), S. 1098, und Bd. 5, Abt. 2, Nr. 256 (6. 9. 1622), S. 308.
2   Ebenda, Nr. 806 (30. 7. 1612), S. 1098.
3   Rechtsquellen, Teil 2, Bd. 1, Nr. 87 (1622), S. 225 ff.
4   Ebenda, S. 226.
5   Eidgenössische Abschiede, Bd. 5, Abt. 2, Nr. 263 (19. 11. 1622), S. 317.
6   Ebenda, Nr. 244 (14. 7. 1622), S. 292.
7   Sins wurde 1637 und 1638 neben Küssnacht als Marktort für das Freiamt vorgeschlagen. Eidgenössische Abschiede, Bd. 5, Abt. 2, Nr. 794 (6. 9. 1636), S. 1002, Nr. 841 (4. 1. 1638), S. 1063, und Nr. 879 (15. 12. 1638), S. 1111. Zug wurde 1640 angefragt, zeigte «Geneigtheit», plädierte dann aber für eine gütliche Einigung. Ebenda, Nr. 918 (4. 2. 1640), S. 1157, und Nr. 918 (16. 2. 1640), S. 1158.

8   Ebenda, Nr. 277 (26. Februar bis 8. März 1623), S. 332.
9   Glauser, Gotthardtransit, S. 45.

Luzern warnt,
droht – und rüstet auf

Gleichzeitig aber litt der Gotthardverkehr unter den Kriegen und unter den Wirtschaftskrisen in Europa. Deutschland war durch den Dreissigjährigen Krieg (1618 bis 1648) aufgerieben, die oberitalienische Wirtschaft erlebte einen desaströsen Niedergang, der von 1630 bis 1680 dauerte. Damit brach auch der Gotthardhandel ein,[10] und der Streit um die verbliebenen Anteile auf dem Vierwaldstättersee verschärfte sich.[11] → siehe auch S. 85

1669 eskalierte der Streit um den Zinnenzoll. Luzern beorderte den «ambstmann und pfundzooler ..., sich zu rechter zeit uf den see umb die gegend by der Zinnen [zu] begeben uff die durchfahrende schiff fleissig aufsehen [zu] haben».[12] 1677 wurde sogar eine Nachtwache installiert, den Kaufleuten wurde mit der Konfiszierung ihrer Ware gedroht, und an den Ammann in Küssnacht erging eine deutliche Warnung: «Und weilen amman Sidler von Küsnacht deswegen etwas verdächtig, wird er durch schriben citiert werden, ... wan er fürerhin des zohls zu erlegen sich abwendig machen und abweichen wurde, jhme danenthin anders widerfahren würde.»[13]

In den folgenden Jahren häuften sich die Proteste der inneren Orte. Uri, Schwyz, Nid- und Obwalden waren entschlossen, zu Repressalien zu schreiten, denn ein solcher Seezoll sei «wider aller Welt kundiges Recht».[14] Es verging kaum ein Jahr, in dem sich nicht auch eine Tagsatzung mit dem Zinnenzoll auseinandersetzte.

Schiffgesellen werden in
den Konflikt hineingezogen

Zudem waren von den Streitigkeiten nicht nur die Kaufleute und Händler betroffen, sondern auch die Schiffgesellen. In einem konkreten Fall ging es darum, dass Luzern auf der Auslieferung von drei Schiffknechten bestand, die 1679 beschuldigt wurden, an der Umgehung des Zinnenzolls beteiligt zu sein. An ihrer Tagsatzung in Brunnen beschlossen die drei Orte, deutlich zu antworten: «Lucern möge seine Zölle an den bisherigen Stellen beziehen; um den Zollbezug bei den Zinnen biete man ihm das eidgenössische Recht, mit Protestation gegen alles widrige Vorgehen; so lange der Streit pendent sei, werden die Schiffleute nicht gestellt.»[15]

Vor allem die Schiffleute von Küssnacht standen unter dem ständigen Verdacht, bei der Verzollung von Transitwaren wegzuschauen. Immer wieder griff der Zollaufseher ein und konfiszierte Ladungen. Vereinzelt wurden Salz und andere Waren aus Zürich auch «nach Luzern arretiert».[16] Händler aus Zürich schrieben der Luzerner Obrigkeit, dass sie bereit seien, den Zinnenzoll zu entrichten – Hauptsache, der Handelsfluss werde nicht behindert.[17]

99

10   Ebenda, S. 46.
11   Er führte letztlich auch zu der grundsätzlichen Verständigung über die Schifffahrt, die 1687 in Gersau geschlossen wurde.
12   Rechtsquellen, Teil 2, Bd. 1, Nr. 105a (1.10.1669), S. 263.
13   StALU Ratsprotokolle RP 77.441 (23.10.1677).
14   Eidgenössische Abschiede, Bd. 6, Abt. 1, Nr. 555 (29.12.1671), S. 834.
15   Ebenda, Nr. 712 (15.6.1679), S. 1100.
16   Rechtsquellen, Teil 2, Bd. 1, Nr. 105c (23.10.1669), S. 266.
17   Ebenda.

Luzern kann es sich leisten, den Konflikt auszusitzen

Luzern war entschlossen, seine Rechtsauffassung an den Tagsatzungen zu verteidigen. Offenbar ging es dem Rat auch um das Prinzip. Dabei beharrten sowohl Luzern als auch die inneren Orte auf ihren bekannten Rechtspositionen. Luzern vertrat die Meinung, den alten Zoll nur den geografischen Bedingungen angepasst und innerhalb des eigenen Herrschaftsgebiets verlegt zu haben. Demgegenüber sprachen die drei Länderorte von einem neuen Zoll, der gegen Bündnisse und Verträge verstosse, denn Grundlage für Zollbeschlüsse sei die gemeinsame Zustimmung.

1679 kamen Uri, Schwyz und Nidwalden schliesslich zu der Überzeugung, dass sich «der Streit nicht in Minne» beilegen lasse.[1] Sie waren bereit, ihre Drohung wahrzumachen und die eidgenössische Tagsatzung in Baden anzurufen. Doch sie hatten ein Problem: Obwalden scherte aus. Bereits zuvor hatte Obwalden darauf gedrängt, wegen des Zinnenzolls nicht «in eine Rechtshandlung» mit Luzern einzutreten.[2] Uri setzte deshalb Druck auf und bedrängte Obwalden – auch mit Repressalien: Angeblich verdoppelte es den Platifer-Zoll in der Leventina nur für die abtrünnigen Obwaldner.[3]

Von dem Bruch zwischen Uri und Obwalden wusste auch Luzern. Und ging deshalb nicht auf die Drohungen ein – auch nicht auf die abermaligen Ankündigungen der inneren Orte, einen Konkurrenzmarkt in Küssnacht oder Zug eröffnen zu wollen oder ihren Landsleuten sogar den Besuch des Marktes in Luzern zu verbieten.[4] Zumal sich nun auch Zug von den Plänen distanzierte – wenn auch nur durch Nichtstun.[5]

Luzern «verriet deshalb keine Neigung», in Verhandlungen einzutreten, sondern richtete «eine spitzig stylisirte und glichsamb unfründliche» Antwort an die aufmüpfigen Orte.[6] Luzern konnte es sich leisten, den Konflikt auszusitzen.

100

1   Eidgenössische Abschiede, Bd. 6, Abt. 1, Nr. 710 (17.2.1679),
S. 1098.
2   Ebenda, Nr. 692 (13.5.1678), S. 1075.
3   Rechtsquellen, Teil 2, Bd. 1, Nr. 105c (23.10.1669), S. 267
und Eidgenössische Abschiede, Bd. 6, Abt. 1, Nr. 723 (8.2.1680), S. 1113.
4   Eidgenössische Abschiede, Bd. 6, Abt. 1, Nr. 687 (21.1.1678),
S. 1068 f. und Nr. 726 (7.6.1680), S. 1118.
5   Ebenda, Nr. 703 (7.9.1678), S. 1089.
6   Ebenda, Nr. 692 (13.5.1678), S. 1075.

Wie gekommen, so gegangen

Damit kehrte Ruhe ein. Luzern beharrte auf dem Zinnenzoll, und dies offenbar mit Erfolg. Zumindest wurde der Zoller an der Zinne, Hans Jakob Dahinden, «wegen seines Fleisses» mit einem weiss-blauen Amtsmantel ausgestattet.[7] Dies war 1689.

Dennoch dürfte der Zinnenzoll schon damals an Bedeutung verloren haben – vielleicht auch als Folge der Vereinbarung von Gersau, → siehe auch S. 102 ff. die 1687 darauf abzielte, die Vierwaldstättersee-Schifffahrt auf eine neue Grundlage zu stellen, und die auf Verständigung setzte. Ein letztes Mal wird der Zinnenzoll in einer Urkunde von 1692 erwähnt – interessanterweise in einer Angelegenheit, die bereits den Anfang des Zollstreits gebildet hatte. 1692 wurden die Abmachungen von 1553 und 1595 über den Butter- und Käsehandel von Nidwalden nach Küssnacht erneuert.[8]

1693 herrschte an einer Tagsatzung in Brunnen offenbar keine Klarheit darüber, ob es den Zoll noch gab. Luzern wurde deshalb um Bericht ersucht, ob es gedenke, «den bekannten Zinnenzoll wieder einzuführen».[9] Nein, tat es nicht; der Zinnenzoll war gegangen, wie er gekommen war.

7   StALU Ratsprotokolle RP 81.608 (September 1689).
8   Rechtsquellen, Teil 2, Bd. 1, Nr. 105c (23.10.1669), S. 267.
9   Eidgenössische Abschiede, Bd. 6, Abt. 2, Nr. 250 (3.3.1693), S. 465.

Gersau 1687: Kompromiss in der wirtschaftlichen Not

Eines der wichtigsten Dokumente in der Geschichte der Schifffahrt auf dem Vierwaldstättersee sind die «Abscheyde von Gersau» aus dem Jahr 1687. Angesichts der endlosen Streitereien zwischen Uri und Luzern und vor dem Hintergrund einer alarmierenden Entwicklung des Gotthardhandels versuchten die Regierungen von Uri und Luzern, die Rechte ihrer jeweiligen Schiffgesellschaften auf eine neue Basis zu stellen. Zwar galt das Abkommen bis 1810, doch vor allem Luzern war nicht glücklich mit den Bestimmungen.

In der zweiten Hälfte des 17. Jahrhunderts brodelte es zwischen den Schiffgesellschaften von Uri und Luzern. Hauptgrund war der Niedergang des Gotthardhandels, der zu einer verschärften Konkurrenz um das verbliebene Handelsgut führte. 1685 beklagte sich deshalb Luzern in einem Schreiben an Uri über den schlechten Zustand des Gotthardweges und über die hohen Gebühren und Zölle.[1] Diese seien die Ursache, dass immer mehr Kaufmannsgüter nicht mehr durch die Zentralschweiz, sondern über Graubünden geleitet würden. Allerdings hatte die Verlagerung auch mit den konfessionellen Spannungen nach dem Ersten Villmergerkrieg von 1656 zu tun.[2] Damals behaupteten sich die katholischen Orte der Innerschweiz gegen das protestantische Bern und Zürich. In einer stillen Form der Vergeltung begannen die protestantischen Kaufleute, die katholische Innerschweiz zu meiden.

Erst die wirtschaftliche Not brachte schliesslich die Urner und Luzerner dazu, sich an einen Tisch zu setzen – 1687 in Gersau. Dabei war es ein Hauptanliegen der Luzerner, die wirtschaftliche Überlebensfähigkeit des Pfisternauens zu sichern. Weil es dem Urinauen gelungen war, fast den gesamten Getreidetransport von Luzern nach Flüelen und den Getreidehandel im Urnerland an sich zu bringen, litt unter dem Rückgang des Gotthardverkehrs vor allem die Gesellschaft des Pfisternauens.

102

1   Eigentlich war es die Gegenklage auf eine Klage, die Uri «wider hiessigen Schiffmeister wegen hingenommenen durchreissenden persohnen aus ihrem Schiff, und hinderhaltenen geldts» eingereicht hatte. StALU COD 5620, Akte der beiden Marktschiffe von Luzern und Uri, 1496 bis 1750.
2   Hans Wicki, Bevölkerung und Wirtschaft des Kantons Luzern im 18. Jahrhundert, S. 493.

Was wie ein Rückschritt anmutet, bedeutet Rechtssicherheit

Von den Abschieden zu Gersau[3] waren aber alle vier Schiffgesellschaften in Uri und Luzern betroffen – das waren sowohl das Luzerner Marktschiff (Pfisternauen) und das Urner Marktschiff (Urinauen) als auch die beiden St.-Niklausengesellschaften in Luzern und Uri. Kernpunkt war das Recht auf Rückfracht, wie seit Anbeginn der Auseinandersetzungen auf dem See. Dabei wurde ein Kompromiss erreicht, der für Luzern wie ein Rückschritt wirkte,[4] der aber aufgrund der faktischen Verhältnisse zumindest eine gewisse Rechtssicherheit versprach.

Grundsätzlich wurde festgehalten, dass es jeder Schiffgesellschaft zustand, ihre eigenen Landleute und deren Güter aus einem fremden Hafen zurückzuführen, ebenso Fremde ohne Kaufmannswaren – allerdings gegen Entrichtung von Zoll und «Fürleite». → siehe auch S. 79 Und ohne das aktive Anwerben von Passagieren in den Wirtshäusern. Für die fremden Kaufmannswaren, also den Transithandel, galten die gleichen Bestimmungen. Das hiess: Uri kontrollierte weiterhin den Gotthardverkehr von Süden nach Norden, der Durchgangsverkehr von Norden nach Süden blieb den Luzernern vorbehalten.

Weil aber der Nord-Süd-Verkehr nicht annähernd das gleiche Volumen erreichte wie der Handel aus der Gegenrichtung[5] und weil sich die Urner weigerten, den Getreidetransport und -handel in Altdorf mit den Luzernern zu teilen, befürchtete der Luzerner Rat, dass «das wochenschif oder Pfister Nauen von Lucern ohne eine Handlung nit bestehen möge, sondern werde gezwungen werden, die Schiffarten einzustellen».[6] Er nahm deshalb eine protektionistische Massnahme in die Bestimmungen auf, die nicht Uri traf, sondern die St.-Niklausengesellen in Luzern. Er erteilte das Vorrecht für den Transitverkehr an den Pfisternauen: «Die fremde Kaufmanswahren, so zu Lucern anlangen, sollen die Pfisterleuth naher Flüelen abführen, und wan sie nit fahren wollen, so stehet umb dieselbe die nächste fahrt an denen St. Niclaus Feeren, oder sie wollten es gutwillig denen Schifleuten von Ury oder den Feeren zu Flüelen überlasse.»[7]

Förmlich nie bestätigt und doch in Kraft bis 1810

Mit dem Abschied von Gersau gegen Ende des 17. Jahrhunderts trat tatsächlich eine kurzzeitige Beruhigung ein. In die gleiche Zeit fiel auch das Ende des Zollkriegs an den Zinnen. → siehe auch S. 93 ff.

Allerdings war der Konflikt damit nicht aus der Welt geschafft. Weiterhin versuchten die Schiffleute des Urinauens, den Pfisternauen aus dem Markt zu drängen. Immer wieder klagten die Luzerner gegen die

3   StALU Schifffahrtsakten AKT A1 F7 SCH 900, Abschied der Konferenz zu Gersau (Abschrift), April 1687. Transkription des Originals in: Rechtsschrift über die Freiheit der Schifffahrt auf dem Vierwaldstättersee, Beilage 4, Abscheyde von Gersau, 16. April 1687, S. 23 ff. Abschrift auch in: StAUR A-720/1, Abschied zu Gersau, April 1687.
4   1357 hatte ein eidgenössisches Schiedsgericht zwischen Uri und Luzern geschlichtet und dabei die freie Schifffahrt als Grundprinzip festgehalten.
5   In der Regel kamen rund anderthalb- bis zweimal mehr Güter von Süden nach Norden über den Gotthard als umgekehrt. Fritz Glauser, Der internationale Gotthardtransit, S. 203 ff.
6   StALU Schifffahrtsakten A1 F7 SCH 900, Gersau 1687.
7   Ebenda.

104

Abb. 23   Gersau – «la petite République sur le Lac de Lucerne», wie es in der Bildbeschreibung von 1778 heisst – war häufig Konferenzort der Innerschweizer Orte.
Aus einem naheliegenden Grund: Die «kleine Republik» befindet sich in der Mitte
des Seeweges zwischen Luzern und Uri.

Urner und stellten auch das Abkommen von Gersau infrage. Vor allem in der zweiten Hälfte des 18. Jahrhunderts spitzte sich die Situation zu.[1]

Rückblickend – in seiner Rechtsschrift von 1838, als der Kanton Luzern versuchte, Uri unter dem Eindruck der aufkommenden Dampfschifffahrt von der Notwendigkeit der freien Schifffahrt zu überzeugen – war die Kritik deutlich: «Indessen blieb dasselbe [das Abkommen von Gersau], obwohl mehrfach und wiederholt angefochten und von Luzern nie förmlich bestätigt, in Uebung bis zum Jahre 1810.»[2]

1810 und 1811 wurde das Abkommen auf der Grundlage der Mediationsakte von 1803, die Handels- und Gewerbefreiheit vorschrieb, erneuert. Faktisch änderte sich allerdings nicht viel, lediglich die «Fürleite» wurde für den gewöhnlichen Verkehr abgeschafft und durch Frankenbeträge ersetzt. Für den Transport von Kaufmannsgütern wurde sie auf zwei Fünftel des Schifflohns gesenkt. Auch in der Folge gingen die Streitereien weiter – bis 1849, als der neue Bundesstaat eingriff und Uri dazu zwang, die freie Schifffahrt anzuerkennen.[3]

106

1   Übersicht über die Anfechtungen: StALU COD 5620, Akte der beiden Marktschiffe von Luzern und Uri, 1496 bis 1750.
→ siehe auch S. 88.
2   Rechtsschrift, S. 6.
3   Bundesgesetz betreffend den freien Verkehr an der Wasserstrasse von Luzern nach Flüelen, 22. 5. 1849.

Private legen sich mit den gnädigen Herren an

Eine wichtige Nahverbindung bestand auf dem Vierwaldstättersee zwischen der Horwer Seebucht und Stansstad. Dort scheuten sich die Winkel-Fähren nicht, sich mit den Nid- und Obwaldnern anzulegen. Und auch nicht mit der Obrigkeit in Luzern. Vor allem an Markttagen war die Winkel-Fähre populär. Dann nämlich marschierten die Nid- und Obwaldner über die Landstrasse nach Winkel, um dort das Schiff zurück nach Stansstad oder Alpnach zu nehmen. Dass sie nicht von Luzern zurückreisten, hatte einen einfachen Grund: Für die Fahrt von Winkel nach Stansstad bezahlte man nur einen Viertel des Preises, der für die Fahrt von Luzern angefallen wäre. Dies galt auch in der umgekehrten Richtung.[4]

In einem kleineren Umfang erfolgte auch der Warenverkehr über die Winkel-Fähren. Güter wie Korn, Wein oder Salz wurden aber auf der Hauptlinie zwischen Luzern und Stansstad befördert. Zu teuer wären der Landtransport und das zusätzliche Umladen geworden.[5]

Der hartnäckige Kampf um den Viehtransport nach Uri

Bei den Winkel-Fähren handelte es sich um eine private Schifffahrtsorganisation, die aus vier Fahrrechten bestand. → Abb. 24 Diese hafteten auf den einzelnen Gehöften, waren in Gülten[6] verschrieben und wurden verkauft, verpachtet oder vererbt.[7] Teilweise waren die Schuldlasten beträchtlich.[8] Auf den wirtschaftlichen Druck reagierten die Fährenbetreiber auch mit Aktionen, die sie in Schwierigkeiten brachten. 1640 schritt der Luzerner Rat erstmals gegen die Schiffleute von Winkel ein, weil sie Vieh mit einem entliehenen Nauen nach Flüelen transportiert hatten. 1647 und 1648 wurden sie wegen des gleichen Vergehens gebüsst.[9]

Während des Bauernkrieges von 1653 forderten die Fährleute von Winkel sogar, dass sie Nauen aus der obrigkeitlichen Schiffhütte erhielten, um Vieh nach Uri zu befördern – ohne Erfolg. Schnippisch antworteten die «Gnädigen Herren» in Luzern: In der Stadt müssten sie ihre Schiffe auf Kosten der Bürger unterhalten, die – anders als die Schiffleute in Horw – nicht über Güter verfügten, von denen sie sich ernähren könnten.[10]

107

4 Gemäss der Stansstader Fahrordnung von 1681, in: Andreas Ineichen, Die Gemeinde [Horw] in der frühen Neuzeit, S. 135.
5 Ebenda.
6 Hypotheken.
7 Hans Reinhard, Winkel bei Horw und seine Fähre am See, S. 236.
8 Ineichen, S. 141.
9 Ebenda, S. 139, mit Verweis auf StALU Ratsprotokolle RP 66.253, (26.5.1640), und StALU AKT 11M/180 Landvogteirechnung 1647 und 1648. 1648 wurden auch die Bauern von Horw gebüsst.
10 Ebenda, S. 139, mit Verweis auf StALU AKT 13/3578 Klagen der Horwer (21.2.1653) und AKT 13/3690 Summarium der Klagepunkte der zehn Ämter (7.6.1653).

Damit gaben die Winkel-Fähren aber noch keine Ruhe. 1714 provozierten sie den Luzerner Rat erneut. Nur hatten sie diesmal nicht Vieh nach Uri transportiert, sondern Reisende samt Pferden und Wagen. Damit, so urteilte der Rat, hätten sie den Pfisternauen und die St.-Niklausengesellen in ihren Rechten geschädigt.[1]

Je weniger Leute, umso längere Wartezeiten

Schon früh bemühten sich die Obrigkeiten in Luzern, Ob- und Nidwalden, die Winkel-Fähren in den Griff zu bekommen. 1545 erliessen sie eine gemeinsame Fahrordnung, in der sie nicht nur die Preise festlegten, sondern auch Vorschriften über die Rückfuhren oder Fahrten bei Wind und Wetter machten.[2]

Das löste aber die wesentlichen Probleme nicht. Ausserhalb der Hauptreisezeiten an Markttagen war der Andrang an den Gestaden in Winkel und Stansstad bescheiden. Häufig stritten sich deshalb die Schiffleute um die wenigen Passagiere. Oder sie liessen sie warten, bis sie genügend Leute hatten, um ein Schiff zu füllen. Oder sie überfüllten das Schiff, um den Einsatz eines zweiten Nauens zu sparen. 1590 reagierte der Luzerner Rat mit einer Verordnung, die Sicherheitsvorschriften gegen das Überladen enthielt.[3] → siehe auch S. 204

Allerdings rissen die Klagen nicht ab. 1605 fand eine gemeinsame Konferenz von Abgeordneten aus Nidwalden und Luzern statt. Nidwalden beschwerte sich über die ständigen Verzögerungen bei der Heimfahrt seiner Marktgänger aus Luzern. Beidseitig war die Klage über «die fremden Bettler, Landstreicher und dergleichen Gesinde», das von den Fähren transportiert werde. Worauf den Schiffleuten «ernst befohlen» wurde, «jedermann an den Markttagen um den bestimmten Schifflohn und ungesäumt zu führen und nicht auf Vielheit der Personen sehen, eine oder zwei, mehr oder minder, so an's Gestade kommen und zu fahren verlangen, abführen». Was das fremde Gesinde und die Bettler anbelange, werde man keine Geduld haben: Bettler würden unverzüglich an den Gestaden festgenommen und nach Stans geführt.[4]

Schlaumeiereien, um die Nid- und Obwaldner auszutricksen

Nun besannen sich die Winkel-Fähren auf eine neue Taktik. Sie warteten an den Markttagen mit der Abfahrt so lange, bis es dunkel wurde. Für die Nachtfahrt konnten sie den doppelten Schifflohn fordern. Auf die Vorwürfe aus Nidwalden reagierten die Schiffleute von Winkel, dass man von ihnen verlange, «um den einfachen Lohn zu fahren, was immer für Wetter sein möge». Bei der gegenwärtigen Teuerung sei ein «grösserer Lohn doch am Platze».[5]

108

1   StALU Ratsprotokolle RP 90.251v (14.5.1714) und RP 92.149v (9.3.1720), zitiert in: Hans Wicki, Bevölkerung und Wirtschaft des Kantons Luzern im 18. Jahrhundert, S. 496 f.
2   StALU Schifffahrtsakten AKT A1 F7 SCH 902 A, Kanton Unterwalden, Fahrordnung 1545.
3   StALU Schifffahrtsakten AKT A1 F7 SCH 902 A, Kanton Unterwalden, Fahrordnung 1590.
4   StANW C 1163/4.1, Schiffahrt: Rechtliches, 1669–1788. Abschied der Konferenz von Luzern und Nidwalden, 28.7.1605. Zusammengefasst in: Anton Odermatt, Luzern und Nidwalden wiederholt im Streit miteinander, S. 90 f.
5   Ebenda, S. 92.

Abb. 24   Anlegestelle in Winkel mit der Dreikönigskapelle (rechts) aus dem Jahr 1648 und dem ursprünglichen Gasthaus Sternen. Die undatierte Abbildung zeigt den Schiffsbestand um 1800 – vier Nauen und ein kleines Boot, das auch «Einbaum» oder «Eichbaum» genannt wurde.

Abb. 25   Blick von Winkel gegen Hergiswil und Stansstad. Links die Liegenschaft der heutigen Seestrasse 29, wo früher auch eine Wegkapelle stand. 1908 begann der Bau der Seestrasse.

1613 kamen die Klagen des Obwaldner Landrates dazu. Häufig stehe in Horw nur ein Ledinauen bereit, monierte er, und dieser sei für «Holtz undt anderen Geschäfft» reserviert. Besonders «die zuo Ross» müssten dann «ein Stund oder zwo an dem See uff den Nauwen warten».[1] Mit der Kritik konfrontiert, antworteten die Winkel-Fähren, dass es nicht möglich sei, «so vil Schiff und Ruder ouch feren» zu haben, wenn «es durch die Wuchen wenig zu faren gibt». Zudem seien sie bedroht und das «weiber folck» als «häx oder hur» beschimpft worden.[2]

Wie gross die Schlaumeiereien waren, zeigt ein Beispiel aus dem Jahr 1626. Damals beklagte sich Obwalden über eine neue List der Luzerner, dass nämlich die «fehren zuo Winckel offt an einem Montag zuo abent mit einer oder zweien Personen etwan in einem grossen Schiff kommen, bey uns ihr Herberg nemen, und zuo Morgen, weil sy den Vorzug, die Merchtlüth (dan es offt nit vil gibt) all fiehren [führen]».[3] Damit nutzten sie das Rückfuhrrecht aus, das auch für die Marktleute galt, die an den Dienstagsmarkt in Luzern wollten. Voraussetzung für das Rückfuhrrecht war die vorgängige Übernachtung in Alpnach.

Nidwaldner erschweren dafür die Ausfuhr von Sand und Holz

Umgekehrt gab es auch für die Luzerner Schiffleute immer wieder Gründe, sich über die Nidwaldner zu beschweren – besonders, wenn es um die Ausfuhr von Sand oder Holz ging. 1638 wurde ein Schiff in Buochs beschlagnahmt, das Sand für Luzern geladen hatte. 1645 wurde den Luzernern verboten, Sand auszuführen.[4] 1674 wurde wiederum ein Sandtransport in Buochs festgehalten, was Luzern als ein Zeichen des schlechten Willens wertete und an die Tagsatzung brachte.[5]

1691 war wiederum die eidgenössische Tagsatzung gefragt. Diesmal ging es um den Zoll in Stansstad und Winkel. Stansstad wurde angehalten, den Schifflohn nach der Anzahl der Schiffleute zu berechnen, nicht nach der Menge des Viehs, das auf den Markt nach Luzern transportiert wurde. Ebenso sollten sie das richtige Klaftermass für Scheitholz anwenden und die Abfuhr von Sand aus Buochs nicht erschweren.[6]

1715 schliesslich ging eine Klage der Winkel-Fähren gegen die Holzhändler aus Unterwalden ein. Diese wollten Leerfahrten vermeiden und gingen deshalb in die Wirts- und Schenkhäuser, um dort – verbotenerweise – Reisende für die Rückfahrt nach Stansstad oder Alpnachstad anzuwerben. Gegen dieses «In-die-Wirtshäuser-Laufen» ging der Luzerner Rat immer mit Konsequenz und Härte vor, in Horw und in der Stadt Luzern.[7] → siehe auch S. 251

110

1   StALU Schifffahrtsakten AKT A1 F7 SCH 902 A, Kanton Unterwalden, 26.8.1613.
2   StALU Schifffahrtsakten AKT A1 F7 SCH 902 A, Kanton Unterwalden, 1615.
3   StALU Schifffahrtsakten AKT A1 F7 SCH 902 A, Kanton Unterwalden, 12.10.1626.
4   Odermatt, S. 83.
5   Eidgenössische Abschiede, Bd. 6, Abt. 1, Nr. 581 (14.2.1674), S. 903 f.
6   Ebenda, Bd. 6, Abt. 2, Nr. 227 (22./23.10.1691), S. 428.
7   Wicki, S. 497.

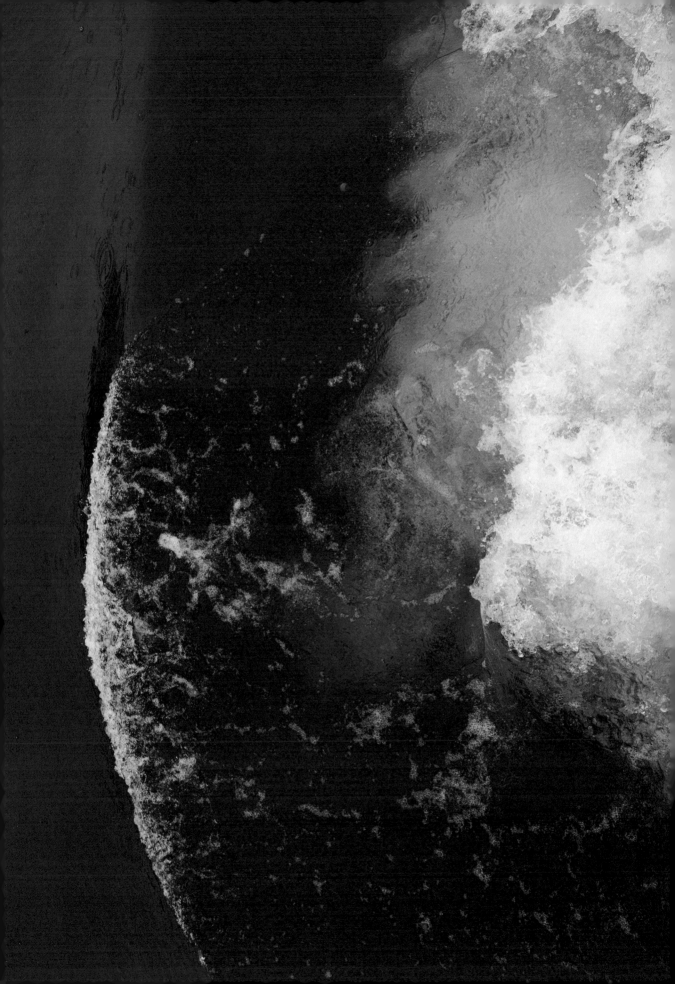

Wie sind die Schiffe gebaut? Wohin fahren sie?

Luzerner Knechtennauen

Brassen, Seile
(jeweils Backbord und Steuerbord)
für das Schwenken des Rahsegels

Waren wurden meist in Fässern oder Ballen transportiert;
das Fassungsvermögen des Knechtennauens betrug 40 Saum
oder Holzfässer (à 130 bis 180 Liter pro Saum oder Fass).

**Heckaufbau
mit Jochbalken**

Heck

Streichruder
(Steuerruder mit Streichloch in der Heckbühne)

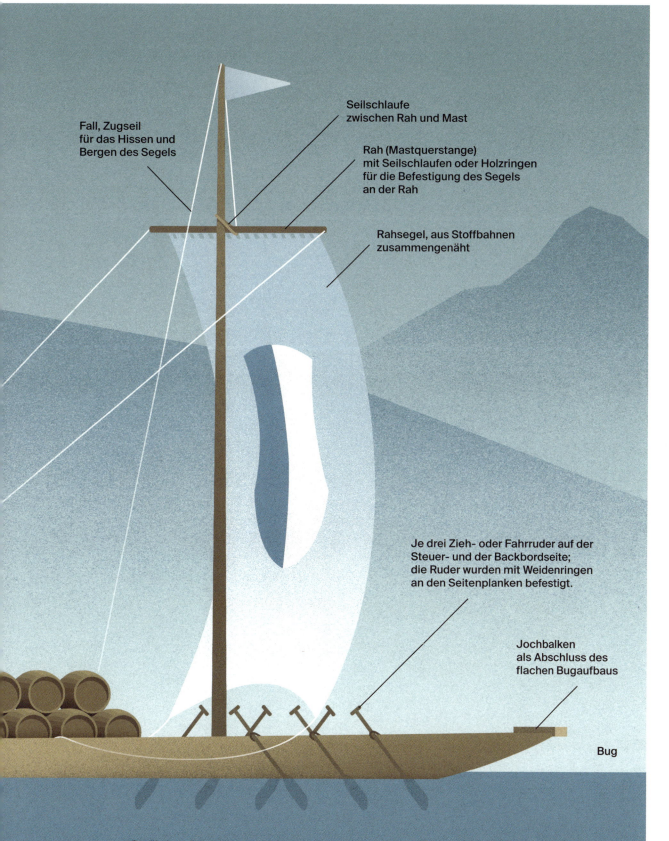

Fall, Zugseil
für das Hissen und
Bergen des Segels

Seilschlaufe
zwischen Rah und Mast

Rah (Mastquerstange)
mit Seilschlaufen oder Holzringen
für die Befestigung des Segels
an der Rah

Rahsegel, aus Stoffbahnen
zusammengenäht

Je drei Zieh- oder Fahrruder auf der
Steuer- und der Backbordseite;
die Ruder wurden mit Weidenringen
an den Seitenplanken befestigt.

Jochbalken
als Abschluss des
flachen Bugaufbaus

Bug

Grafik 4   Der sogenannte Knechtennauen war der gebräuchlichste Schiffstyp der Luzerner
Flotte. Er wurde nicht nur für den obrigkeitlichen Warentransport eingesetzt, sondern mit
den gleichen Spezifikationen auch als Sand- und Zieglernauen gebaut. Mit einer Länge von
rund 18,50 Metern war er etwas grösser als das Wrack, das 1987 vor der Untermatt gefunden
wurde und das seither als Vorlage für die detaillierte Rekonstruktion der alten Nauen dient.
→ siehe auch S. 130

Knechtennauen

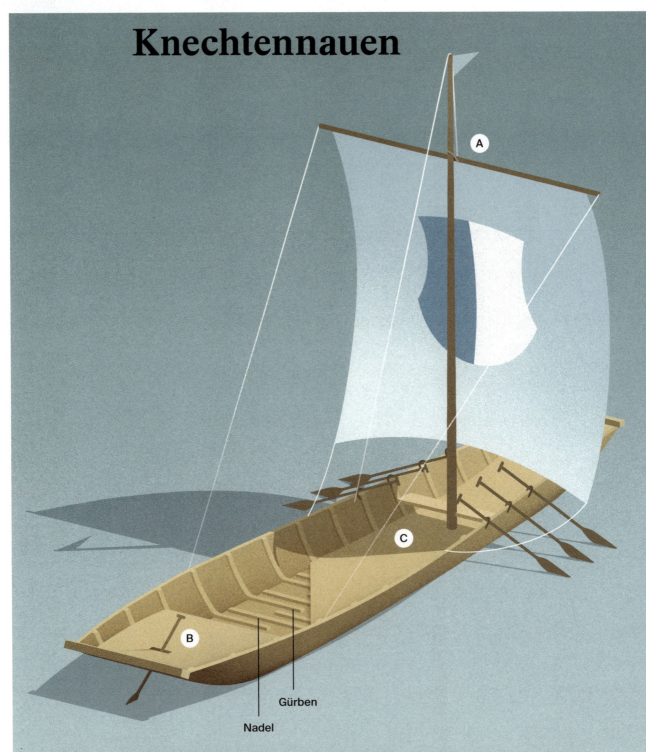

Gürben

Nadel

Grafik 5   Für den Bau eines Knechtennauens brauchte es drei Holzstämme. Die trapez-
förmige Grundplatte wurde aus Nadelholz-Planken zusammengesetzt. Sie verliefen in
Längsrichtung des Schiffes. Quer dazu verlegte Bodenhölzer («Nadeln») hielten die Bodenbretter zusammen. Zwischen den Nadeln sorgten die hochgezogenen Spanten («Gürben»)
für die Stabilität der Rumpfkonstruktion. Sie waren aus Eichenholz in der natürlichen
Form des Holzwuchses gefertigt und wurden als Spantenpaare verlegt. So bestimmten
sie die Form des Schiffes.
In den Schiffmacherordnungen wurden die Grösse und die Zahl der Nadeln und Gürben für
jeden Schiffstyp vorgeschrieben. Für den Knechtennauen hiess dies 1745: Länge: 18,47 Meter.
Breite hinten: 3,32 Meter. Breite in der Mitte: 3,38 Meter. Breite vorne: 1,99 Meter. Wandhöhe
in der Mitte: 1,16 Meter. Gürben: 30. Nadeln: 14. Segelbank in der vierten Nadel
(StALU COD 5590, S. 112).

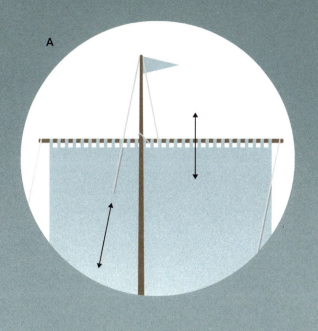

A

B

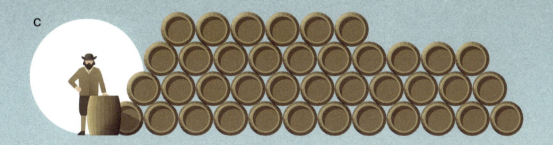

C

A: Für die Bedienung der Rah, das heisst für das Hissen und Bergen des Segels, brauchte es eine Aufhängevorrichtung an der Mastspitze. In den Bildquellen wird die Aufhängung auch mit Holzkugeln → Abb. 1 oder Seilrollen → Abb. 26 + 75 gezeigt.

B: Typisch für die Kleidung der Schiffgesellen waren die schwarzen Krempenhüte, die knielangen Hosen und die Jacken, die aus Wolle oder Leinen gefertigt waren. Lodenmäntel schützten vor Wind und Wetter. Schiffgesellen konnten Angehörige des oberen Mittelstandes sein, häufig wurden aber – gerade in Luzern – auch Taglöhner eingesetzt. → siehe auch S. 237

C: Vierzig Fässer oder umgerechnet bis zu acht Tonnen konnten in einen Knechtennauen geladen werden. Hinzu kam die Besatzung von neun bis zehn Mann. Der grösste Nauen hatte sogar ein Ladevolumen von 50 bis 55 Saum (rund elf Tonnen). 1590 wurden die ersten Verordnungen gegen das Überladen erlassen. → siehe auch S. 204

Jassen

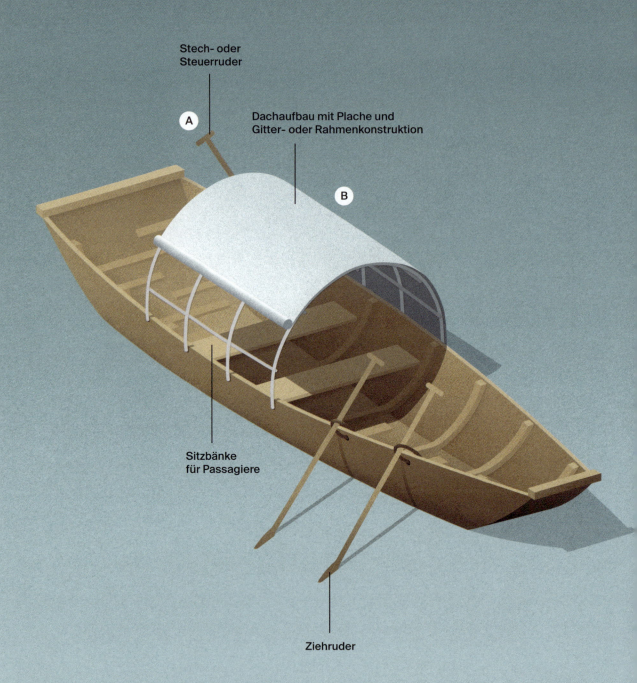

Stech- oder
Steuerruder

A

Dachaufbau mit Plache und
Gitter- oder Rahmenkonstruktion

B

Sitzbänke
für Passagiere

Ziehruder

118

Grafik 6   Jassen wurden mehrheitlich für den Personenverkehr eingesetzt und waren häufig mit einem Dach und mit Vorhängen versehen. Sie konnten bis zu dreissig Personen aufnehmen. Luzern unterschied zwischen «dem grösseren Jassen» und «dem kleineren Jassen». Allerdings betrug der Längenunterschied zwischen den beiden Typen nur gerade 14 bis 28 Zentimeter. Jassen wurden in der gleichen Weise konstruiert wie die grossen Nauen, sie waren aber nur halb so lang wie die grössten Schiffe. In den kleineren Hafenorten wie Stansstad oder Buochs bestand in der Regel fast die ganze Flotte aus Jassen. → siehe auch S. 195
Luzern wies fast immer einen Bestand von fünf Nauen und zwei Jassen aus. Dies änderte erst, als das Ende der traditionellen Schifffahrt nahte und die grossen Schiffe ausgedient hatten. 1836 besass die Stadt noch zwei grosse Nauen und einen Halbnauen, dafür aber zwölf Jassen.
→ siehe auch S. 211

A: In den bildlichen Darstellungen überwiegt die Variante, die zwei Ruderer mit Ziehrudern auf der gleichen Rumpfseite und einen Steuermann mit einem Stech- oder Steuerruder auf der gegenüberliegenden Rumpfseite zeigt. Manchmal wird nur ein Ruderer dargestellt, → Abb. 7 manchmal stehen die Ruderer, → Abb. 6 manchmal wird ein Segel gezeigt. → Abb. 7 + 25 + 59 + 81
B: Jassen konnten mit oder ohne Bedachung gefahren werden. In der Regel war der Mittelteil des Schiffes geschützt, in Einzelfällen konnte auch das ganze Schiff gedeckt werden. Für die Bedachung wurde ein Aufpreis verlangt. 1765 heisst es in der Verordnung der Hoftor-Fähren für Spazierfahrten von der Stadt Luzern «bis auf den Stutz und Meggenhorn»: Für ein ungedecktes Schiff bezahlte man zehn Schilling; die Fahrt auf einem gedeckten Jassen kostete fünfzehn Schilling (StALU Schifffahrtsakten AKT A1 F7 SCH 900, Tarif über die Schifffahrt in Luzern).
→ siehe auch S. 182 f.

Schiffgrössen

1,7 m

20 m

Urnernauen

Knechtennauen

Ruchknechtennauen

Steinnauen

Ledinauen

Der grössere Jassen

Der kleinere Jassen

Kennzahlen der Luzerner Flotte[1]

Schiffstyp	Länge	Breite in der Mitte	Höhe Seitenwand	Gürben	Nadeln	Holzbedarf	Fassungsvermögen		Seeknechte	Kosten neues Schiff
	Meter	Meter	Meter	Anzahl	Anzahl	Stämme	Saum	Pferde	Anzahl	Gulden
Urnernauen	20,46	3,67	1,56	36	17	3	50–55	37	10	108
Knechtennauen	18,47	3,10	1,14	30	14	3	40	25	8	80
Ruchknechtennauen	17,05	2,58	1,21	28	13	3	35	16	7	70
Steinnauen	16,48	2,82	1,28	28	13	3	25	12	6	70
Ledinauen	14,78	1,85	1,07	20	9	2	10	7	4	40
Der grössere Jassen	10,66	1,47	0,92	18	8	2	8	2	3	21
Der kleinere Jassen	10,42	1,28	0,83	16	7	2	7	0	3	21

Grafik 7   Anfang des 16. Jahrhunderts wurden die unterschiedlichen Schiffstypen in Luzern erstmals mit Namen genannt. Seither änderten die Bezeichnungen kaum. Aus dem «grossen Nauen» wurde der Urnernauen, der Ruchknechtennauen kam erst um 1700 dazu, dafür gab es einen Spitznauen → siehe auch Anmerkung unten als Marktschiff der Pfisternauenleute. Unabhängig von den Namen bestand die Flotte immer aus fünf Nauen- und zwei Jassentypen. Dazu wurde manchmal eine «Gans» aufgeführt – ein kleineres Boot mit einer Länge von weniger als zehn Metern.

Die meisten Namen sprachen auch den Verwendungszweck der Nauen an: Mit dem Urnernauen wurden die schweren Waren – Vieh, Pferde, Holz – nach Flüelen verfrachtet. Nach ihren Besatzungen sind der Knechten- und Ruchknechtennauen benannt. Auch sie wurden für Schwertransporte eingesetzt, für Kies, Sand und Steine, nicht nur nach Flüelen, sondern auch nach Küssnacht, Weggis, Buochs oder Brunnen. Speziell für den Steintransport war der Steinnauen vorgesehen, während die leichten Waren mit dem kleineren Ledinauen, manchmal auch Halbnauen genannt, befördert wurden. Die beiden Jassentypen dienten vor allem dem Personentransport.

121

1   Luzerner Flotte von 1784. Abmessungen, Anzahl der Nadeln und Gürben: StALU Schifffahrtsakten AKT A1 F7 SCH 902 A, 1784. Holzbedarf: StALU COD 5590, S. 87. Fassungsvermögen in Saum und Anzahl der Seeknechte: StALU COD 5590, S. 33 f. (1574); der Ruchknechtennauen wurde als Steinnauen, der Steinnauen als Spitznauen geführt. Ergänzt wird: «Wäre dann, dass der Nauwen oder ein Schiff ... nüw und gutt, auch gutt Wätter vorhanden wäre, allsdann hat ein Schiffmeister gwallt, noch meer zuladen lassen.» → siehe auch S. 204 Fassungsvermögen in Pferden: Hans Wicki, Bevölkerung und Wirtschaft des Kantons Luzern im 18. Jahrhundert, S. 501 (für Knechtennauen bis Jassen), und StALU Schifffahrtsakten AKT A1 F7 SCH 902 B, Rechnung des Schiffmeisteramtes, 1585-1586 (für den Urnernauen). Kosten: StALU Schifffahrtsakten AKT A1 F7 SCH 902 A, Vertrag der Verwaltungskammer des Kantons Luzern mit dem Schiffmacher, 1798 (für Knechtennauen bis Jassen; in dem Vertrag ist zusätzlich ein Spitznauen für 75 Gulden aufgeführt), und Abrechnung über den Urnernauen, 6.6.1804. Um die Kosten in ein Verhältnis zu setzen, ist der Vergleich mit den Fahrpreisen hilfreich: Wer einen Jassen nach Alpnach, Küssnacht oder Weggis mietete, bezahlte 30 Schilling für das Schiff (die Mannschaft erhielt einen separaten Lohn). StALU Schifffahrtsakten AKT A1 F7 SCH 900, Tarif über die Schifffahrt in Luzern. Um den Beschaffungspreis von 21 Gulden zu amortisieren, musste der Jassen also 28 Mal eingesetzt werden (1 Gulden = 40 Schilling). Er hatte eine Lebensdauer von zwei bis drei Jahren.

Schiffe sind wertvoll, aber auch Gebrauchs- und Massenware

Sie fuhren zwei bis drei Jahre, dann wurden sie ausgemustert. Oder anders gesagt: Schiffe waren während Jahrhunderten nichts anderes als eine kurzlebige Gebrauchs- und Massenware. Und dennoch gibt es eine grosse Beständigkeit: Von den ersten Zeugen der Schifffahrt auf dem Vierwaldstättersee bis in die erste Hälfte des 19. Jahrhunderts, als die motorisierte Schifffahrt aufkam, veränderte sich die Konstruktionsweise nicht. Nauen und Jassen unterschieden sich noch 1830 kaum von ihren hochmittelalterlichen Vorgängern.

Offenbar erwiesen sich die monopolisierten Strukturen des obrigkeitlichen Schifffahrtswesens als ein enges Korsett für die technische Weiterentwicklung der Schiffe. Neues war weder nötig noch erwünscht. Und dies, obwohl es in den benachbarten Regionen – auf dem Zürich- oder dem Walensee – durchaus Vorbilder für Neuerungen gab.[1] So blieb der Schiffbau auf dem Vierwaldstättersee «auf einem Leistungsstand stehen, der jenem des 14. Jahrhunderts entsprach».[2] Erst mit der Deregulierung der Schifffahrt nach 1798, spätestens aber 1836 mit der Privatisierung und Übernahme der Luzerner Schiffhütte durch die erneuerte St.-Niklausen-Schiffsgesellschaft setzte ein Innovationsschub ein. Nun wurden die Pläne und Techniken der Kanonenschaluppe, die 1798 für den Einsatz gegen die französischen Truppen auf dem Vierwaldstättersee gebaut wurde, für den lokalen Lastschiffbau übernommen – vor allem die Verwendung von Metall, Teer und Pech.[3]

Bis dahin aber war der Schiffbau auf ein einziges Material fixiert: Holz. Ursprünglich hatte sich das Schiffmachergewerbe aus der Tradition des Zimmerhandwerks entwickelt. Wie wichtig das Holz für den Schiffbau war, geht aus den Anordnungen an die Luzerner «Sager» hervor. Sie hatten stets einen Vorrat an Brettern für den Bau von drei Schiffen bereitzuhalten.[4] Geregelt war auch der Export von Holz. 1661 schritt der Luzerner Rat gegen die «sager von Fitznauw» ein, die Holz «in die länder, iassen[5] darus zu machen», verkauften. Grundsätzlich war der Holzexport erlaubt, doch «die lange nauwen hölzer ... sollen si nit anderstwohin dan unnseren schiffmacheren gwalt und fuog han zu verkauffen», so der Rat.[6] Für den Schiffbau war das Eichenholz aus dem Amt Weggis in der ganzen Innerschweiz gefragt.

1   Thomas Reitmaier/Gregor Egloff, «da sich viele Schiffbruech begeben ...», S. 23.
2   Fritz Glauser, Verkehr im Raum Luzern-Reuss-Rhein im Spätmittelalter, S. 19.
3   Reitmaier/Egloff, S. 23. Geschichte der Kanonenschaluppe: Hubert Foerster, L'Unité, das Luzerner Kanonenboot 1798–1802.
4   Fritz Glauser, Zur Verfassungstopographie des mittelalterlichen Luzern, S. 85.
5   Jassen. → siehe auch Grafik 6
6   Rechtsquellen des Kantons Luzern, Teil 2, Bd. 1, Nr. 96b (21. 2./12. 3. 1661), S. 245. Gesuchen aus Buochs und Stans für den Export von Langhölzern gab der Rat in den folgenden Jahren statt. Mit einem langen Holz wurde ein Stamm oder ein Brett «über die 30 schuh» (etwa 9 Meter) bezeichnet.

Schiffe zu bauen, ist ein kapitalintensives Gewerbe

Schiffbau und Schifffahrt wurden, seit es die grundherrschaftliche Schifffuhrfron der Klöster gab, von den gleichen Leuten ausgeübt. Als sich die genossenschaftliche Organisation bei den Schiffleuten durchsetzte, in Luzern wohl schon vor 1300, wurde das Schiffmacherhandwerk zu einem eigenen Gewerbe. Grund dafür war, dass sowohl der Schiffbau als auch die Schifffahrt zu den kapital- und arbeitsintensiven Gewerben gehörten; eine Spezialisierung und die Trennung der Tätigkeiten waren deshalb unabdingbar.[7]

Organisiert wurde der Schiffbau – wie die Schifffahrt – unter der herrschaftlichen Gewalt der Obrigkeit. Bereits das älteste Ratsbüchlein von Luzern legte die Grösse eines Schiffes fest – nämlich nicht grösser «denn zehen Menstrig [Menschen]».[8] 1426 wird die Aufsicht über «die rechte höche, lenge und breite» der Nauen geregelt,[9] und 1428 ist dann die Rede von einem Nauenzeichen und Nauenmass, das an den Schiffmacher übergeben wird.[10] Spätestens seit dem Ende des 15. Jahrhunderts ist dann die Vergabe der städtischen Schiffmacherrechte verbürgt. Schiffmacherrechte wurden als Lehen auf die Dauer von fünf Jahren verliehen. Sie konnten bei Wohlverhalten verlängert werden.[11]

Gebaut wurden die Nauen und Jassen in der Schiffhütte an der Reuss – dort, wo heute das Luzerner Theater steht. → Abb. 29 Bezeugt ist sie schon 1314,[12] damals noch als Eigentum des Hofklosters. 1479 mit dem Generalauskauf des Klosters kam sie in den Besitz der Stadt.[13] Schon zuvor stand der Schiffbau aber unter der Kontrolle der städtischen Herren. Diese suchten das Monopol nicht nur in Luzern und auf der Reuss, sondern auf dem ganzen See. 1469 befehligten sie den Schiffmachern, «niemann leren [lehren] nauwen machen, sy begeben sich dann vor, dis ordnung ze halten» und weiter «an disem see mit nauwen machenn dis ordnung haltenn, wo sy joch [auch] an dem see nauwen machent».[14] Schiffmacherordnungen wurden auch in den Jahren 1581, 1584, 1585, 1590, 1623, 1687, 1784 und 1788 erlassen.[15]

Der grösste Nauen ist mehr als zwanzig Meter lang

In ihren Schiffmacherordnungen regelten die Herren von Luzern, wie die Schiffe zu bauen waren und wie gross sie zu sein hatten. Später schrieben sie auch die Anzahl der Besatzungsmitglieder vor. In seiner Ordnung von 1469 hielt der Rat beispielsweise die detaillierten Abmessungen und die Bauweise des Ledinauens fest. «Des ersten sol der boden han an der lenge sechs klafter und dry schuo», das sind 11,10 Meter. Darin hatten neun «Nadeln» zu sein, das heisst Bodenhölzer, die von Seite zu Seite verlegt wurden, um die Bodenbretter zusammenzuhalten.

123

7   Glauser, Verkehr, S. 5.
8   Rechtsquellen, Teil 1, Bd. 1, Nr. 14 (bis 19. 8. 1327), S. 84. Mit «zehen Menstrig» wird das Fassungsvermögen angegeben, nämlich «zehn Menschen».
9   Rechtsquellen, Teil 1, Bd. 2, Nr. 21 (13. 12. 1426), S. 16.
10   Ebenda, Nr. 62 (5. 3. 1428), S. 48. Weder das Nauenzeichen noch das Nauenmass werden erläutert.
11   Reitmaier/Egloff, S. 13.
12   Quellenwerk zur Entstehung der Schweizerischen Eidgenossenschaft, Abt. 2, Bd. 3, Nr. 4 (1314), S. 65. Almoseramtrodel.
13   Die städtische Schiffhütte bestand bis 1836. Bis zuletzt wurden dort die obrigkeitlichen Reuss- und Seeschiffe gebaut. 1837 begann der Bau des Stadttheaters, das 1839 mit «Wilhelm Tell» von Friedrich Schiller eröffnet wurde.

14   Rechtsquellen, Teil 1, Bd. 3, Nr. 53 (5. 6. 1469 oder danach), S. 60. Dies bedeutete, dass sich alle Schiffmacher an die Vorgaben der Stadt Luzern zu halten hatten.
15   Die verschiedenen Ordnungen sind auch in Abschriften zusammengefasst: StALU COD 5590, Ordnung für einen jeweiligen Schiffherrn, 1590 bis 1750, und StALU COD 6790, Ordnungsbüchlein mit Ordnungen von 1590 (aktualisiert bis 1756), ebenso StALU Schifffahrtsakten AKT A1 F7 SCH 902 A, Akten betreffend Schiffmacher und Schiffhütten, Masse der Schiffe, 1784, und StALU Schifffahrtsakten AKT A1 F7 SCH 902 A, Länge von allen obrigkeitlichen Schiffen, 1788.

Abb. 26   Votivbild in der Ridlikapelle Beckenried, 10. Juli 1731: Vorne rudern die Seeknechte, hinten versucht ein Schiffgeselle, das Rahsegel über eine Aufhängung an der Mastspitze herunterzulassen. Gleichzeitig wird die Steuerung mit dem Streichruder durch ein zusätzliches Fahrruder an der Seite unterstützt. Um den bedrohlichen Tiefgang zu vermindern, wird «ein Fass Wein über Porth hinaus von dennen im Schiff geworffen».[1]

124

1   Chronik des Johann Laurentz Bünti, S. 365.

125

Abb. 27   Detailliert zeigt Diebold Schilling in seiner Chronik von 1513, wie die mittelalter-
lichen Nauen aussahen. Vor dem Hoftor in Luzern werden Reisläufer von einer grossen
Menschenmenge auf der Hofbrücke verabschiedet. Sie ziehen 1508 für den französischen
König nach Norditalien in den Krieg, begleitet werden sie von Trommeln und Pfeifen.
Gut zu erkennen ist rechts das hochgezogene Heck des grössten Nauens. Täglich seien
«vier oder fünff schiff mit knächten gan Ure» gefahren, so Schilling.[2]

Abb. 28   Stansstad zwischen 1720 und 1768: Vorne wird ein Schiff mit Fässern beladen,
für einmal nicht über die Bugspitze, sondern von der Seite. Mit dem Streichruder wird
es in Position gehalten. Detailgetreu sind vor allem die Takelage und die Segelaufhängung
dargestellt. Typisch für den Landverkehr sind die einachsigen Pferdekarren.

126

Ebenso schrieb die Ordnung vor, wo die Höhen und Breiten des Buges zu messen waren. Dass «vier nadlen jm ebnen boden ligenn» mussten, weist auf die schlichte Konstruktionsweise hin. Nauen und Jassen hatten keinen Kiel und kaum Tiefgang. Die weiteren Schiffmacherordnungen zeigen, dass sich zwar nicht die Bauweise, dafür aber die Grösse der Schiffe veränderte. 1469 mass der Ledinauen in der Länge noch 11,10 Meter, 1623 waren es 13,08 Meter und 1784 bereits 14,78 Meter.[1] Dasselbe galt für die in der Form gleichen, in den Ausmassen aber kleineren Jassen. Während die Ordnung von 1469 noch keine Masse erwähnte, sondern nur, dass Jassen kleiner zu sein hatten als Nauen, wird die Schiffmacherordnung von 1623 konkret: Ein grosser Jassen war 10,52 lang und 1,48 Meter breit. 1784 mass er 10,66 Meter in der Länge und 1,68 in der Breite. 1541 wird in einem Zollverzeichnis auch erstmals das Ladevolumen bezeichnet. Der grösste Luzerner Nauen konnte demnach 55 Saum fassen. Das entspricht etwa elf Tonnen.[2]

Detailliert sind die Angaben zu Schiffgrössen und Ladevolumen – vor allem aus der frühen Zeit – nur in den Luzerner Quellen. Die wenigen Angaben, die aus Brunnen und Flüelen vorliegen, betreffen bereits das 19. Jahrhundert. Allerdings ist davon auszugehen, dass es keine wesentlichen Unterschiede zwischen den Luzerner und den anderen Schiffen gab. In der ersten Hälfte des 19. Jahrhunderts schreibt Felix Donat Kyd aus Brunnen, dass es ein Nauen auf sechzig Fuss (rund 18 Meter) bringe.[3] Der grösste Luzerner Nauen war damals 20,46 Meter lang.[4]

Ruchknechtennauen, Steinnauen, Ledinauen und «Jassli»

1469 wurde in Luzern erst ein einziger Schiffstyp genannt, der Ledinauen. Schon das Rechnungsbuch von 1442 spricht allerdings von fünf Nauen.[5] 1529 wird dann erstmals zwischen den Schiffstypen unterschieden, die auch später in den Verzeichnissen aufgeführt werden: Grosser Nauen (später auch Urnernauen genannt), Knechten- oder Ruchknechtennauen, Steinnauen und Ledinauen; 1567 kommt der Spitz- oder Pfisternauen dazu.[6] Verwendet wurden der Urner- und der Knechtennauen für den Transport von Grosslasten an Holz und Vieh, der breite Steinnauen für Kies-, Stein- und Sandlasten, der schlanke Pfisternauen als Marktschiff für den Getreidetransport und der Ledinauen für die kostbaren Kaufmannsgüter. Mehrheitlich für den Personenverkehr waren die Jassen gedacht, häufig mit einem Dach und mit Vorhängen versehen. Sie konnten bis zu dreissig Personen aufnehmen, → Grafik 6 wurden aber auch für den Gütertransport eingesetzt.[7] «Jassli» hiess beispielsweise der Nauen der Ziegelhütte in Flüelen.[8]

Seit dem 16. Jahrhundert wurde ein Inventar über die Flottenbestände geführt – nicht nur über die Schiffe, sondern auch über das Zubehör wie Reserveruder, Segel, Mastbäume und so weiter. 1529 waren es ein

127

1 StALU Schifffahrtsakten AKT A1 F7 SCH 902 A, Schiffmacherordnungen 1623 und 1784.
2 Glauser, Verkehr, S. 11.
3 StASZ NA.LXX.014.11.29, Zur Schiffig- und Dorfgemeinde Brunnen, S. 2. Felix Donat Kyd (1793–1869) war Posthalter und Lokalhistoriker in Brunnen.
4 StALU Schifffahrtsakten AKT A1 F7 SCH 902A, Schiffmacherordnung 1784.
5 Franz Haas-Zumbühl, Die Geschichte der Sankt Niklausen-Schiffs-Gesellschaft der Stadt Luzern bis 1910, S. 111.
6 Anne-Marie Dubler, Geschichte der Luzerner Wirtschaft, S. 264.

7 Karl Flüeler, Rotzloch. Industrie seit 400 Jahren, S. 144. In der Schiffordnung der Stansstader Fehren von 1687 wird die maximale Personenzahl «sächs oder 27 persohnen» angegeben. StANW A 1190-3/3, Landbuch von 1731, fol. 87 (24. 9. 1733).
8 Josef Kottmann, Die alte Ziegelhütte in Flüelen.

Ein aufwendiges und lukratives Geschäft

5670 Schiffringe, 159 Zieh- und Steuerruder, acht Streichruder, fünf Segel, zwei Jassen und ein Knechten- und ein Ledinauen – so liest sich die Liste der Anschaffungen, die Sebastian Schindler als Schiffmeister von Luzern zwischen September 1588 und August 1589 tätigte.[1] Es war ein aussergewöhnliches Jahr, denn normalerweise lagen die Investitionen tiefer.[2] Bei der Abrechnung «uff Mittwochen vor Sanct Verenentag [30. August] anno 1589» wies er einen Bestand von 7200 Schiffringen[3], 507 Steuerrudern und 34 Streichrudern auf.[4] In den folgenden Jahren lebte die Schifffahrt zu einem guten Teil von diesen Anschaffungen. 1599 war das Inventar auf 700 Schiffringe, 117 Ruder und 26 Streichruder gesunken – eher der Normalbestand.[5]

Für den Schiffmeister war es kein Problem, die Investitionen zu verkraften. Er machte immer noch einen Gewinn von 73 Gulden – bei Einnahmen von rund 218 Gulden. Dies zeigt, wie lukrativ die Schifffahrt in dieser Zeit war. In den meisten Jahren waren die Einkünfte aus Zöllen und Fürleite-Gebühren mehr als doppelt so hoch wie die Ausgaben.[6]

Sebastian Schindler, der Metzger und Grossrat war[7] und das Schiffmeisteramt von 1585 bis 1590 ausübte, verzeichnete also lediglich einen kleinen Gewinnrückgang. Und dieser war mit der Obrigkeit abgesprochen. So nahmen an der Abrechnung jeweils auch die «verordneten Stadtrechner» teil. 1589 waren dies fünf Vertreter des Kleinen Rats, darunter Ludwig Pfyffer, bekannt als «Schweizerkönig», was die Bedeutung der Schifffahrt für den Finanzhaushalt von Luzern unterstreicht. Schindler bezahlte den Gewinn «an baaren gellts» an den Säckelmeister der Stadt, Jost Holdermeier. Dieser amtete 1599 auch als Schultheiss.[8]

Ein kleines Büchlein gibt Auskunft über die Art der Geschäfte

Vielleicht ist es dem besonderen Geschäftsjahr zu verdanken, vielleicht ist es Zufall: Dass es das Rechnungsbüchlein von Sebastian Schindler gibt, ist auf jeden Fall bemerkenswert. Die detaillierten Aufzeichnungen sind die einzige Quelle, die heute Auskunft gibt, was ein Schiffmeister über den Lauf eines Rechnungsjahres einnahm und ausgab.

Neben den üblichen Zolleinnahmen fallen vor allem die häufigen Pferde- und Viehtransporte auf. Sebastian Schindler erwähnt insgesamt 214 Pferde, 108 Ochsen und 14 Kühe, die vorwiegend auf

128

1   StALU COD 5629, Schiffmeisterrechnung (Rechnungsrödel) von Schiffmeister Sebastian Schindler, 1588.
2   Vergleichszahlen in: StALU COD 5625, Rechnungsbuch des Schiffmeisteramts zu Luzern, 1579 bis 1790.
3   Weidenringe, um die Ruder an den Schiffsplanken zu befestigen.
4   StALU COD 5625, fol. 11v f.
5   Ebenda, fol. 22v.

6   Normalerweise betrug der jährliche Gewinn mehr als hundert Gulden. Schindler liefert dazu Vergleichsgrössen: Für den neuen Ledinauen, den er 1588 bauen liess, gab er 9 Gulden aus, zwei neue Jassen kosteten 16 Gulden. Teurer war der Knechtennauen. Er belief sich auf 26 Gulden und 20 Schilling. Dies entsprach übrigens genau den Ansätzen, die in einer Tarifordnung von 1617 aufgeführt waren. Nur für den Knechtennauen waren 27 Gulden vorgesehen, also vier Schilling mehr (StALU COD 5590, S. 105).
7   1597 stieg Schindler in den Kleinen Rat auf. Dort regiert er bis 1612 als der letzte Vertreter seines Geschlechts. Vergleiche dazu: Kurt Messmer/Peter Hoppe, Luzerner Patriziat, S. 210 und 293.
8   Messmer/Hoppe, S. 202.

die Gotthardroute entfielen. Dagegen transportierte er während des ganzen Jahres nur eine einzige Person, die zollpflichtig war – einen Geldwechsler.[9]

Aus den Aufzeichnungen geht auch hervor, wie aufwendig der Unterhalt der Schiffe war. Er liess fast die gesamte Flotte «beschäuben», das heisst die Abdichtungen der Bodenbretter und Seitenplanken erneuern. Dies war wahrscheinlich Teil des regelmässigen Unterhalts. Zudem liess er den Spitznauen, der als Marktschiff der Pfisternauenleute diente, ein weiteres Mal «beschäuben und ein ander Joch machen».

Verschleissteile waren auch Segel und Segelseile. In den zusammenfassenden Rechnungsbüchern des Schiffmeisteramtes ist immer die Rede von einem Bestand von drei Segeln und drei Seilen.[10] Schindler liess aber fünf Segel «bützen [nähen]» und vier Segelseile anfertigen. Für die Segel bestellte er «55 ellen leins thuch», was einer Länge von 35,5 Metern entsprach. In der Regel bestand ein Segel aus fünf zusammengenähten Leinenbahnen.[11] → Abb. 75

Bruder- und Vetternwirtschaft, sauber deklariert

Schindler machte keinen Hehl daraus, dass er Aufträge auch an Verwandte vergab. Segelseile kaufte er bei seinem Bruder, Lux Schindler.[12] Beschlagsarbeiten für die neuen Nauen und Jassen liess er von seinem Vetter, einem gewissen Stoffel Schmid, ausführen.

Aus dem Rechnungsbüchlein lässt sich herauslesen, wie der Bau eines neuen Schiffes ablief. Zunächst wurde der «Sager [Sägemeister]» beauftragt, die alten Schiffe sowie die «Laden [Bretter]» für die neuen Nauen in die Schiffhütte zu bringen. Dort war es dem Schmied vorbehalten, die wiederverwendbaren Metallteile aus den alten Schiffen auszubauen. → siehe auch S. 132 Für den Bau des neuen Nauens brauchten die Schiffmacher rund drei Wochen. Erst zuletzt war es dann die Aufgabe von Stoffel Schmid, die neuen Nauen oder Jassen «zu beschlan».

Sebastian Schindler hatte übrigens nicht nur in Schiffringe und Ruder investiert, sondern auch in Schiffholz. Er bestellte so viele «Laden», dass er Ende August 1589 noch einen Vorrat für einen neuen Steinnauen und für zwei Ledinauen hatte. Insgesamt wies er in seinem Rechnungsbüchlein den folgenden Schiffsbestand aus: «Erstlichsten ein nüwen Knechten nouwen, item ein Stein nouwen und laden zu einem steinnouwen, item ein Spitznouwen, item ein nüwer ledynouwen und ein alden [alter] und laden zu 2 ledynouwen, item 2 nüw Jassen, item ein Gans.»[13]

129

9 Es ist anzunehmen, dass regelmässig auch Personen auf den Schiffen mitfuhren. Sie entrichteten den üblichen Schifflohn und wurden deshalb nicht in einer eigenen Kategorie erfasst. Offenbar mussten Geldwechsler nicht nur das Fahrgeld, sondern auch einen Zoll bezahlen.
10 StALU COD 5625.
11 Dies ist auf dem Bild des Urinauens von 1813 zu erkennen.
12 Lux Schindler war Seilmacher und Grossrat. Messmer/Hoppe, S. 293.

13 «Gans» war die Bezeichnung für ein kleineres Boot. Gemäss einem Auftrag an den Schiffmacher von 1609 hatte es eine Länge von 5,5 Klafter (9,37 Meter). StALU Schifffahrtsakten A1 F7 SCH 902 A, Abrede mit dem Baumeister wegen der Schiffung, 8.12.1609. In einer Kostenzusammenstellung von 1766 wird eine Länge von 33 oder 34 Schuh (9,37 oder 9,66 Meter) genannt. StALU Schifffahrtsakten A1 F7 SCH 902 A, Kosten der Schiffe, 1766.

Grosser Nauen, ein Knechtennauen, ein Steinnauen, zwei Ledinauen, zwei Jassen, ein einbäumiges Schiff,[1] 180 Reserveruder, acht Schuffen (Schöpfkellen), 1400 Widen (Weiden für Ruderriemen oder -ringe), drei Segel, vier Segelbäume, drei Gelten, vier Göhn (Wasserschöpfen) und fünf Segelseile. 1567 verzeichnete das Inventar bereits 966 Ruder, 39 Streichruder (Steuerruder) und 14 000 Schiffringe.[2]

Gelagert wurden die Ruder seit 1430 in einem «hüsli ... an der Kappelgassen zwischent beiden Hoftoren».[3] 1574 wurde «jeder Schiffknecht oder Uryfeer» verpflichtet, «sein eigen Ruder in sinem kosten» zu haben, weil der Umgang mit dem obrigkeitlichen Material «liederlich und muthwillig» gewesen sei. Sie sollten «gut sorg darzu haben, damit nützit [nichts] zerbrochen, verloren oder verwarloset werde».[4] Wahrscheinlich wurde das zentrale Lager zu diesem Zeitpunkt aufgehoben. Zumindest gibt es keine obrigkeitlichen Inventare mehr.

Schiffswrack in der Untermatt – Glücksfall für die Forschung

Dass man heute ein sehr genaues Bild von der Bauweise der Nauen auf dem Vierwaldstättersee hat, ist einem Unglück zu verdanken – und dem Glück der Schiffsarchäologie. 1987 stiessen nämlich Taucher vor der Untermatt (unterhalb des Bürgenstocks) auf das Wrack eines Lastsegelschiffes aus dem zweiten Viertel des 19. Jahrhunderts. Es lag in einer Tiefe von dreissig bis vierzig Metern, der Schiffskörper wies kaum Beschädigungen auf. Mit einer Länge von 17,15 Metern entsprach es dem typischen Steinnauen – und dem Grundmodell für die Bauweise der Lastsegelschiffe seit dem 14. Jahrhundert. 2006 wurde das «Untermatt-Wrack» von Schiffsarchäologen für eine Dissertation an der Universität Innsbruck untersucht, die Befunde wurden in der Schweiz publiziert.[5] Sie sind ein Glücksfall für die Geschichtsforschung und bilden auch die Grundlage für die grafischen Darstellungen in diesem Buch.

Und sie decken sich mit den bildlichen Darstellungen von Lastschiffen, die bis in das 16. Jahrhundert zurückgehen. Diebold Schilling zeigt in seiner Bilderchronik von 1513 bereits, was die archäologischen Funde bestätigten: Die langgezogenen Lastschiffe wiesen einen flachen Bug auf, ein hoher Jochbalken schloss das Heck ab, die Fahrruder waren mit Weidenruten befestigt und das Steuerruder wurde durch ein Streichloch gesteckt. → Abb. 27 In der Schilling-Chronik findet sich übrigens keine einzige Abbildung eines Segelschiffes auf dem Vierwaldstättersee. Was doch erstaunt, denn wenn immer es das Wetter erlaubte, wurde der Segelmast aufgezogen und das Segel gehisst. Gerudert wurde nur bei Flaute.

Gerade umgekehrt ist die Bildsprache in den späteren Darstellungen, vor allem in den Votivtafeln der Ridlikapelle in Beckenried → Abb. 26 + 30 und den Glasmalereien der Kindlimordkapelle in Gersau. → Abb. 1 + 31

1 Bei den Einbäumen handelte es sich wahrscheinlich nicht um Boote, die aus einem Baumstamm gehauen waren, sondern um Schiffe, die aus der Menge eines einzigen Baumes bestanden. Vergleiche dazu: Reitmaier/Egloff, S. 13. Die kleinen Boote wurden später auch als «Gans» bezeichnet.
2 Haas-Zumbühl, S. 111 f.
3 Rechtsquellen, Teil 1, Bd. 2, Nr. 122 (19.4.1430), S. 90. Offenbar wurden die Bestände immer wieder aufgestockt. → siehe auch S. 128 f. (Auszug aus dem Rechnungsbüchlein von Sebastian Schindler).
4 StALU Ratsprotokolle RP 33.104 (23.8.1574).
5 Thomas Reitmaier, Vorindustrielle Lastsegelschiffe in der Schweiz, S. 152 f.

Abb. 29   Ausschnitt aus dem Martini-Plan von 1597: In der Schiffhütte (A), die ursprünglich dem Kloster gehörte und 1479 in den Besitz der Stadt überging, wurden die städtischen Schiffe bis 1836 hergestellt. 1837 wich sie dem Theaterneubau. Der schlanke Bau zwischen Kapellbrücke und Kleinstadt ist der Freienhof (B). Neben der Schiffhütte lag der Baumgarten der Jesuiten (C), der seit 1582 als Erholungsort für die Jesuiten diente, die an Pest erkrankten. Luzern galt wegen seines ungesunden Klimas als «Pestloch».[6]

131

6   Franz Schnyder, Pest und Pestverordnungen im alten Luzern, S. 201.

Dort sind die Rahsegel gehisst, zudem werden die unterschiedlichen Aufhängungs- und Steuerungsmöglichkeiten gezeigt – von Stoffschlaufen über Holzkugeln bis zu Seilrollen. Details werden allerdings erst in den Druckgrafiken des 18. Jahrhunderts erkennbar. → Abb. 28

Aufschlussreich ist in den bildlichen Darstellungen auch die Anordnung der Ruderer in den Nauen. Offenbar gab es die unterschiedlichsten Möglichkeiten, die Ziehruder zu platzieren. Dafür sprechen auch die archäologischen Befunde des Untermatt-Wracks: Dort sind die Öffnungen in den Seitenplanken für die Aufnahme der Weidenringe an Bug und Heck und auf beiden Seiten des Mastbaumes angebracht.[1]

Alles, was Wert hat, wird wiederverwendet

Entscheidend für die Lebensdauer eines Schiffes war die Beschaffenheit des Rumpfes – insbesondere, wie wasserdicht die hölzerne Schiffsschale war. Für die Abdichtung gab es zwei Techniken.

Entweder wurden die Ritzen zwischen den Seitenplanken mit einem organischen Dichtstoff gefüllt. In den Schiffmacherordnungen taucht regelmässig der Begriff der «Schäubung» auf. «Schaub» steht für Lindenbast, der wie Hanf zu Schnüren gedreht und in die Plankennähte gepresst oder gehämmert wurde.[2] Oder die seitlichen Planken wurden mit Eisenklammern zusammengehalten. Dies ist bereits in einer Darstellung von Diebold Schilling zu sehen, aber auch noch dreihundert Jahre später auf einem Bild des Marktnauens von Uri. → Abb. 37+75

Wie es scheint, wurden die Eisenklammern nur oberhalb der Wasserlinie angebracht. Dies, weil sie rostanfällig, aber auch wertvoll waren. Wie wertvoll, belegt die Luzerner Schiffmeisterordnung von 1590. Die ausgemusterten Schiffe wurden dem Schiffmeister überlassen, nicht jedoch die Eisenteile. Diese sollten in einem neuen Schiff wiederverwendet werden: «Alle abgend schiff gehorend einem Schiffmeister doch ussgenommen Ketenen, Jochbänder unnd alles ysen geschmid so guot zuo einem anderen schiff sin möcht das soll Inn miner g. Herren nutz gewendt werden.»[3]

Schiffe hatten eine Lebensdauer von zwei bis drei Jahren. Damit wollten die Obrigkeiten für die Sicherheit der Schiff- und Kaufleute sorgen. Schon die älteste Schifffahrtsordnung in Uri – die Ordnung «im Theil» von 1374 – hielt fest, «es soll auch kein nawe lenger ze teile gan, denne zwei jahr».[4] Auch die späteren Quellen nennen eine Betriebszeit von drei Jahren.[5] Erst bei der Neugründung der St.-Niklausen-Schiffsgesellschaft wurde eine Unterscheidung gemacht: Den «nicht gemalten Schiffen» wurde eine Lebensdauer von drei Jahren zugestanden, die «gemalten Schiffe» durften hingegen während fünf Jahren auf dem See verkehren. «Gemalt» bezog sich auf den Teer, der nun verwendet wurde, um die hölzernen Schiffrümpfe abzudichten.[6] Luzern war in der Neuzeit angekommen.

132

1   Reitmaier/Egloff, S. 17.
2   Reitmaier, S. 157 f.
3   StALU Schifffahrtsakten AKT A1 F7 SCH 900, Schiffmeisterordnung 1590.
4   StAUR AA-720 1, Sammlung von Beschlüssen, Nr. 2, Teil und Fuhr in Flüelen (2. 6. 1374).
5   Etwa in einer Abrechnung von 1806 für Schiffarbeiten. Der grosse Knechtennauen wurde damals von Heinrich Müller «haubtsächlich verbessert für 3 Jahr». StALU Schifffahrtsakten AKT A1 F7 SCH 902 B. Müller merkte zudem 1800 in einem Bericht über die von den «Franken [Franzosen] beschädigten und übell zugerichteten ... Schiffe» an, «dass diese Schiff alle 3 Jahr müssen neu gemacht werden, wozu allemahl wenigstens 25 bis 26 Schifdannen erforderlich sind». Vergleiche dazu: Reitmaier, S. 159.

6   Vergleiche dazu: Reitmaier/Egloff, S. 21.

Ein dichtes Verkehrsnetz umspannt den See

Zunächst waren es Fronhöfe, die Klöster mit ihren Zehntabgaben versorgten, dann Dörfer, die Märkte belieferten oder sich auf Märkten mit dem Nötigsten eindeckten. → siehe auch S. 42 ff. Das heisst: Schiffsverbindungen entstanden in der Regel aufgrund von Abhängigkeiten – als Teil einer grundherrlichen Beziehung oder mit dem Zweck des wirtschaftlichen Austauschs.

Zentral war der Warentransport. Nur die wenigsten Verbindungen waren auf den Personenverkehr ausgelegt, etwa auf die Pilger, die über den Gotthard nach Rom oder aus Unterwalden an die Engelweihe nach Einsiedeln reisten, oder auf die Söldner und Reisläufer, die in den Krieg nach Norditalien zogen. Schiffsverbindungen funktionierten bis in das 13. Jahrhundert nicht nach Fahrplan, sondern nach Bedarf. Wann ein regelmässiger Schiffsverkehr einsetzte, ist aus den Quellen nicht ersichtlich. Ebenso erfahren wir ausserhalb der klösterlichen Fronhoforganisationen nichts über Anlegestellen oder Hafenorte. Es muss sie gegeben haben, in den Quellen tauchen sie aber erst zu Beginn des 14. Jahrhunderts auf. Flüelen wird als Ort zwar bereits 1266 genannt,[7] jedoch nicht in Verbindung mit dem Schiffsverkehr; das erste Schifffahrrecht wird 1306 in Luzern erwähnt.[8] Danach folgen die «Fahre» rund um den Vierwaldstättersee – in Flüelen, Brunnen, Buochs, Küssnacht, Winkel, Stansstad und Alpnachstad, deren Anfänge vermutlich in das 13. Jahrhundert zurückreichen und ursprünglich an Hofstätten gebunden waren.[9]

Auch aufgrund der späteren Quellenlage ist es unmöglich, ein vollständiges Verzeichnis der Schifffahrtsrouten auf dem Vierwaldstättersee zu erstellen. Hingegen lässt sich ein zuverlässiges Bild der hauptsächlichen Verkehrsverbindungen zeichnen.

«Weilen sich der See creuzweis in das Geländ hinein erstreckt»

Wenn dabei heute der Blick zuerst auf die Längsverbindung zwischen Luzern und Flüelen fällt, dann hat dies mit der Perspektive des 21. Jahrhunderts und mit der Bedeutung von Luzern als Zentrum der Innerschweiz zu tun. Doch mindestens so viel Beachtung verdient die Querverbindung – von Zürich über Küssnacht nach Stansstad und über den Brünig und Grimsel in den Süden. → Abb. 32

7   Urkunden aus Uri, Abt. 1, Nr. 31 (24. 7. 1266), S. 24 f.
«Vlúlon prope Altdorf», das Kloster St. Blasien übergibt Besitz an das Kloster Wettingen.
8   Das Habsburgische Urbar, Bd. 1, S. 217. «Da ist ouch ein vert ze Lucern, das der herschaft eigen ist.» Datierung siehe: Quellenwerk zur Entstehung der Schweizerischen Eidgenossenschaft, Abt. 2, Bd. 2, Habsburg, S. 299.
9   Glauser, Von alpiner Landwirtschaft beidseits des Gotthards 1000–1350, S. 142.

Nicht umsonst ist die breiteste Stelle des Sees zu ihrem einprägsamen Namen gekommen. Sie wird «Creuztriechter genannt, weilen sich der See creuzweis an diesem Ort allermeist in das Geländ hinein erstreckt, bis gen Hergisweyl oder Stans-Stad im Land Underwalden».[1] Verkehrsgeschichtlich ist kein Teil des Vierwaldstättersees bedeutsamer als der Kreuztrichter.[2] Er bildet nicht nur den Schnittpunkt zwischen der Gotthard- und der Brüniglinie, hier zweigt auch die Gotthardlinie in die Handelsstrasse nach Zürich ab (über den Zugersee und den Hirzel nach Horgen). Zürich war das Zentrum des Salzhandels. Salz war für die Viehwirtschaft in der Innerschweiz überlebenswichtig.[3] Gleichzeitig entwickelte sich der Seitenarm nach Küssnacht zu einem politischen Streitfeld, weil er den Zoll in Luzern aushebelte. → siehe auch S. 93 ff.

Die beiden Marktschiffe geben den Takt vor

Auf der Hauptlinie zwischen Flüelen und Luzern richtete sich der regelmässige Schiffsverkehr nach den Markttagen – insbesondere dem Dienstag (Wochenmarkttag Luzern) und dem Donnerstag (Wochenmarkttag Altdorf). Spätestens seit der Mitte des 15. Jahrhunderts verfügten sowohl Uri als auch Luzern über ihre eigenen Marktschiffe,[4] → siehe auch S. 220 ff. die zwischen den beiden Orten pendelten. → Abb. 1+31+49 Dabei ergab sich der folgende «Fahrplan»:

— Montag: Anreise des Urner Marktschiffes in Luzern.
— Dienstag: Markt in Luzern.
— Mittwoch (Hauptverkehrstag): Rückreise des Urner Marktschiffes und Anreise des Pfisternauens nach Flüelen.
— Donnerstag: Markttag in Altdorf.
— Freitag: Rückreise des Pfisternauens nach Luzern.

Auch in den anderen Orten war das Hauptaugenmerk auf den Dienstag in Luzern gerichtet. So regelte ein Schiedsspruch zwischen Küssnacht und Luzern schon 1376: «Diejenigen, welche das Fahr zu Küssnacht haben, sollen mit zwei Nauen und zwei einbäumigen Schiffen die Leute am Dienstag und unter der Woche nach Luzern führen bei Tag und bei Nacht.»[5]

Ebenfalls an den Dienstagswochenmarkt angebunden waren Stansstad mit dem Fährbetrieb nach Winkel[6] und Luzern sowie Buochs, das mindestens zwei Schiffe nach Luzern schickte, die schon um zwei Uhr in der Nacht losfuhren,[7] → Abb. 30+58 und Weggis, das auch den Samstagswochenmarkt in Luzern belieferte.[8] Brunnen orientierte sich sowohl nach Luzern als auch nach Flüelen. Aufgrund der grossen Distanz nach Luzern war der grosse Marktnauen, wie das Urner Marktschiff, jeweils von Montag bis Mittwoch unterwegs, zweimal pro Woche fuhr ein eigenes Weinschiff nach Flüelen.[9]

1   Johann Leopold Cysat, Beschreibung dess Berühmbten Lucerner- oder 4. Waldstätten Sees, S. 205 f.
2   Vergleiche dazu die Ausführungen von Werner Schnyder, Mittelalterliche Zolltarife aus der Schweiz, S. 144 f.
3   Kühe brauchen Salz als Futtermittel. Heute sind es bis zu 90 Gramm pro Tag, früher war es wahrscheinlich etwas weniger. Salz wurde zudem für die Herstellung von Milchprodukten, vor allem Butter und Käse, und die Konservierung von Fleisch sowie das Gerben von Kuhhäuten benötigt. Vergleiche dazu: Christoph Baumgartner, Salz in Luzern, S. 8 f.
4   1455 wird der Pfisternauen in Luzern erstmals erwähnt. Er war das Getreide- oder Marktschiff der Luzerner.

5   Philipp Anton von Segesser, Rechtsgeschichte der Stadt und Republik Luzern, Bd. 2, S. 25. Transkription in: Vermischte Urkunden (1201–1566), Nr. 37 (11. 8. 1376), S. 263 ff.
6   Schon die Ordnung von 1590 regelte die Verbindung von Stansstad nach Luzern «an Oster und Pfingst-Zinstagen [Dienstagen], ouch bey den Zinstagen der Jarmerckten zu Lucern». StALU Schifffahrtsakten AKT A1 F7 SCH 902 A, Kanton Unterwalden, Ordnung betreffend Schifffahrt zwischen Winkel und Stansstad, 27. 5. 1590. In der Ordnung von 1615 wurde dann bestimmt, dass an Markttagen gefahren werde, wenn «um die fünfzehn personhen zusamen kommen». StALU Schifffahrtsakten AKT A1 F7 SCH 902 A, Kanton Unterwalden, Ordnung der Fähren zu Winkel und Stansstad, 1615. Nidwalden verordnete später, dass «an allen grossen Dinstagen mit 2 Schiffen in die Statt gefahren» werde. StANW A 1190-4/5, Landbuch von 1782, fol. 134.

Durch Gott Vnd die Gebenedite Muotter Gottes maria Sind Mit gnaden Erhalten worden

Abb. 30   Votivtafel in der Ridlikapelle in Beckenried: Passagiere beten und flehen Gott an, sie aus dem Sturm zu retten. Gott und die «Gebenedite Muotter Gottes Maria» erhören sie, der Nidwaldner Nauen übersteht das Unwetter schadlos. Hinten rechts ist die Ridlikapelle zu erkennen. Sie war ein beliebter Wallfahrtsort auch der Schifffahrer. → siehe auch S. 269

135

7   Jakob Wyrsch, Das Fahrrecht zu Buochs, S. 70.
8   Hans Wicki, Bevölkerung und Wirtschaft des Kantons Luzern im 18. Jahrhundert, S. 492.
9   Alfred Waldis, Es begann am Gotthard, S. 40.

136

Abb. 31   Glasmalerei in der Kindlimordkapelle in Gersau: Der heilige Nikolaus (rechts) hat sein Buch mit den goldenen Kugeln abgelegt, um das Marktschiff der Urner zu steuern. Links wacht Maria mit dem Jesuskind über das Schiff, über dem Bild ist der Apfelschuss von Wilhelm Tell zu sehen. Unter dem Bild beschreibt der Text, was häufig auch der Alltag der Schiffleute war: «Dieweillen wir fahren im Rägen und windt, so bitten wir Maria mit ihrem lieben Kindt, auch Sant Niclaus der heillig man, der uns us den wällen glicklich helffen kan. Die lobliche gesellschaft deren herren schifgesellen des grossen Märchtnauwes von Ury, 1709.»

Schritttempo auf dem Vierwaldstättersee

Auf dem Vierwaldstättersee ging es in der Regel gemächlich voran. Für die rund 38 Kilometer von Luzern nach Flüelen benötigten die grössten Schiffe zwischen neun und zwölf Stunden – wenn das Wetter mitspielte und der Westwind blies.[1] Regnete es, herrschte Gegenwind oder sogar Föhn, konnte die Reise auch bis zu 48 Stunden dauern.[2]

Häufig wurden die Routen deshalb in Etappen geplant – vor allem in der Gegenrichtung. Dabei verliessen sich die Schiffleute auf die bekannten Windphänomene. Beispielsweise segelten sie in Flüelen häufig mit der Reussbise los und nutzten den Isenthaler Talwind (oder «Kaffeewind»), um auf den offenen Urnersee hinauszutreiben. Hatten sie dann den Schillerstein erreicht, was von Flüelen rund vier Stunden dauerte, ruderten sie an Brunnen vorbei auf die Fallenbach-Mündung zu. Dort warteten sie auf den «Brunnerli», den abendlichen Talwind aus dem Muotatal, der sie in das Gersauerbecken trieb. Für die Weiterfahrt, beispielsweise nach Alpnach oder Luzern, brauchten sie noch einmal zehn Stunden.[3] Nachtfahrten waren keine Seltenheit.

Wie einschneidend der Beginn des Dampfzeitalters für die Schifffahrt war, verdeutlichen die Reisezeiten. 1837 dauerte es plötzlich nur noch zweieinhalb Stunden, um von Flüelen nach Luzern zu gelangen.

137

1   Andres Loepfe, Historische Verkehrswege in Uri, S. 20.
2   Werner Baumann, Der Güterverkehr über den St. Gotthardpass vor Eröffnung der Gotthardbahn, S. 128.
3   Heinz Baumann/Stefan Fryberg, Der Urnersee, S. 12.

Wenn der Nauenmeister hornt, versammeln sich die Bauern

Wie eine Fahrt an den Markt nach Luzern ablief, zeigt die detaillierte Nauenordnung von Weggis aus dem Jahr 1731.[1] Zweimal in der Woche, «sunderlich an dem Zinstag, da ... der wuchen mercht gehalten wirt», soll der Nauenmeister schuldig sein, «ein guothe halb stund zuo vor ob der nauwenfart das nauwenhorn zuo blasen undt zuo hornnen». Dies war das Zeichen für die Marktfahrer, sich mit ihren Waren an der Schifflände einzufinden. Falls sich die Bauern «usert dem Büöhlegg gägen Rierzort»[2] für die Fahrt angemeldet hätten, dann «solle der nauwenm[eiste]r uff das Büöhlegg usen stan undt auch daselbsten hornnen». «Nach verflosener guother halber stundt solle das merchtschiff fortfahren.»

Dass es notwendig war, die Bauern aus dem Schlaf zu wecken, zeigen die Bestimmungen über den Zeitablauf. Es sei «eigentlich gesetz undt geor[d]net, das man an dem Zinstag oder an dem tag, da der mercht ist, solle des morgens onegefahr umb 3 uhr us dem Oberdorff[3] von lant fahren uff Lucern». Weil meistens «die windt undt wäter uff den abent inbrächen» und um «den selben zuo entwichen», solle der Nauenmeister spätestens um drei Uhr wieder den Rückweg antreten.

Private werden von der Obrigkeit nicht gerne gesehen

Offensichtlich ist, dass es neben den «konzessionierten» Marktschiffen auch eine private Schifffahrt gab, die Personen und Waren transportierte. Bekannt ist beispielsweise das Geiss- und Gensfahr in Flüelen, das 1487 genannt wird.[4] Teilweise waren es Gross- und Kleinräte, also Mitglieder der Führungsmannschaft in Luzern, die Geld mit Schiffstransporten nach Beckenried, Gersau, Alpnach oder nach Uri verdienten.[5]

Dies waren möglicherweise Einzelgeschäfte und keine regelmässigen Verkehrsverbindungen. Anders sah die Situation in Meggen aus, wo «ein jeder die durchreisende über wasser» nach Weggis führte, weshalb man eine «gar schlechte schifig» hatte. «Ehrliche leüth» hätten sich «in gefahr befinden müessen», stellte der Luzerner Rat fest.[6] 1647 richtete die Obrigkeit deshalb ein offizielles Fahrrecht ein, das an Hans Muggli von Meggen vergeben wurde.[7] Muggli hatte sich an die gleiche Taxordnung zu halten wie die Schiffleute von Winkel. → siehe auch S. 107 ff. Das hiess einen Batzen pro Person bis zu drei Personen, «es sye tags oder nachts», darüber nur noch einen Schilling pro Person.[8] Musste er zwei Schiffe einsetzen, konnte er den doppelten Fahrpreis verlangen.

Die obrigkeitliche Privilegierung eines einzelnen Schiffmeisters verärgerte die Dorfgemeinschaft von Meggen. Nur ein paar Monate später

1 Schiffsordnung und Nauenrecht. Oberdorf zu Weggis, in: Rechtsquellen des Kantons Luzern, Teil 2, Bd. 1, Nr. 122 (11.11.1731), S. 304 ff.
2 Wo heute der Mark-Twain-Gedenkstein steht.
3 Das heutige Dorfzentrum mit der Schifflände.
4 Heinz Horat, Bauen am See, S. 89.
5 Kurt Messmer/Peter Hoppe, Luzerner Patriziat, S. 163–170. Peter Gerig (Grossrat) erhielt Fährlohn für Personentransport nach Beckenried und Gersau, 1513 und 1519. Heinrich Hess (Grossrat/Kleinrat) erhielt Lohn für eine Fuhre nach Alpnach, 1513. Matthäus Lochmann (Grossrat) erhielt Fuhrlohn nach Uri, 1516. Hans Meyer (Grossrat/Kleinrat) erhielt Fährlohn für Personentransport nach Beckenried, 1513.
6 Rechtsquellen, Teil 2, Bd. 1, Nr. 99 (29. 4. 1647), S. 247 f.
7 Der offizielle Fährbetrieb verband das Benzeholz in Meggen mit den Zinnen auf der Halbinsel Hertenstein.
8 In den meisten Orten der Eidgenossenschaft, auch in Luzern, war der Schilling etwas weniger als einen halben Batzen wert.

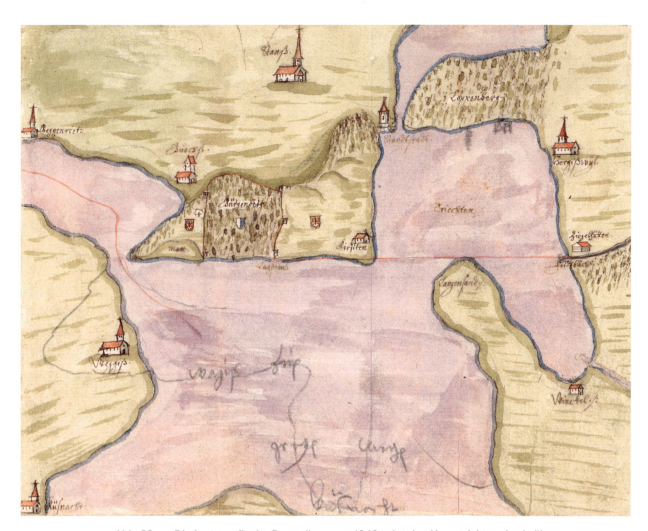

Abb. 32   Die kartografische Darstellung von 1642 zeigt den Kreuztrichter als ein übergrosses Wasserbecken zwischen den Seearmen nach Luzern (unten rechts), Küssnacht, Beckenried und Stansstad. Entstanden ist die Karte als Teil von Vermittlungsbemühungen der Schwyzer in einem Seemarchenstreit zwischen Luzern und Nidwalden. Luzern warf Nidwalden vor, die Rechte der Luzerner Fischer zu missachten.

139

Gotthard – nicht die erste Wahl und doch unverzichtbar

Abb. 33   Urnerkarte von Gabriel Walser, veröffentlicht um 1740 in Augsburg. Eingefügt in die Karte ist auch das «Liviner-Thal, so dem Löbl. Canton Uri eigen gehört». Rechts ist die «so genannte Teufels-Bruck» abgebildet, «welche zwischen entsetzlich hohen Steinfelsen ligt, über die man passieren muss, wann man aus der Schweitz in Italien reiset».

Auch wenn der Gotthardpass in der europäischen Gesamtschau nur eine untergeordnete Rolle spielte – auch verglichen mit den Alpen-übergängen in Graubünden oder Österreich –, so ist seine Bedeutung für die wirtschaftliche Entwicklung in der Innerschweiz und für die Schifffahrt auf dem Vierwaldstättersee unbestritten. → siehe auch S. 43 f. Erst mit der Erschliessung des Gotthardübergangs wurde nämlich die wichtigste Verbindung auf dem See auch zu einer überregio-nalen Verkehrsroute, angebunden an die internationalen Handels-ströme.

Zunächst beschränkte sich der Gotthardverkehr auf Pilgerreisen. Davon zeugen das Lazariterhaus in Seedorf, das um 1200 gegründet wurde, und die romanische Kapelle auf der Passhöhe, die viel-leicht schon 1166, spätestens aber 1230 durch den Erzbischof von Mailand geweiht wurde. Der erste Reisebericht über den Gotthard stammt von Albert von Stade, Abt des norddeutschen Klosters Sankt Marien in Stade. 1236 beschrieb er die Reise über den «Mons Elvelinus», von den Lombarden auch Ursare geheissen. Einmal in Lugano angekommen, beginne dort «das Gebirge und erstreckt sich bis Zofingen». Bis nach Bellinzona sei es «eine Tagereise, von da drei Tagereisen bis Luzern, den See inbegriffen. Marschiere fünf [Meilen] weiter, und dir tritt Zofingen entgegen; aber es sind ganz grosse Meilen.»[1]

Luzern baut Geschäftsbeziehungen zu Mailand und Como auf

Wahrscheinlich erst nach 1230 setzte der Güterverkehr ein. Indizien dafür sind der Bau der ersten Emmenbrücke bei Luzern um 1236, bekannt als Zollhausbrücke, und die ersten Statuten der Säumer-gemeinschaft von Osco (bei Faido) aus dem Jahr 1237. Entscheidend für den Gotthardverkehr war der Bau der Stiebenden Brücke (später Teufelsbrücke) um 1275.[2] → Abb. 34 In der Stadt Luzern gab es um 1300 bereits mehr als zwanzig Unternehmungen, die Geschäfts-beziehungen mit Mailand und Como pflegten.[3] Gleichzeitig über-stieg der österreichische Zoll in Luzern, der von Hospental bis Reiden reichte, die übrigen Zölle der Habsburger um das Zwei- bis Drei-fache.[4] In der ersten Hälfte des 14. Jahrhunderts intensivierten sich zudem die Beziehungen der Urner mit dem Süden.[5] Nun entwickelte sich auch ein regionaler Verkehr, der wahrscheinlich ein Mehr-faches des reinen Fernverkehrs betrug.[6]

Kurz vor dem Ende des 14. Jahrhunderts kamen zwei Umstände zu-sammen, die für einen weiteren Aufschwung auf der Gotthard-route sorgten: Nach dem Niedergang der Champagne-Messen in Frankreich etablierte sich Frankfurt als der neue Messeplatz

141

1   Quellenwerk zur Entstehung der Schweizerischen Eidgenossen-schaft, Abt. 1, Bd. 1, Nr. 381 (1236–1240), S. 179 f.
2   Fritz Glauser, Handel und Verkehr zwischen Schwaben und Italien vom 10. bis 13. Jahrhundert, S. 246.
3   Karl Meyer, Über die Einwirkung des Gotthardpasses auf die Anfänge der Eidgenossenschaft, S. 276. Aufzählung von Forderungen der Stadt Luzern gegenüber Mailand und Como von 1314 in: Quellenwerk, Abt. 1, Bd. 2, Nr. 743 (20.12.1314), S. 372 ff.
4   Hans Stadler-Planzer, Geschichte des Landes Uri. Teil 1, S. 202 f.
5   1338 erreichten die Urner, dass sie Zollerleichterungen in Como erhielten. 1340 schlossen sie sogar ein Handelsabkommen mit dem Eschental (Domodossola). Stadler-Planzer, S. 173 ff.
6   Ebenda, S. 204.

Abb. 34 «Teuffels Brugg in den Urner Gebürgen auf der Schelenen»: So wird die Schlüsselstelle auf dem Weg über den Gotthard in einer Darstellung von 1710 genannt.

Abb. 35   Säumer prägten die Geschichte des Urserentals. Schon früh organisierten sie sich, um den Verkehr über den Gotthard sicherzustellen. 1708 wurde das Urnerloch gebaut, das Andermatt (hinten) mit der Schöllenenschlucht verband. Es ersetzte die Twärrenbrücke und gilt als der erste Verkehrstunnel der Schweiz. Er ist 64 Meter lang.[1]

1   Hans Grob, Tunnel, in: HLS, Version vom 7.1.2014.

nördlich der Alpen. Für die italienischen Kaufleute wurde nun der Gotthard interessant, und in Frankfurt tauchten die ersten Händler aus Luzern auf.[1] 1394 einigten sich zudem Habsburg und die Eidgenossen auf einen zwanzigjährigen Frieden, was die politische Situation in der Innerschweiz beruhigte. Nun war die Sicherheit der Verkehrswege durch die Innerschweiz verbrieft.

Nicht mehr als sieben Ankünfte pro Monat

Dennoch blieben die Handelsvolumen bescheiden. Angaben über Zolleinnahmen sind in Luzern für die Zeit von 1493 bis 1505 überliefert. Damals kamen pro Monat nie mehr als sieben Transitfuhren über den Gotthard, durchschnittlich war es eine Ladung pro Woche. Und nur gerade sechs Spediteure nutzten den Gotthard.[2] Insgesamt lagen die Transitmengen nur unmerklich über dem Stand von 1300.[3] Aus den gleichen Quellenbeständen wird zudem ersichtlich, dass sich der Gotthardverkehr in den Händen der Italiener befand. Durchschnittlich wurden rund anderthalb- bis zweimal mehr Güter von Süden nach Norden transportiert als umgekehrt.[4] Verglichen mit dem Brenner waren die Mengen gering – sehr gering. Während über den österreichischen Pass jährlich rund 4500 Tonnen gingen, waren es über den Gotthard nur gerade 170 Tonnen.[5] Dabei ist immer der Vorbehalt anzubringen, dass es sich bei den Zollrödeln von 1493 bis 1503 um einen zufälligen Quellenbestand handelt, der nur einen beschränkten Zeitraum erfasst. Er liefert lediglich Indizien.[6] Dies umso mehr, als der Gotthardverkehr bis weit in das 17. Jahrhundert von den politischen Verhältnissen in Europa abhing und deshalb Schwankungen ausgesetzt war. Beispielsweise führte eine längere Friedensperiode in Mailand nach 1530 zu einem Aufschwung, die religiösen Wirren in Antwerpen von 1566 und der Aufstand der Niederlande gegen die spanischen Besatzer nach 1568 verlagerten dann den gesamten Süd-Nord-Verkehr wieder nach Osten, das heisst über den Splügen und Brenner nach Hamburg, Emden und Amsterdam. Gleichzeitig wurde die Inquisition in Mailand eingeführt, was die Händler davon abhielt, durch Norditalien zu reisen.[7] Und als der Dreissigjährige Krieg ausbrach, stand die europäische Wirtschaft von 1618 bis 1648 praktisch still.

144

1   Werner Schnyder, Mittelalterliche Zolltarife aus der Schweiz, S. 138.
2   Fritz Glauser, Der internationale Gotthardtransit im Lichte des Luzerner Zentnerzolls von 1493 bis 1505, S. 201.
3   Stadler-Planzer, S. 204.
4   Glauser, S. 203 ff.
5   Ebenda, S. 241.
6   Erst nach 1720 ist das Quellenmaterial «brauchbar», so Glauser. Ebenda, S. 177.
7   Heinz Baumann, Der Gotthardpass, S. 26 ff.

Hinzu kamen die hausgemachten Probleme – die schlechten Strassen über den Gotthard, die hohen Weg- und Zollkosten sowie die langen Transportzeiten wegen der umständlichen Unterteilung der Wegstrecke in Säumerabschnitte. Während etwa der Septimer seit dem 14. Jahrhundert über eine durchgehende Strasse verfügte, war der Gotthard bis in das 19. Jahrhundert nicht mit Karren oder Wagen befahrbar.[8]

Grund für die Vernachlässigung der Strassen und für das komplizierte Transportsystem war die Verkehrspolitik der Urner. Sie waren nicht an einer schnellen Abfertigung interessiert. Vielmehr wollten sie Verdienstmöglichkeiten für ihre Landleute schaffen, deshalb widersetzten sie sich Neuerungen und Vereinfachungen. Die sogenannte «Teilfuhr» – das heisst die kleinräumige Aufteilung des Transports in Einzelabschnitte – hatte einen wesentlichen Vorteil: Bauern, die als Säumer arbeiteten, konnten einem Nebenverdienst nachgehen und nach der «Teilfuhr» jeweils zu ihrem Hauptverdienst auf den Hof zurückkehren. 1498 besagte die Säumerordnung: Wer ein eigenes Pferd hatte, durfte sich dem «Teil», also der Säumergenossenschaft, anschliessen.[9] → Abb. 35

Das komplizierte System führte zu einer Vielzahl von Zollstellen – und damit zu Einnahmen, die für Uri wichtig waren, die aber die Händler vergraulten. Klagen von Kaufleuten häuften sich, 1685 beschwerte sich Luzern sogar in einem offiziellen Schreiben über den schlechten Zustand des Gotthardweges und über die hohen Gebühren und Zölle.[10] Doch auf die Klagen gingen die Urner nicht ein.

Vorerst nicht. Nach dem Schifffahrtsabkommen zu Gersau von 1687 → siehe auch S. 102 ff. nahm der Druck zu, und 1701 rang sich Uri zu einer neuen «Faktoren- und Säumerordnung für den St. Gotthardpass» durch. Sie schrieb die «Strackfuhr», das heisst den durchgehenden Transport von Altdorf bis Bellinzona, vor. Allerdings wussten die Bauern auch diese Bestimmungen auszuhebeln. Schliesslich waren sie für die Offenhaltung der Saumwege verantwortlich. Zumindest teilweise bewahrten sie ihr Monopol bis in das 19. Jahrhundert. Der freie Wettbewerb wurde erst 1832 eingeführt.[11]

145

8   Glauser, S. 239.
9   Stadler-Planzer, S. 329.
10   StALU COD 5620, Akte der beiden Marktschiffe von Luzern und Uri, 1496 bis 1750.
11   Andres Loepfe, Historische Verkehrswege im Kanton Uri, S. 15.

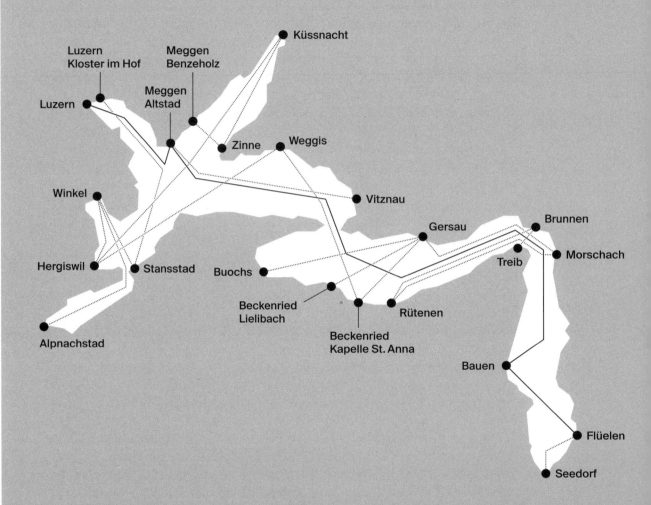

146 **Schiffsrouten**

Grafik 8   Darstellung der Schiffsverbindungen gemäss der «Wahren Abbildung
der 4. Waldstätten See» von Johann Leopold Cysat aus dem Jahr 1645.
→ Abb. in Umschlagklappe vorne

ergänzte der Rat deshalb seine Verordnung und führte eine zweite Schiffsverbindung ein – nach Greppen. Sie wurde an den «sigerist by den 14 Nothelfern» vergeben, wahrscheinlich den Sigrist der Kirche von Meggen.[1] Wer von Küssnacht kam, wurde nach St. Wendel in Greppen gefahren, wer von der Stadt kam, fuhr mit Muggli nach Weggis[2] – und zwar «hinüber an den Hoff Bastunen», wie Johann Leopold Cysat in seiner «Beschreibung dess Berühmbten Lucerner- oder 4. Waldstätten Sees» von 1661 schrieb.[3]

Johann Leopold Cysat dokumentiert die Schiffsverbindungen

Cysat beschrieb die Verbindung nicht nur, er hatte sie schon einige Jahre zuvor auch auf einer Karte eingezeichnet – der «Wahren Abbildung der 4. Waldstätten See».[4] 1645 schuf er die erste Karte des Vierwaldstättersees, die mit ihrem Detaillierungsgrad bis in die zweite Hälfte des 18. Jahrhunderts als Vorlage für die weiteren Darstellungen des Vierwaldstättersees diente. → Abb. in Umschlagklappe vorne

Cysat selber veröffentlichte die Karte erst 1661 in seiner «Beschreibung dess Berühmbten Lucerner- oder 4. Waldstätten Sees». Allerdings war sie bereits 1654 an die Öffentlichkeit gelangt. Matthäus Merian hatte sie, ohne dass Cysat davon wusste, in einer vereinfachten Form nachgestochen und 1654 in der Zweitauflage seiner «Topographia Helvetiae» publiziert.

Wertvoll für die Schifffahrtsgeschichte ist aber die Originalkarte. Sie ist die einzige Darstellung, die Schifffahrtslinien anzeigt – buchstäblich mit Linien. Dabei ist anzunehmen, dass sich Cysat auf die wesentlichen Routen konzentrierte, dass es sich also um die regelmässigen Verbindungen handelte. Gewiss: Sie ist nur eine Momentaufnahme, doch die Cysat-Karte vermittelt einen hervorragenden Eindruck, wie der See in der Mitte des 17. Jahrhunderts von der Schifffahrt genutzt wurde. Um die Lesbarkeit zu vereinfachen, wird sie in diesem Buch zusätzlich in einer schematischen Darstellung wiedergegeben. → Grafik 8

Anerkennung erhielt Johann Leopold Cysat für seine Karte auch von der Tagsatzung der vier Orte – allerdings erst nach der Veröffentlichung seiner Chronik, zwei Jahre vor seinem Tod.[5]

147

1   Die vierzehn Nothelfer sind vierzehn Heilige aus dem frühen Christentum, die – mit einer Ausnahme – auch Märtyrer waren. In der katholischen Kirche werden sie als Schutzpatrone angerufen. In der Magdalenenkirche in Meggen hing ursprünglich ein Holzrelief der vierzehn Nothelfer, das aus der Zeit um 1500 stammte.
2   Rechtsquellen, Teil 2, Bd. 1, Nr. 99 (7.8.1647), S. 248.
3   Cysat, S. 206.
4   Johann Leopold Cysat, Wahre Abbildung der 4. Waldstätten See, in Kupfer gestochen von Clemens Beutler. Massstab: 1:60 000; Abmessungen: 27 × 51 Zentimeter.

5   Eidgenössische Abschiede, Bd. 6, Abt. 1, Nr. 340 (14.10.1661), S. 543. Johann Leopold Cysat (1601–1663) war der Enkel von Renward Cysat (1545–1614), dem langjährigen Stadtschreiber von Luzern. Als er die Karte zeichnete, war er Gerichtsschreiber in Luzern. Danach amtete er als Unterschreiber, Grossrat, Kleinrat und Vogt zu Weggis.

«Fast ein Wunder, dass es hier keinen Kanal gibt»

Immer wieder geisterte die Idee herum, den Vierwaldstättersee über einen Kanal mit dem Zugersee zu verbinden. Sie lag auf der Hand, denn Zürich wäre auf einen Schlag näher an die Verkehrswege der Innerschweiz und an den Gotthard gerückt. Doch es gab zu viele Hindernisse. Und letztlich eine bessere Alternative, um auch die schwersten Güter zu transportieren, und erst noch ohne Umladen – die Eisenbahn.[1]

Die ersten Überlegungen für eine Kanalverbindung stammen aus der zweiten Hälfte des 18. Jahrhunderts. Damals beflügelten sich Industrialisierung und Ingenieurwesen gegenseitig. Allerdings sind die Pläne nur aus der Retrospektive bekannt. 1835 schrieb Gerold Meyer von Knonau in seinem «Historisch-geographisch-statistischen Gemälde der Schweiz»: «In den Siebenzigerjahren des verflossenen Jahrhunderts ging man damit um, den Vierwaldstättersee durch einen Canal mit dem Zugersee zu verbinden; allein man bemerkte bald, dass wegen der höheren Lage des Vierwaldstättersees das Becken des Zugersees einen für sein Ufer höchst gefährlichen Zufluss erhalten, Luzern hingegen des nöthigen Wassers beraubt würde; nicht weniger wirkten die Kosten, zu deren Bestreitung keine Mittel vorhanden waren.»[2] Mehr ist über das Projekt nicht bekannt.

Konkret wurden die Pläne in der Helvetik. 1798 wandte sich das Direktorium der Helvetischen Republik an Jean Samuel Guisan und beauftragte den Ingenieur, die Gegend zwischen dem Vierwaldstättersee und dem Zugersee zu erkunden. Er solle prüfen, ob die Verbindung mit einem Wasserweg möglich sei.

Mit dem Schiff um die Rigi reisen

Er tat nicht nur dies. Er befand auch, dass es ein Leichtes sei, den Vierwaldstättersee mit dem Lauerzersee zu verbinden. Von da sei es machbar, einen Kanal zwischen dem Lauerzersee und dem Zugersee zu bauen. Auch die Verbindung von Küssnacht nach Immensee lasse sich ohne Schwierigkeiten bewerkstelligen. Er glaube «bemerkt zu haben, dass der Zugersee höher liegt als der Luzernersee». Dies stelle aber «nicht den geringsten Nachteil» dar.[3] Tatsächlich liegt der Zugersee etwa zwanzig Meter tiefer als der Vierwaldstättersee.

148

1   Franz Wyrsch (1914–2006), Landschreiber und Lokalhistoriker in Küssnacht, hat die Geschichte der Kanalprojekte in einem Aufsatz zusammengefasst: Vierwaldstättersee-Zugersee: Vom Schiffahrtskanal- zum Kraftwerkprojekt, S. 108–126.
2   Gerold Meyer von Knonau, Gemälde der Schweiz, Bd. 5. Der Kanton Schwyz, S. 283.
3   Wyrsch, S. 111 f.

Guisan zeichnete Pläne, nahm Bodenproben und erstellte Kosten-rechnungen. Er sprühte – typisch für die damalige Zeit – von Fortschrittsglauben und träumte davon, «zu Schiff rings um die Rigi fahren» zu können.[4] Nur: In den politischen Wirren der napoleoni-schen Besetzung stiessen die helvetischen Pläne – insbesondere in der Innerschweiz – auf wenig Gegenliebe.

Begraben war die Idee aber nicht. 1840 tauchte sie in Küssnacht wieder auf – in einer Zeit, als darüber gestritten wurde, ob es zweck-mässiger sei, die Eisenbahn zu bauen oder Wasserstrassen zu erweitern. In einem Brief an den Landschreiber von Küssnacht hiess es, dass es für die Innerschweiz darum gehe, «den Warenzug über den Gotthard zu sichern gegen die Konkurrenz der Graubündner Strassen», und dass es dafür «kein anderes Rettungsmittel als die Verbindung des Waldstätter mit dem Zuger See» gebe. Ziel sei der Anschluss über die Lorze an die Eisenbahn.[5]

600 Meter langer Tunnel für die Schiffe

1841 wurde ein Ingenieur des eidgenössischen Vororts beauftragt, die Erneuerung der Strasse zwischen Arth und Zug zu untersuchen. Er empfahl aber nicht den Ausbau der Strasse, sondern einen Kanal zwischen Küssnacht und dem Zugersee. Wasserstrassen be-förderten die Kaufmannswaren bedeutend billiger als die anderen Verkehrswege, schrieb er.

Zug griff den Gedanken auf, und Küssnacht erklärte sich bereit, Abklärungen zu treffen und Geländeaufnahmen zu bewilligen. 1843 lag das Resultat vor. Dabei schlug der Ingenieurbericht nicht die Verbindung nach Immensee vor, sondern nach Böschenrot (in der Bucht zwischen Chiemen und Buonas südlich des Schlosses Buonas). «Dieses ist das Gebiet, in welches eine Wasserstrasse angelegt werden soll», schwärmte der Geometer. «Wer ohne Vorur-theil das erste Mal dieses Terrain durchwandert, den wundert es fast, dass nicht schon längst ein Kanal geöffnet ist.»[6] Vorgeschlagen wurde eine Reihe von Schleusen, vor allem auf der Zuger Seite, um die Höhendifferenz von zwanzig Metern zu über-winden. An der höchsten Stelle hätte aber das Wasser für die Speisung der obersten Schleuse gefehlt. Deshalb wäre ein Tunnel nötig gewesen – mit einer Länge von mindestens sechshundert Metern. Zug war von den Plänen begeistert. Technisch sei «das Projekt eines der grossartigsten», und man glaube, «es der auszuführenden Kunstbauten wegen einer Linthkorrektion an die Seite stellen zu dürfen». Dennoch schreckte die Stadtregierung vor den Kosten zurück und legte es zu den Akten.[7]

149

4   Ebenda, S. 113.
5   Ebenda, S. 114.
6   Ebenda, S. 116 f.
7   Ebenda, S. 118 f.

Ausschlaggebend dürfte auch der Aufschwung der Eisenbahn gewesen sein. Schon vor der Gründung des Bundesstaates wurden überall Eisenbahnstrecken geplant. 1847 fuhr die Spanisch-Brötli-Bahn erstmals zwischen Zürich und Baden, die Bundesverfassung von 1848 schuf kurz darauf die Voraussetzung für ein landesweites Eisenbahnnetz. 1856 begann das Eisenbahnzeitalter auch

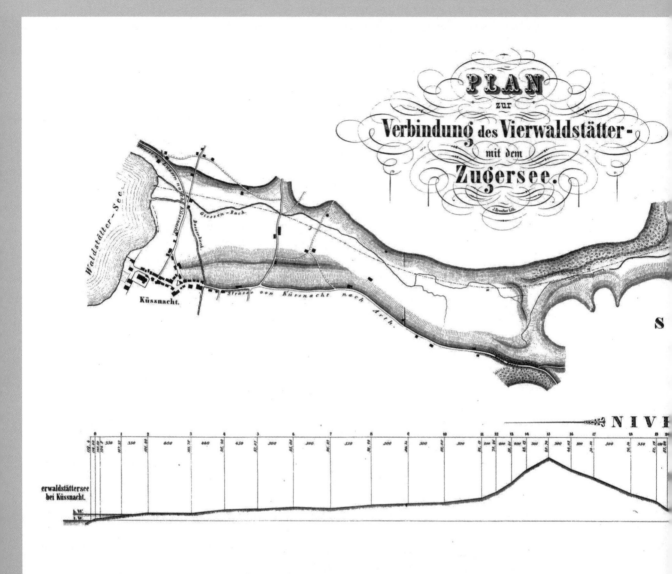

in der Innerschweiz. Luzern wurde an das Netz der Schweizerischen Centralbahn angeschlossen. 1864 folgte dann die Verbindung an den Zugersee – mit der Strecke von Luzern über Cham nach Zürich.

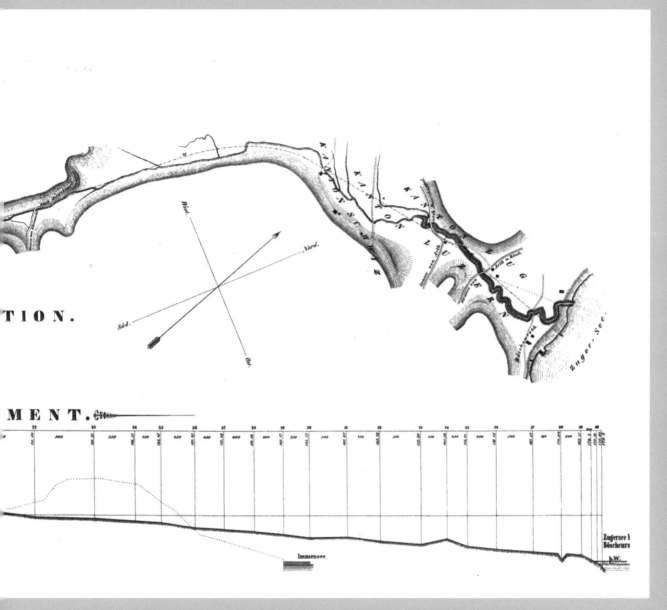

Abb. 36   1843 wurde ein exakter Plan der Landschaft und der Topografie zwischen Küssnacht und dem Zugersee erstellt. Der beauftragte Ingenieur empfahl, den Kanal nicht nach Immensee zu führen, sondern in die Böschenrot-Bucht südlich des Schlosses Buonas.

Hafenanlagen – geschützt vor Wind, Wetter und Feinden

Für den eigentlichen Schiffsbetrieb brauchte es in den Hafenorten rund um den Vierwaldstättersee nur eine bescheidene Infrastruktur. Hafenanlagen, wie wir sie heute kennen, gab es bis in die erste Hälfte des 19. Jahrhunderts nicht. Stege wurden erst für die Dampfschiffe gebaut.[1]

Grund dafür war die einfache Bauweise der Nauen, die auf dem Vierwaldstättersee verkehrten. Sie wiesen kaum Tiefgang auf, deshalb genügte es, wenn die Anlegestellen sanft in den See abfielen. An diesen einfachen Landeplätzen wurden die Schiffe nicht seitlich, sondern an der flachen Bugspitze festgemacht, die gegen das Ufer gerichtet war und auch als Rampe für das Be- und Entladen diente. Gleichzeitig erlaubte es diese Anordnung, eine beträchtliche Zahl von Schiffen in einer Hafenanlage unterzubringen. → Abb. 37 + 38

Obwohl eine einfache Anlegestelle genügte, um den Schiffsverkehr abzuwickeln, verfügten die meisten Hafenorte über eine weitergehende Infrastruktur, die nicht nur die Sicherheit der Handelswege und Umschlagplätze bezweckte, sondern auch die Kontrolle über Wirtschaftsräume und Durchgangsrouten.

Türme und Palisaden bewehren die Hafenorte

Türme wie in Seedorf (erbaut um 1200) oder in Stansstad (erbaut um 1250–1300) sowie Burgen wie das Schloss Rudenz in Flüelen (erbaut um 1200–1230) zeugten von der strategischen Bedeutung der Orte.[2] Sie dürften zudem ein Zeichen dafür sein, dass es bereits zu Beginn des 13. Jahrhunderts zu einer markanten Zunahme der Verkehrsströme auf dem Vierwaldstättersee kam – sei es an Pilgern oder an Waren. In der zweiten Hälfte des 13. Jahrhunderts setzte diese Entwicklung, wie Stansstad zeigt, auch abseits der Hauptverkehrswege ein. → Abb. 39

Schiffländen und Brücken waren, um es mit einem modernen Begriff auszudrücken, Teile der «kritischen Infrastruktur». Sie wurden von Türmen oder von Städten bewacht.[3] Oder von Türmen in den Städten, wie in Luzern. 1339 wurde der Wasserturm vor der damaligen Anlegestelle «unter den Häusern» an der Reuss erbaut.

152

1 Flüelen verfügte seit dem 13. Jahrhundert über zwei breite Piers, die wohl vorwiegend der Hafenbefestigung, später auch der Landgewinnung dienten. Daran wurden wahrscheinlich auch Schiffe festgemacht, kaum aber für das Be- und Entladen. Vergleiche dazu: Christian Auf der Maur, Raumgestaltung zwischen Fels und See, S. 311 ff.
2 Vergleiche dazu auch Heinz Horat, Bauen am See, S. 89.
3 Fritz Glauser, Handel und Verkehr zwischen Schwaben und Italien vom 10. bis 13. Jahrhundert, S. 248.

153

Abb. 37   Bei seiner Ankunft in Flüelen wird der Schatzmeister des französischen Königs festgenommen. Er wollte ohne Erlaubnis durch Uri nach Mailand ziehen. Diebold Schilling zeigt, wie die Schiffe anlegten. Mit einem einfachen Seil wurde der Nauen an einem Pfahl befestigt. Menschen und Tiere verliessen das Schiff über eine Rampe an der Bugspitze. Interessant sind auch die Handgriffe an den Rudern. Sie wurden «Schwibel» genannt.

Abb. 38   1792 zeigt der Schumacher-Plan in Luzern, dass sich an der platzsparenden Art, Schiffe festzumachen, in dreihundert Jahren nichts geändert hatte. Sowohl die Lastschiffe als auch die Jassen legten mit der Bugspitze an der Hoftor-Lände an.

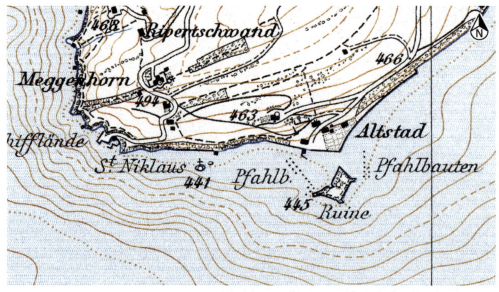

Abb. 39 Stansstad um 1780: Von den mittelalterlichen Palisaden ist wegen des gestiegenen Seespiegels nichts mehr zu sehen. Einzig der Schnitzturm dient der Bewehrung. Allerdings wirkt er mit seinem spitzen Pyramidendach eher wie ein freistehender Kirchturm.
Abb. 40 Auf der offiziellen Landeskarte von 1890 wurden die Palisadenreihen eingezeichnet und als «Pfahlbauten» benannt.

Eine besondere Form der Bewehrung von Hafenanlagen findet sich dort, wo die Uferzonen sanft in den See übergehen: Palisadenreihen aus Baumstämmen, die in den
Seegrund gerammt werden, die manchmal zugespitzt sind und damit der Abwehr von
Feinden dienen. Renward Cysat schildert in seiner Luzerner Chronik, wie sich die
Stadt nach dem Morgartenkrieg vor den drei Länderorten schützte – mit «schwirren
im See by der Hoffbruck, ouch über zwerch [quer] vom Wygkhus[1] dannen».[2] 1315
wurden sie «zuo besserer beschliessung und bewarung der statt für die fyentlichen
ynfäl gesagter Lendern» geschlagen, ebenso wurde die Kapellbrücke «mitt pfälen und
stangen uff dem wasser versehen, dz man nitt in die statt faren konnte anderst dann
zum grendel[3] yn. Denselbigen uffzezühen und abzelassen war in bevelch eins sigristen zuo S. Peter bis uff das 1480 jar; dafürhin ist er nitt meer beschlossen worden.»[4]
Palisaden schützten sowohl die Hof- als auch die Kapellbrücke bis in die Mitte des
19. Jahrhunderts. Dann wurden die sogenannten «Schwirren» zugunsten der Stadt-
erweiterung zugeschüttet oder mit dem Ziel, sich ein modernes Stadtbild zu geben,
vor der Kapellbrücke entfernt.

«Pfahlbauten» umgeben die Festung auf der Altstadinsel

Unweit von Luzern, vor dem Meggenhorn, sind Palisadenreihen erhalten. Sie
stammen aus der Zeit um 1230, als die
«Pfahlbauten» – so wurden sie 1890 auf
der offiziellen Landeskarte der Schweiz
bezeichnet → Abb. 40 – die Altstadinsel umgaben. Es sind Hunderte von Pfählen, teilweise in Doppelreihen angeordnet und als Annäherungshindernisse gegen den See
geneigt. Nur an der Ostseite bestand ein schmaler Durchgang mit einem Grendel,
wohl als Hafeneinfahrt.[5] Auf der Insel, die damals bei Niedrigwasser noch die End-
station für die Schiffe bildete, die Luzern anfuhren, stand eine habsburgische Festung – eine mächtige Burg, die über einen Turm mit einem Grundriss von zehn auf
elf Meter verfügte[6] und damit grösser als beispielsweise der Schnitzturm in Stansstad war.

Tausende von Baumstämmen schützen Stansstad

Auch in Stansstad wurde der Hafen aber
nicht nur mit einem Turm geschützt,
sondern ebenfalls mit Palisaden – sogar
mit einer dreifachen Reihe, die aus rund
8000 Baumstämmen bestand und von
der Acheregg bis in die Harissenbucht reichte. 4200 Pfähle sind noch
heute erhalten, die dendrochronologischen Untersuchungen lassen auf
einen Entstehungszeitraum zwischen 1311 und 1328 schliessen.[7] Bereits
mehr als hundert Jahre zuvor, wohl um 1206, war der sogenannte

1   «Wighus» ist die Bezeichnung für ein Festungswerk, oft – wie in
Luzern – für ein blosses «Waffenhaus». Es befand sich an der Reuss
gleich neben der Peterskapelle. Bekannt ist es als Engelbergerhaus.
2   Renward Cysat, Collectanea chronica, Bd. 1, Teil 1, S. 222.
3   Die ursprüngliche Bedeutung eines Grendels ist: Querriegel,
Schlagbaum, Sperrbalken an Stadttoren oder zwischen den Lücken
in Palisadenreihen. Mit diesem Namen wurde das Gatter in Luzern
bezeichnet.
4   Renward Cysat, Collectanea chronica, Bd. 1, Teil 1, S. 222.
5   1999/2000 wurden die Pfähle und die Reste der Burgruine von
der Kantonsarchäologie Luzern untersucht und vermessen.
Vergleiche dazu: Jürg Manser/Jakob Obrecht, Meggen. Insel und Burg
Altstad. Archäologie im Kanton Luzern, Jahrbuch der Historischen
Gesellschaft Luzern, Bd. 19, S. 143.

6   Ebenda. Heute sind noch die Reste der westlichen Wehrmauer
zu sehen. Sie sind rund vier Meter hoch und an der Basis bis zu
zweieinhalb Meter breit. Die habsburgische Festung wurde zwischen
1242 und 1244 aufgegeben und durch die Neuhabsburg in Meggen
ersetzt. → siehe auch S. 21 ff.
7   Maria Letizia Heyer-Boscardin, Burgen der Schweiz, Bd. 1, S. 70,
und Jakob Obrecht/Emil Weber, Palisaden, Wälle, Gräben, Türme
und Burgen, S. 50 ff.

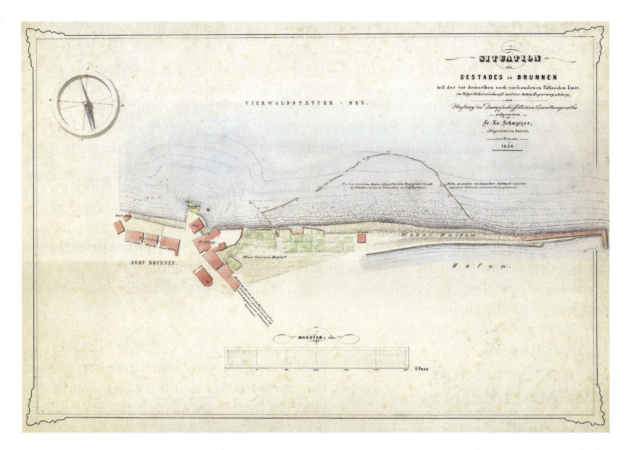

Abb. 41   Plan der Palisadenreihe vor dem «Wehrihacken» in Brunnen, erstellt nach dem Dampfschiffunglück von 1850. → siehe auch S. 157 Wie wichtig die Palisaden für den Hafen in Brunnen waren, zeigt ein Vorfall von 1554. Nach einem Unwetter waren die Holzpfähle «zu guten und mehrerem Teil zerbrochen und etliche Zangen aufgelöst und sie auch so viel versehrt, dass man mit keinem Schiff mehr darein kommen» konnte. Bei einem nächsten Windsturm befürchtete man das Schlimmste. Schwyz fehlten die Leute, um das Wehrwerk zu reparieren, deshalb bat man Luzern, «sofern es tüchtige Werkmeister für dergleichen Arbeiten habe, einen auf Kosten von Schwyz hinzusenden» und zu «beraten, ob und wie die zerstörte Schiffswehre wieder zu machen sei oder nicht».[1]

Abb. 42   1996 wurden die Palisaden in Brunnen von Archäologen untersucht. Dabei entstand die Aufnahme der äusseren Pfahlreihe vor dem «Waldstätterhof».

156

1   Alois Dettling, Schwyzerischer Geschichtskalender, 5. 11. 1554, S. 896.

«Teller» errichtet worden – ein turmartiges «Vorgemäuer», das auf einer natürlichen Erhöhung etwa 160 Meter vor dem Seeufer stand und ebenfalls mit Palisadenreihen bewehrt war.[2] Über die bauliche Beschaffenheit des «Teller»-Wachturms ist nichts bekannt; die Mauerreste wurden um 1890 abgetragen. Sie galten für die «Dampfschiffverwaltung als ein Verkehrshindernis».[3]

Brunnen wehrt Wellen, Feinde und Dampfschiffe ab

Die meisten Befestigungswerke rund um den Vierwaldstättersee entstanden in der Zeit, als die Habsburger in der Innerschweiz zu ihren Rechten und zu ihren Besitzungen kamen (um 1027 als Stifter des Klosters Muri, von 1218 bis 1231 als Reichsvögte in Uri, seit 1135 als Kastvögte des Hofklosters in Luzern und seit 1291 als Grundherren der Stadt Luzern). Besonders betroffen von den Auseinandersetzungen – vor allem zwischen der Erneuerung des eidgenössischen Bundes von 1291 und dem Morgartenkrieg von 1315 – war Brunnen. Hinzu kam die exponierte Föhnlage. Brunnen musste seinen Hafen sowohl gegen Feinde als auch gegen Wellenschlag schützen.

Bekannt war in Brunnen, dass es «Schwirren» sowohl vor dem «Wehrihacken», wo sich heute der Auslandschweizerplatz befindet, als auch vor der Fischzucht in der «Schroten», zwischen dem heutigen Strandbad und dem Steinbruch Fallenbach, → Abb. 43 gab. Erinnert wurden die Einheimischen daran, als es 1850 zu einem spektakulären Unfall kam: In den frühen Morgenstunden des 25. Januar kam das Dampfschiff «St. Gotthard» in der Dunkelheit und bei Nebel von seiner Route ab, fuhr auf die Palisaden vor dem «Wehrihacken» auf und «schlitzte sich ein grosses Loch in seinem Vordertheil».[4] In der Folge ordnete der Regierungsrat des Kantons Schwyz an, einen grossen Teil der Pfähle zu entfernen. Anders als in Stansstad wurden die «Schwirren» aber zuvor in einem detaillierten Plan erfasst. → Abb. 41

Immer wieder wurde in Brunnen über das Alter der Palisaden spekuliert. Mehrheitlich glaubte man an einen Entstehungszeitraum um 1300, also vor Morgarten. Gelöst wurde das Rätsel aber erst 1996, als sich Unterwasserarchäologen an die Untersuchung der «Schwirren» machten – auf der Grundlage der Karte von 1850. → Abb. 42 Erstaunlich dabei: Nicht die Palisaden vor dem heutigen Waldstätterhofquai stammen aus der Zeit um 1300, sondern die «Schwirren» vor der Fischzucht in der «Schroten». Sie wurden mehrheitlich zwischen 1297 und 1307 in den Seegrund gerammt. Vor dem «Wehrihacken» entstanden die beiden Palisadenreihen erst zwischen 1394 und 1427. Vor der Fischzucht wurden 194 Pfähle gezählt, vor dem «Waldstätterhof» waren es 381.[5]

Brunnen wies zwei Besonderheiten auf. Erstens soll der Hafenbereich schon 1340 über einen «seewstege by dem seewe»[6] verfügt haben – offenbar wegen des abfallenden Ufers und der wechselnden Wasserstände.[7]

157

2   Obrecht/Weber, S. 108 ff.
3   Robert Durrer, Die Kunstdenkmäler des Kantons Unterwalden, S. 977.
4   Augenzeugenbericht von Felix Donat Kyd, zitiert in: Jakob Obrecht, Brunnen: Hafen, Schiffig, Sust und Palisaden, S. 78. Weil die einheimischen Schiffleute unter der Konkurrenz der Dampfschiffe litten, weigerten sie sich, «dem Knörr, der kein Versprechen haltet», zu helfen. Doch waren, so Kyd, immerhin «andere thätig und es wurden auch alle Waaren gerettet». Felix Donat Kyd (1793–1869) war Posthalter und Lokalhistoriker in Brunnen.
5   Obrecht, Brunnen, S. 78 f.
6   Werner Röllin, Siedlungs- und wirtschaftsgeschichtliche Aspekte der mittelalterlichen Urschweiz bis zum Ausgang des 15. Jahrhunderts, S. 170.
7   Horat, S. 90.

PROSPECTUS *Suitiæ Capitis Pagorum,*   Prospect des Haubt

Waldtstätten

1 . S. Martins Parrkirchen
2 . Capuciner Closter
3 . Frawen Closter
4 . Alt Capuciner Closter

5 . Das Rabthauß
6 . Die Müntz
7 . Die Metzig
8 . Der Spithael

9 . Das Zeughauß
10 . S. Icaneß im Freiß Aber
11 . Die Capell im Tritschiby bey den
14 . Nothhelffern

12 . S. Maria Magdalena
13 . Dorffbach
14 . Rickenbach
15 . Berfiden

16 . Die C
17 . Die L
18 . Zuger
19 . Sewe

Fleckens Schwÿtz

	20. Riedt	24. Alt Frawen Cloſter	28. ybach	32. Die Röten Flouw
ndt	21. Calpbach	25. S. Anna an Steineeberg	29. Schützenhauſs	33. Die Muetha
ndt	22. Engenberg	26. willer	30. Die Mita	34. Die Seweren
	23. Steinen	27. Brunnen	31. Der Hagen	35. Der Lauvretzee See

Caſp. Merian fecit.

Abb. 43   Brunnen stellte die Verbindung des «Haubt-Fleckens Schwytz» zu den Handelsrou-
ten nach Süden dar. Diese waren vor allem für den Viehhandel wichtig. Neben dem eigentlichen
Hafen von Brunnen gab es auch den Hafen in der «Schroten» (ganz links) zwischen dem heutigen Strandbad und dem Steinbruch Fallenbach. Vor der dortigen Fischzucht waren – wie vor
dem «Wehrihacken» – Palisaden angebracht. Abbildung von Caspar Merian, 1654.

Abb. 44   Flüelen um 1785 mit dem «Seegaden» (links über dem Dach des inneren Hafner-
hauses). Dahinter, an der Stelle des späteren Holzplatzes, befand sich ein sturmsicherer
Hafen. Rechts neben der Kirche sind das Schloss Rudenz und Mauerreste des früheren Hafens
zu sehen, ganz rechts die Ziegelhütte.

Abb. 45   Luzern um 1800: Noch ist die Stadt befestigt. Neben dem Hoftor ist das «klein türli»
des Zurgilgenhauses zu sehen, das 1420 aufgrund einer Ausnahmebewilligung des Rates
eingerichtet wurde. → siehe auch S. 165 Der erhöhte Teil der Kapellbrücke, der auf der Abbildung
mit Grendeltoren verschlossen ist, reichte von der Peterskapelle bis zu dem Zwischentürmchen,
das heute das Ende der Kapellbrücke markiert. Links ist die seeseitige Ummauerung des
«Jesuitenmattli» (mit einer eigenen Hafeneinfahrt) zu sehen.

Abb. 46   Diebold Schilling zeigt die «Schwirren» vor der Kapellbrücke, die auf den anderen
Darstellungen fehlen. Der erhöhte Durchlass für die Schiffe ist mit einem Fallgatter bewehrt.
Schilling berichtet von einem Ereignis von 1396, nämlich der Freilassung von Gefangenen
aus Weggis, die von ihren Frauen und Kindern in den Schiffen erwartet werden. Allerdings gibt
er die Stadt wieder, wie sie sich um 1500 präsentierte – mit den Überresten des Baghards-
turms, der 1495 abgebrannt war und erst 1510 durch den runden Zurgilgenturm ersetzt wurde.

160

161

Ryss Fluv.

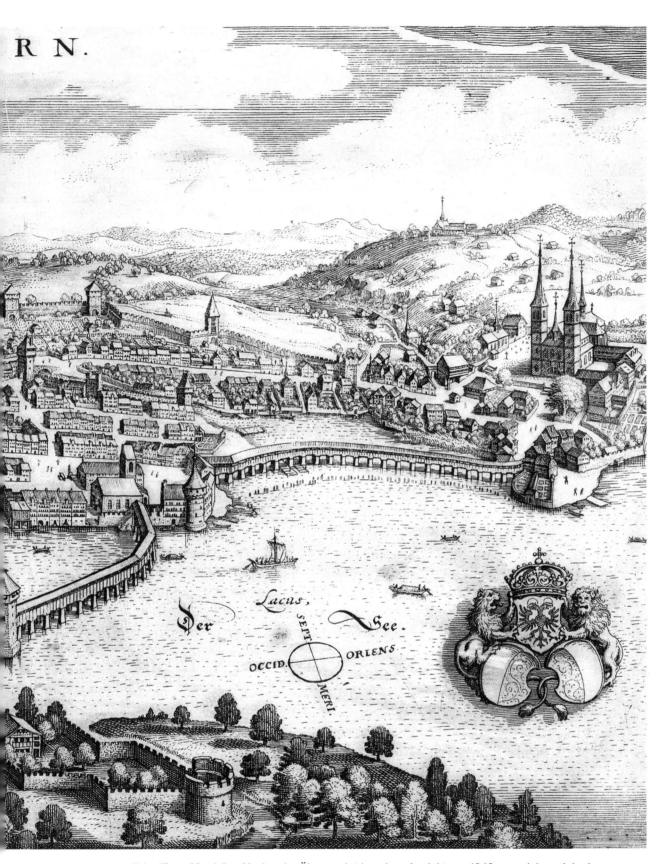

Abb. 47   Matthäus Merian der Ältere zeigt in seiner Ansicht von 1642, was sich auch in den schriftlichen Quellen spiegelt: Marktschiffe an der Egg unterhalb des Rathauses, Ruderboote auf der Reuss und ein grosses Lastsegelschiff auf dem See. Auch hinter der Hofbrücke sind Boote zu sehen, ein Nauen liegt zudem unter der Kapellbrücke – wohl in Zusammenhang mit der Schiffhütte, denn sonst war das Anlegen unter der Brücke verboten. Merian zeigt auch die «Schwirren» vor der Hofbrücke, ebenso den Grendel und die Anlegestelle vor der Hofkirche. Dort wurde später der Holzlagerplatz der Stadt eingerichtet.

Allerdings gibt es keine zeitgenössischen Darstellungen eines Seesteges. Zweitens nutzte das Dorf schon immer das geschützte Leewasser als Föhnhafen. Dort befanden sich auch Schiffhütten.[1]

Flüelen baut sich einen gedeckten Hafenplatz

Schutz vor Wind und Wetter war auch ein unausweichliches Thema in Flüelen. Schon früh gab es dort deshalb einen gedeckten Hafenplatz – den sogenannten «Seegaden». → Abb. 44 Erstmals erwähnt wird er 1487.[2] Ursprünglich lag der Hafen ausserhalb des Dorfes, neben dem Schloss Rudenz, das auf das erste Drittel des 13. Jahrhunderts zurückgeht und den Beginn der Gotthardstrasse bildete. Dort war die Lage zwischen dem See und dem Felsen mit einem breiten Uferstreifen und einer natürlichen Bucht ideal für den Schiffsbetrieb.[3] Der «uralte Hafen»[4] hatte ein Ausmass von sechzig auf hundert Meter und war von Mauern und Palisaden umgeben. Zudem war er mit einem verschliessbaren Tor gesichert.[5]

Daneben gab es in Flüelen schon früh zwei Fährstellen der Fraumünsterabtei in Zürich, die Belmen- und die Fischlishofstatt. Erwähnt werden sie erst um 1400 in einem Rodel der Abtei,[6] doch ist davon auszugehen, dass sich Flüelen als Dorf aus den Fährstellen entwickelte – nicht umgekehrt.[7] Flüelen wird namentlich erstmals 1266 in einem Kaufvertrag genannt, die Fraumünsterabtei besass Ländereien in Uri seit dem Jahr 853. Vermutlich lag die Belmenhofstatt an der Stelle des späteren Holzplatzes (neben dem heutigen Hotel Hirschen), die Fischlishofstatt in der Dorfmitte, wohl dort, wo heute die Alte Kirche steht.[8]

Mit dem Erlöschen des Geschlechts der Rudenz wurde der Hafen um 1400 aufgegeben. 1487 verfügte Flüelen über zwei Hafenplätze – der «Landleute Sustwehre» neben der Sust (vor dem heutigen Hotel Sternen-Urnerhof) und das untere Hafenbecken, wo sich auch schon die Belmenhofstatt befand, hinter dem «Seegaden».[9]

Flüelen war der Haupthafen in Uri, über die Bedeutung von Seedorf für die Schifffahrt ist wenig bekannt. Dabei ist aufgrund der heutigen Verhältnisse anzumerken: Ursprünglich lag der Turm in Seedorf tatsächlich an der Seebucht, das Reussdelta wurde erst nach 1850 kanalisiert. Möglich ist, dass Seedorf einerseits als Umschlagplatz für den linksufrigen Gotthardverkehr diente, andererseits als Anlegestelle für die Besucher des Lazariterhauses[10] – und dies wahrscheinlich bis in das 16. Jahrhundert.[11] Seedorf bildete zwar den Ausgangspunkt für den einzigen Landweg, der Uri über Seelisberg mit Nidwalden verband, doch Flüelen entwickelte sich – sozusagen als Vorort von Altdorf, wo auch der Wochenmarkt stattfand – zu einem bedeutenden Hafenplatz.

1   Benno Furrer, Die Bauernhäuser der Kantone Schwyz und Zug, S. 369. Beleg allerdings um 1880.
2   Helmi Gasser, Die Kunstdenkmäler des Kantons Uri, Bd. 2, S. 68.
3   Auf der Maur, S. 311.
4   Hans Stadler-Planzer, Geschichte des Landes Uri. Teil 1, S. 188.
5   Ebenda.
6   Pflichten der Inhaber der Belmen- und Fischlishofstatt zu Flüelen in: Quellenwerk zur Entstehung der Schweizerischen Eidgenossenschaft, Abt. 2, Bd. 2, Nr. 17 (um 1400), S. 293.
7   Gasser, S. 61.
8   Gasser, S. 68.
9   Ebenda.
10   Andres Loepfe, Historische Verkehrswege im Kanton Uri, S. 20.
11   Stadler-Planzer, S. 188.

Luzern regelt den Verkehr zwischen See und Reuss

So bestand die wichtigste Schiffsverbindung auf dem Vierwaldstättersee zwischen den beiden Haupthäfen: Flüelen und Luzern. Wobei es in Luzern mehr als eine Hafenstelle gab und der Rat schon früh darauf bedacht war, die Landemöglichkeiten zu regeln. Gerade die grossen Schiffe, die aus Flüelen kamen, waren durch Sonderbestimmungen eingeschränkt – dies, weil sowohl der Durchgangs- als auch der Marktverkehr in der Reuss anlegte. Dort war der Platz eng, zudem war die Passage durch den schmalen Durchlass unter der Kapellbrücke heikel.[12] → Abb. 46

In seinem «Ältesten Ratsbüchlein» von 1315 bis 1321 regelte der Luzerner Rat, dass Lastschiffe nur an den Wochenmarkttagen (jeweils Dienstag) «an der Egge» anlegen durften, und dies erst nach der Vesperzeit.[13] Ebenso war das Festmachen von Nauen zwischen der Peterskapelle und der Reussbrücke nur während des Be- und Entladens erlaubt.[14] Verboten war das Anbinden der Schiffe an die Pfahlwerke, damit kein «swir [Schwirre] gebrochen» werde.[15]

Schon früh gab es auch eine Schifflände des Klosters. 1314 wird sie in einem Zinsrodel erwähnt.[16] Sie bestand bis in das 19. Jahrhundert. 1420 wird erstmals der Landeplatz vor dem Hoftor (heute Schwanenplatz) erwähnt.[17] Er diente ursprünglich wohl dem Personenverkehr, entwickelte sich aber bald zu einer Hauptanlegestelle. 1545, mit dem Bau der Sust hinter der Peterskapelle (an der Stelle des heutigen Kapellplatzes), wurde der Haupthafen von der linken Reussseite vor das Hoftor verlegt. → Abb. 47 + 49

Susten bilden den Kern der Hafenanlagen

Luzern kam spät zu einer Sust – erst 1545. Zuvor schienen die Lagerplätze «unter den Häusern» für die Zwischenlagerung sowie die Kontrolle und Verzollung der Transitgüter zu genügen. Immerhin verfügte Luzern über das Kornhaus, das seit 1411 auch als Kaufhaus und Ankenwaage diente. 1447 wurde zudem das neue Rathaus an das Kornhaus angebaut. Dort wurden die Zollgeschäfte abgewickelt.[18]

Dennoch gab die mangelnde Ordnung «unter den Häusern» immer wieder Anlass zu Beanstandungen. 1434 wurde das Lagern von Holz an der Schifflände verboten,[19] 1471 wurde eine eigene «Ordnung under den hüsern» erlassen.[20] Niemand durfte «weder ziegel, kalch, stein, sand noch ander der glich sachen unter die Hüser legen oder dahin füren», der Platz wurde «allein den koufflüten, die jr wullseck und anders jr guot daselbs ablegen söllend», vorbehalten.

Erst die Sust sorgte offenbar für Ordnung – und erst 1545. Susten waren sonst überall ein fester Bestandteil von Hafenanlagen. Meist wurden

165

12 Dieser befand sich auf der rechtsufrigen Seite der Reuss zwischen der Stelle, wo heute die Kapellbrücke endet, und der Peterskapelle. Noch heute ist das Dach der Kapellbrücke an dieser Stelle erhöht. «An der Egge» (heute «Unter der Egg») fand der Wochenmarkt statt. Von dort ging auch die Reussschifffahrt ab. Auf der gegenüberliegenden Flussseite, «unter den Häusern» (heute Jesuitenkirche), befand sich der Umschlagplatz für den Gotthardverkehr.
13 Rechtsquellen des Kantons Luzern, Teil 1, Bd. 1, Nr. 9 (November 1315 bis Juni 1321), S. 30. Wahrscheinlich war mit der Bestimmung vor allem die Reussschifffahrt gemeint.
14 Ebenda, S. 37.
15 Ebenda, S. 41.
16 Quellenwerk, Abt. 2, Bd. 3, Nr. 4 (1314), S. 65. Almoseramtrodel.

17 Das älteste Luzerner Bürgerbuch (1357–1479), Teil 2, S. 126 f. 1420 wurde der Baghardsturm (1495 abgebrannt und zu Beginn des 16. Jahrhunderts durch das heutige Zurgilgenhaus ersetzt) an Ulrich Walker verliehen. Ihm wurde erlaubt, «ein klein türli machen, das dry schuoch wit sy, das er und Ludwig sin sun do durch in und us moegent wandlen zuo ir schiffen». Walker war Ratsherr und wiederholt Schultheiss von Luzern.
18 Vergleiche dazu auch Fritz Glauser, Das Luzerner Kaufhaus im Spätmittelalter.
19 Rechtsquellen, Teil 1, Bd. 2, Nr. 208 (2.7.1434), S. 181.
20 StALU Ratsprotokolle RP 5A.316v (9.10.1471).

Abb. 48   Ansicht von Küssnacht aus dem Jahr 1785. Küssnacht war ein bedeutender
Umschlagplatz an der Route nach Zürich. → siehe auch S. 93 ff. Anders als die anderen Hafenorte rund um den Vierwaldstättersee richtete sich das Dorf nicht entlang des Seeufers aus,
sondern entlang der Strasse. Nur die Kirche war auf den See ausgerichtet. Das private
Pfarrhaus entstand erst 1728. Die ursprüngliche Sust gehörte zu den ersten Zollgebäuden
in der Innerschweiz (schon 1360 erwähnt). 1675 wurde sie durch eine gemauerte Sust
(in der Abbildung ist es das Haus mit Spitzdach und Torbogen direkt vor der Kirche) ersetzt
und 1887 – wie die meisten Sustgebäude in dieser Zeit – abgerissen.[1]

1   Horat, S. 92 f. (Sustgebäude) und S. 151 ff. (Dorf).

dort nicht nur Waren zwischengelagert, um sie vor Wind und Wetter, aber auch vor Dieben zu schützen, um sie zu wägen und um die Zölle einzuziehen. Häufig waren sie auch mit einem Wirtshaus verbunden und dienten als Nachtquartier für Durchreisende, Kaufleute und Schiffgesellen. So war die Sust in Flüelen mit dem Wirtshaus Sternen verbunden, die Sust in Brunnen mit dem Wirtshaus Krone.[1]

Überliefert sind Susten seit dem 14. Jahrhundert. 1309 wird die Sust von Flüelen genannt. Sie stand unmittelbar neben der Schifflände und war das Eigentum von Feudalherren.[2] Sie ging von der Familie von Attinghausen an Johann von Rudenz über, der wiederum verkaufte sie 1374 an Anthonius zer Porte.[3] Früh werden auch die Susten in Küssnacht (1360) → Abb. 48 und Brunnen (um 1400) erwähnt. Neben dem Schnitzturm in Stansstad existierte eine Sust des Klosters Engelberg seit 1536. 1572 wurde sie durch eine obrigkeitliche Sust ersetzt. 1579 wurde die Sust in Alpnachstad gebaut. In den kleineren Hafenorten, etwa in Buochs oder Gersau, war es üblich, dass sich Private um den Betrieb der Susten kümmerten, in Gasthöfen oder sogar in den Liegenschaften der Schiffleute.[4]

168

1   Horat, S. 92.
2   Die ursprüngliche Sust dürfte identisch mit dem ehemaligen Gasthaus Ochsen gewesen sein. Dies geht aus den archäologischen Untersuchungen des «Ochsen» von 2016 hervor. Ulrike Gollnick/ Christian Auf der Maur, Das ehemalige Gasthaus Ochsen in Flüelen, S. 232 f.
3   Stadler-Planzer, S. 197.
4   Einen umfassenden Überblick über die Susten rund um den Vierwaldstättersee, auch über die baulichen Entwicklungen, gibt Horat, S. 91 ff.

Wer organisiert die Schifffahrt?

Schiffgesellschaften werden mit Privilegien ausgestattet

Kontrolle gegen Privilegien – auf dieser Grundlage funktionierte die Schifffahrt auf dem Vierwaldstättersee. Sehr früh und mit einer grossen Dichte an Regulierungen griff die Obrigkeit in den Schiffsverkehr ein. Und sie tat es immer wieder, denn sie erachtete die Schifffahrt – zu Recht – als eine «kritische Infrastruktur». Das heisst: Sie wollte einerseits für Ordnung auf dem See und für Versorgungssicherheit auf dem Land sorgen, andererseits wollte sie sich die Einnahmen aus den Zöllen und Seegeldern sichern. Beides war nur mit dem Monopol über die Schifffahrt möglich. Gleichzeitig waren die Regierungen aber nicht in der Lage, die direkte Kontrolle über die Schiffleute und damit über die Schifffahrt auszuüben. Dazu fehlten sowohl die polizeilichen Mittel als auch die spezifischen Kenntnisse. Schon früh hatte sich die Schifffahrt zu einem Gewerbe entwickelt, das nicht nur Geld, sondern auch eine fortgeschrittene Stufe der Organisation erforderte. Deshalb lag es schon um 1300 in den Händen von Genossenschaften,[1] → siehe auch S. 49 die zu diesem Zeitpunkt bereits über eine gewisse Macht und Eigenständigkeit verfügten. Diese in ein obrigkeitliches Kontrollsystem einzubinden, war nur mit Gegenleistungen möglich – mit Privilegien, die Einnahmen garantierten und vor Konkurrenz schützten. Dies war zumindest die Absicht.

Wie schaltet sich die Obrigkeit in die Schifffahrt ein?

In keinem anderen Wirtschaftsbereich griff die Luzerner Obrigkeit so früh und so stark mit Vorschriften und Verboten ein wie in der Schifffahrt.[2] In ihrem «Ältesten Ratsbüchlein» von 1315 bis 1321 versuchte sie noch, den Wildwuchs zu regeln. So legte sie fest, wo und wann die Schiffe anlegen durften, damit es zu keinen Schäden an Brücken oder Pfahlwerken kam.[3] → siehe auch S. 165 Und sie bestimmte bereits den Fuhrlohn. Dieser wurde den Schiffleuten offenbar von den Wirten bezahlt, die auch Auftraggeber von Transporten nach Uri waren: «Ouch ist der rat überein kommen, das enhein [kein] wirt sol enheim [keinem] verren [Fähren] gegen Uren me ze lone geben denne xiiii den. [denarii = Pfennige]»[4]

172

1   Vergleichbar mit den Genossenschaften von Bauern und Säumern.
2   Die ersten Bestimmungen in der ersten Hälfte des 14. Jahrhunderts betrafen hauptsächlich die Reussschifffahrt, die zu diesem Zeitpunkt offenbar die grössere Bedeutung hatte – oder mehr Probleme bereitete – als die Seeschifffahrt.
4   Rechtsquellen des Kantons Luzern, Teil 1, Bd. 1, Nr. 9 (November 1315 bis Juni 1321), S. 58.

In einem nächsten Schritt wurde die Grösse der Schiffe vorgeschrieben. Sie sollten nicht grösser «denn zehen Menstrig [Menschen]»[5] → siehe auch S. 123 sein. Ebenso wurde eine erste Form der Hafenaufsicht eingeführt. Nichts durfte «von unsrer stat das wasser abe füret» werden, das «nüt besehen ist von dien, die dar über gesetzet sint».[6] Doch nicht nur die Schiffe unterlagen der Kontrolle, sondern möglicherweise auch die Schiffleute. Kurz nach 1327 befahl der Rat, dass «alle unser nawer, es sin knechte oder meister, fur sich dur unser wighus[7] füren, die schiff und die nawen, die sie machent, als schiere [bald] so si an das wasser kond [kommen]».[8] Dies mag in Zusammenhang mit den Unruhen stehen, die damals in Luzern herrschten und um die sich auch die bekannte Mordnachtlegende[9] rankt. 1328 und 1330, wiederum 1337 und 1343 erhoben sich die Handwerker gegen die Obrigkeit – ohne Erfolg und mit dem Resultat, dass sich der Luzerner Rat um noch mehr Kontrolle bemühte.[10] Auch vor dem Hintergrund des Putsches in Zürich, der 1336 von den Zünften ausging, versuchte der Rat, die aufstrebenden Handwerksvereinigungen in ihren Entfaltungsmöglichkeiten einzuschränken. Er verlangte nicht nur Treuebezeugungen, sondern auferlegte auch Restriktionen. In diesen Kontext könnte eine Bestimmung aus dem Zeitraum zwischen 1337 und 1343 fallen, die von den Schiffleuten verlangte, dass «si von der gemeinde lassen, als si sich ze samne gemachet hatten, und das nüt me denne zwen ald [oder] drie mit ein andren ein vart [Gefährt] sun [sollen] gemein han».[11]

Luzern übernimmt die Schifffahrt in Eigenregie

In der ersten Hälfte des 14. Jahrhunderts hatten die Schiffgesellen bereits einen Organisationsgrad und offenbar einen Einfluss erreicht, der Einschränkungen der Obrigkeit provozierte. Wann genau der Rat begann, Schiffe auf seine eigenen Kosten zu beschaffen und «Konzessionen» an die organisierten Schiffleute zu erteilen, geht aus den Quellen nicht hervor. 1357, als die Eidgenossen erstmals in einem Schifffahrtsstreit zwischen Luzern und Uri schlichteten, → siehe auch S. 73 ff. war nicht die Rede von Schiffleuten oder Schiffgesellen, sondern von den «Bürgern von Luzern».[12] Hier sprach die Obrigkeit für die Schiffleute – und für sich, wohl für die eigene Kasse.

Entscheidend für die effektive Ausübung der obrigkeitlichen Kontrolle war die Aufsicht über die Schifffahrt. Der erste Schiffmeister der Stadt wird 1396 in den Ratsprotokollen aufgeführt – ein gewisser Heinrich Schüwinger.[13] Er war für die geregelte Spedition der Waren sowie das Einziehen der Zölle, Sust- und Weggelder verantwortlich. Und er stellte die Knechte an, die auf dem See oder an Land für die Schifffahrt arbeiteten.[14]

173

Offenbar gelang es der Obrigkeit nicht immer, ihr Monopol durchzusetzen. Möglicherweise drückten die Knechte manchmal ein Auge zu,

5 Ebenda, Nr. 14 (bis 19. 8. 1327), S. 84.
6 Ebenda.
7 «Wighus» = «Waffenhaus». Es befand sich an der Reuss gleich neben der Peterskapelle. Bekannt ist es als Engelbergerhaus.
8 Ebenda, Nr. 16 (nach 19. 8. 1327), S. 89.
9 In der Form, wie die Geschichte von den Gebrüdern Grimm übernommen wurde, stammte die Mordnachtlegende von Diebold Schilling. Er hatte sie 1513 aufgeschrieben. Vergleiche dazu auch: Stefan Ragaz, Luzern im Spiegel der Diebold-Schilling-Chronik, S. 58.
10 1360 scheiterte ein weiterer Aufstand. Danach war es den Handwerksgesellschaften verboten, sich in der Politik zu betätigen. Roger Sablonier, Innerschweizer Gesellschaft im 14. Jahrhundert, S. 193.
11 Rechtsquellen, Teil 1, Bd. 1, Nr. 21 (26. 7. 1337 bis 16. 11. 1343), S. 100.

12 Ebenda, Nr. 25 (16. 8. 1357), S. 108 f.
13 StALU Ratsprotokolle RP 1.122v (1396).
14 Franz Haas-Zumbühl, Die Geschichte der Sankt Niklausen-Schiffs-Gesellschaft der Stadt Luzern bis 1910, S. 16.

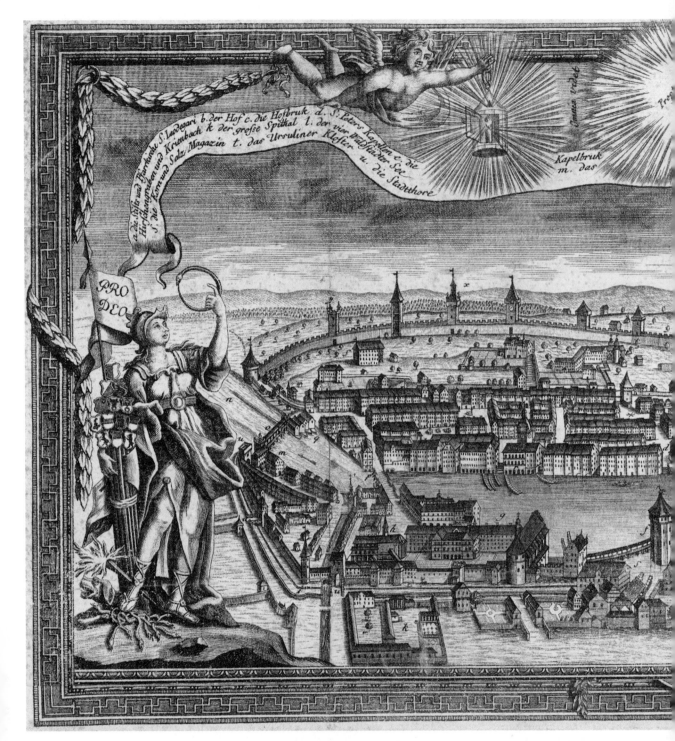

Abb. 49   Ankunft des Urner Marktschiffes in Luzern. Auf der Vignette für einen Gesellenbrief von 1764 wird nicht der Pfisternauen gezeigt, der in dieser Zeit um sein wirtschaftliches Überleben kämpfte, → siehe auch S. 223 ff. sondern die Konkurrenz. Detailliert – noch in Anlehnung an den Martini-Plan von 1597 – ist die Stadt dargestellt. Rechts ist bereits der Holzlagerplatz unterhalb der Hofkirche zu sehen. Bemerkenswert ist die Bildsprache des künstlerischen Beiwerks, das Glauben und Staat zusammenbringt: Über der Szene prangt das göttliche Auge, das «alles sieht» («omnia videt oculus illius»). Links symbolisiert die Frauengestalt sowohl das Festhalten an Gott und Glauben (mit der Schlange) als auch die Einheit der Eidgenossenschaft und

174

die konfessionelle Toleranz (mit den Wappen der dreizehn Orte in einem Liktorenbündel).
Auch die Figur auf der gegenüberliegenden Bildseite verkörpert die (vaterländische) Einheit.
Nicht nur zertritt sie Waffen und Fesseln, auch kündet sie mit dem aufgespiessten
Jakobinerhut von einem neuen, republikanischen Selbstverständnis des Staates. Davon
zeugt auch die Herzogskrone über dem Standeswappen von Luzern. Sie löste den doppel-
köpfigen Reichsadler ab, der bis um 1700 für die kaiserliche Herrschaftsgewalt stand und
ein feudales Staatsverständnis symbolisierte.[1]

1   Thomas Manetsch, Luzern, S. 401 f.

denn 1431 bekräftigte der Rat: «Wer gen Ure welle varn, der sol jn unsern nawen varn. Und diss sol mann mit den Knechten reden.»[1] 1437 doppelte er nach, diesmal in einem schärferen Ton: «Man sol amm cantzel verbieten …, dz nieman kein frömden gast vertigen sol über sew an [ohne] eins schifmeisters urlob [Erlaubnis].»[2] Wenn etwas von der Kanzel verkündet wurde, dann war es wichtig.

In der gleichen Regulierungsphase erliess der Rat auch den ersten Amtseid des Schiffmeisters. «Ein iegklicher schiffmeister» hatte «mitt unser herren guot mit trüw und warheit» umzugehen – mit «Gut» waren wohl die Schiffe und Segel gemeint – und alles, was er einnahm, «jn die büchsen [Geldbüchsen] ze stossen und nienahin anders ze tund».[3] Zudem legte der Rat erstmals die Fahrpreise fest. Für ein «Knechtenschiff», das nach Uri fuhr, bezahlte man vier Plappart[4], wobei ein Plappart an den Knecht und drei Plappart an das Schiff gingen. Ein «kleines Schiff» kostete zwei Plappart, die zwischen Knecht und Schiff geteilt wurden.[5]

Uri bevorzugt die Alteingesessenen in Flüelen

Ähnlich wie in Luzern präsentierte sich die Situation in Uri. Bis in das 14. Jahrhundert herrschte die freie Schifffahrt. Schiffe aus Brunnen, Küssnacht, Alpnach und Luzern konnten in Flüelen anlegen und Güter und Personen führen.[6] Mit der raschen Zunahme des Verkehrs bildeten sich schon bald Genossenschaften, ähnlich den Säumergenossenschaften. Vermutlich waren mindestens die Schiff- und Ruderknechte hauptberuflich in der Schifffahrt tätig.[7] Gleichzeitig versuchte die Obrigkeit, das Monopol für den Schiffsverkehr in Flüelen durchzusetzen. Sie scheiterte aber 1357, als sich das eidgenössische Schiedsgericht in Beckenried gegen die Fürleite und damit für die freie Schifffahrt aussprach. → siehe auch S. 73 ff.

Offenbar waren die Verdienstmöglichkeiten beträchtlich. Jedenfalls kam es immer wieder zu Streitigkeiten zwischen den Wirts- und Dorfleuten von Flüelen. 1374 sahen sich deshalb Landammann und Landleute veranlasst, eine Schiffordnung zu erlassen. In der sogenannten «Ordnung im Theyll» wurde festgehalten, dass «alle, Mann oder Frau, die an den Stätten in Uri ansässig» waren und ein Pferd hatten, auch berechtigt waren, einen Nauen mit einem tüchtigen Knecht zu haben. Leute aus einem Haushalt sollten sich mit einem Nauen begnügen. Aufgeboten wurden die Nauenbesitzer in der Reihenfolge ihrer Niederlassung in Flüelen – «als die Lüte gesessen sind», wie es in der Ordnung heisst. Wer aufgeboten wurde, musste den Schiffsdienst leisten. Auch die Feiertage waren geregelt: Nicht gefahren wurde an Sonntagen und an den Hochfesten wie Weihnachten, Ostern, Auffahrt und Pfingsten, an den Zwölfboten- oder Muttergottestagen.[8]

176

1 Rechtsquellen, Teil 1, Bd. 2, Nr. 153 (24. 9. 1431), S. 116.
2 Ebenda, Nr. 270 (11. 10. 1437), S. 244.
3 Ebenda, Nr. 205 (Juni 1434 oder später), S. 173.
4 Luzern verwendete eine Reihe von Münzen, unter anderem auch den Plappart (aus dem Französischen: «blafard» = bleich). Er war eine Silbermünze und entsprach etwa einem Batzen oder 15 Pfennigen.
5 Rechtsquellen, Teil 1, Bd. 2, Nr. 205 (Juni 1434 oder später), S. 172.
6 Gemäss dem Schiedsspruch der Eidgenossen von 1357. Rechtsquellen, Teil 1, Bd. 1, Nr. 25 (16. 8. 1357), S. 108.
7 Hans Stadler-Planzer, Geschichte des Landes Uri. Teil 1, S. 188.

8 StAUR AA-720 1, Sammlung von Beschlüssen, Nr. 2, Teil und Fuhr in Flüelen (2. 6. 1374). Transkribiert in: Heinz Baumann/Stefan Fryberg, Der Urnersee, S. 30 f. Zusammengefasst in: Stadler-Planzer, S. 189 ff. Der sogenannte Zwölfbotentag oder «Aller zwölf Apostel Tag» ist der 15. Juli. Muttergottes- oder Marienfeiertage gibt es 18 an der Zahl. In der katholischen Schweiz werden heute noch der 15. August (Mariä Himmelfahrt) und der 8. Dezember (Mariä Empfängnis) gefeiert.

Abb. 50   Truppentransporte waren in Kriegszeiten häufig. Hier allerdings gelingt es einer Schar von Reisläufern nicht, für den französischen König in den Krieg gegen den Herzog von Mailand zu ziehen. Diebold Schilling zeigt in der Szene von 1509, wie der Freiharst (unter der dreieckigen Freifahne) vor der Seeburg aufgehalten wird. Gegen die wilde Reisläuferei befand sich die Obrigkeit in einem ständigen Kampf, denn sie wollte sich die Einnahmen für die eigene Kasse sichern. Hinten rechts steht das «rote Türmli» der Seeburg. Heute ist es als Vallaster-Turm bekannt und gehört der Stadt Luzern.[9]

177

9   Stefan Ragaz, Luzern im Spiegel der Diebold-Schilling-Chronik, S. 252.

Galeeren-, Spital- und Spazierfahrten

Neben den obrigkeitlichen Schiffgesellschaften gab es auch Private, die Schiffe besassen und Transporte ausführten. Das bedeutendste Beispiel sind die Winkel-Fähren in Horw, die hauptsächlich die Verbindung nach Nid- und Obwalden sicherstellten. → siehe auch S. 107 ff. Wie die vier Fahrrechte organisiert waren, ist weitgehend unbekannt. Offenbar gab es eine gemeinsame Kasse, aus der sowohl der Ankauf und Unterhalt der Schiffe als auch die Löhne bezahlt wurden.[1] 1712 waren noch vier Personen an den Fähren beteiligt, 1838 bestand die «Schiffer-Gesellschaft von Winkel» aus acht Schiffleuten.[2]

Gerade das Beispiel in Winkel zeigt, wie die Konkurrenz auf dem See auch zwischen Privaten spielte. 1719 fühlten sich die Winkel-Fähren von den Seeanstössern, die selber Schiffe hielten, bedrängt und erwirkten einen Erlass, der in Horw von der Kanzel verlesen wurde: Wer die Fähren unbefugterweise konkurrenziere, müsse mit Strafen rechnen.[3] Darauf beschwerte sich die «baursambe [Bauernschaft] zu Horw, sonderheitlichen die jenigen, so ihre güeter an dem see haben», was den Rat veranlasste, die Rechte der privaten Schiffhalter zu klären. 1720 stellte er fest: Wer in der Nähe des Sees wohnte, durfte sein eigenes «gwächs», also Gemüse und Obst, «ze merckt füehren».[4] Wer nicht um Gewinn fuhr, durfte auch Personen, die über kein eigenes Schiff verfügten, mitnehmen.

In den Quellen tauchen auch immer wieder Schiffe auf, die zwar der Obrigkeit unterstellt waren, die aber nicht den Gesellschaften gehörten. Beispielsweise musste sich der Spitalmeister des Heiliggeistspitals in Luzern «ouch umb des spittals husrath, schiff und gschirr» kümmern.[5] Gleichzeitig beschloss der Rat, einen Nauen für den Stadtziegler anzuschaffen.[6] Auch der Ziegler in den Zinnen in Weggis konnte das städtische Schiff nutzen – unentgeltlich.[7]

178

1   Andreas Ineichen, Die Gemeinde [Horw] in der frühen Neuzeit, S. 142.
2   Hans Reinhard, Winkel bei Horw und seine Fähre am See, S. 245 f.
3   Ineichen, S. 140.
4   StALU Ratsprotokolle RP 92.149v (9. 3. 1720).
5   Rechtsquellen des Kantons Luzern, Teil 1, Bd. 4, Nr. 14b (1590), S. 445.
6   Ebenda, Nr. 15c (1594 und 1599), S. 475.
7   Rechtsquellen, Teil 2, Bd. 1, Nr. 57c (22. 8. 1597), S. 159.

Luzern baut ein «gros und sonderbar schiff»

1604 kündigte der Rat an, dass er «ein gros und sonderbar schiff machen» lasse. Darin sollten «die unnützen, liederlichen lütt so wol jn der statt alls ab der landtschafft, wöllche bussen verfallent, aber nitt zu bezalen hand, wie ouch alle ungehorsamen, so umb der oberkeit gebott und verbott nütt geben wöllent ... söllche verfallne bussen abwercken».[8] Abgearbeitet wurden die Strafen mit dem Transport von Sand und Steinen. Das «sonderbar schiff», das an die «tütschen galeren, wie man es namset»,[9] mahnte, war «weyss und blau gemahlet».[10] Verpflegt wurden die Sträflinge mit «mus und brot us dem spittal».[11]

Abb. 51   Für den Personenverkehr, vor allem in der näheren Umgebung der Stadt Luzern, wurden Jassen eingesetzt. Sie konnten bis zu dreissig Fahrgäste aufnehmen. Die malerische Szene entstand um 1780. Sie zeigt auch den imposanten Holzlagerplatz unterhalb der Hofkirche, der über eine eigene Schifflände verfügte.

179

8   Rechtsquellen, Teil 1, Bd. 4, Nr. 4 (Neubearbeitung des Geschworenen Briefs, 24.6.1575, angeblich 29.12.1550), S. 67.

9   StALU Ratsprotokolle RP 51.272 (12.5.1610). Dass es sich bei den Strafschiffen nicht um Galeeren handelte, wie sie für die Strafverbüssung auf dem Mittelmeer eingesetzt wurden, ist offensichtlich. Luzern kannte seit 1584 aber die klassische Galeerenstrafe. In den zweihundert Jahren bis 1798 wurden insgesamt 415 Männer zu einer Strafe als Ruderer auf einer savoyischen, spanischen, französischen oder venezianischen Galeere verurteilt. Oder zumindest wurde ihnen die Strafe angedroht. Vergleiche dazu: Frederik Furrer, Auf die Galeeren verschickt, S. 53 ff. Verbreitet war die Galeerenstrafe auch in Schwyz, das 1572 sogar den Anstoss zu einer eidgenössischen Regelung gab. Vergleiche dazu: Louis Carlen, Schwyz und die Galeerenstrafe, S. 243–250.

10   Johann Leopold Cysat, Beschreibung dess Berühmbten Lucerner- oder 4. Waldstätten Sees, S. 255.

11   Rechtsquellen, Teil 1, Bd. 4, S. 67. Dokumentiert ist ein Fall von 1610, als ein gewisser Heinrich Steiner zu einer dreitägigen Arbeitsstrafe auf dem «Werchschiff» verurteilt wurde. Steiner war offenbar ein notorischer Trinker, der Rat hatte ihn deshalb mit Frau und Kindern aus der Stadt weggewiesen. Auf die «underthänige treugenliche bitte» seiner «Erlichen Husfrowen und kleiner kinden» wurde die Ausweisung in eine Arbeitsstrafe umgewandelt. StALU Ratsprotokolle RP 51.273 (13.5.1610).

180

Abb. 52   Schifffahrtsidylle um 1815: Links rudert ein Fischer (begleitet von seinem Hund), daneben wird eine vornehme Gesellschaft in einem gedeckten Jassen über den See gefahren. In der Bildmitte (vorne) ist ein leichter Warentransport zu sehen – mit, wie es scheint, Frauen an den Rudern. Rechts wird Holz durch den Durchlass unter der Kapellbrücke in die Stadt gebracht. Bei der Fröschenburg (hinten in der Bildmitte) ist ein Nauen festgemacht. Die wuchtige Mauer neben dem Wasserturm ist die seeseitige Abgrenzung des ehemaligen Baumgartens der Jesuiten. → siehe auch S. 131

1773, mit der Aufhebung des Jesuitenordens, ging das sogenannte «Jesuitenmattli» an den Staat über. Hier entstanden später der Seidenhof – eine Seidenspinnerei, die von 1832 bis 1863 bestand – und danach das Hotel Du Lac.

Ordnung

von U. G. Herren und Oberen Schultheiß, und Rath
der Stadt Lucern wegen denen Schiff-Leuthen und Fahren bey dem
Hof-Thor, samt der Fahr-Taxa, wie solche denen Fehren sollen bezahlt
werden. Geben den 16. Augstmonat 1765.

Erstlich: Solle gedachten Fehren nit erlaubet seyn was Gattung
Geserg, und Fuhren über die Naas hinaus zu führen, unter der
Naas aber mögen selbe allerhand Fuhren und Geserg nehmen, aus-
genommen solche, welche Pferd, Wein, Korn, und andere Mercanzi-
Waaren führen, welche Geserg allein denen Seeknechten-Leuth dersel-
ben Libell zu führen gestattet seyn solle.

Folgen die Taxa.

Auf Küßnacht ⎫	
Wäggis ⎬	
Stans-Staad, und ⎭	
Winckel auf ein ungedecktes Schiff	ß. 10.
Auf ein Gedecktes	ß. 15.
Auf jeden Fehr	ß. 12.
Nacher	
Alpnacht auf ein ungedecktes Schiff	ß. 16.
Auf ein Gedecktes	ß. 20.
Auf jeden Fehren	ß. 16.
solle bezahlt werden.	

Wann aber selbe nach Bettglocken abfahren müssen, solle ihnen erlaubt seyn ein Drittel mehr auf jeden Fehr, nicht aber auf die Schiff an-
zubegehren.

Für Spazier-Fahrten	
Von der Stadt bis auf den Stutz, und Meggenhorn auf ein ungedecktes Schiff	ß. 10.
Auf ein Gedecktes	ß. 15.
Auf jeden Fehr	ß. 8.
Bis Meggen einer-danne zu übrigen Höfen anderseits auf ein ungedecktes Schiff	ß. 10.
Auf ein Gedecktes	ß. 15.
Auf jeden Fehr	ß. 10.

Cantzley
der Stadt Lucern.

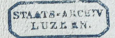

Abb. 53   Taxordnung der «Schiff-Leuthen und Fahren bey dem Hof-Thor» von 1765.
Sie boten Spazierfahrten und Warentransporte an. Fuhren sie «nach Bettglocken», durften
sie «ein Drittel mehr auf jeden Fehr [Schiffgeselle]» verlangen.

Hoftor-Fähren bieten Spazierfahrten an

1714 entstand eine neue Schiffgesellschaft, die sich aus Schiffleuten des Ruchknechtennauens zusammensetzte.[1] Die sogenannten «Schiff-Leuthen und Fahren bey dem Hof-Thor» erhielten die Erlaubnis, Warentransporte durchzuführen – aber nicht «über die Naas hinaus». «Unter der Naas» durften sie «allerhand Fuhren und Geferg nehmen, ausgenommen solche, welche Pferd, Wein, Korn und andere Mercanzi-Waaren führen».[2] Diese waren das Privileg der St.-Niklausengesellen.

1765 wurden ihnen, wohl auch unter dem Eindruck des beginnenden Tourismus, die Taxen für die Personentransporte nach Küssnacht, Weggis, Stansstad und Winkel sowie für «Spazier-Fahrten von der Stadt bis auf den Stutz und Meggenhorn» und nach Meggen verordnet. → Abb. 53 Für ein ungedecktes Schiff bezahlte man zehn Schilling; die Fahrt auf einem gedeckten Jassen kostete fünfzehn Schilling.[3] 1774 gingen die Hoftor-Fähren möglicherweise in der St.-Niklausengesellschaft auf.[4]

183

1   Franz Haas-Zumbühl, Die Geschichte der Sankt Niklausen-Schiffs-Gesellschaft der Stadt Luzern bis 1910, S. 25 f.
2   StALU Schifffahrtsakten AKT A1 F7 SCH 901, Ordnung der Schiffleute der Hoftor-Fähren (16.8.1765).
3   Ebenda.
4   1774 wurden 14 Neumitglieder in der St.-Niklausen-Bruderschaft aufgenommen. Normalerweise waren es ein bis zwei Neumitglieder pro Jahr. StALU KB 430, Bruderschaftsrodel der St. Niklausen Schiffgesellschaft, 1683 bis 1794, fol. 136.

Obrigkeiten teilen den Markt unter den Gesellschaften auf

In der ersten Hälfte des 15. Jahrhunderts nahm die Regulierungsdichte in Luzern zu. Immer wieder wurde das «In-die-Schiffe-Laufen» unterbunden. Damit war das Be- und Entladen von Schiffen unter Umgehung des Schiffmeisters gemeint.[1] Gleichzeitig stiegen die Anforderungen an die Schifffahrt – an die Leistungsfähigkeit und an die Qualität. Kaufleute, die mit Getreide handelten, beschwerten sich um 1450 über die Schiffleute, die Vieh auf den Getreideschiffen mitführten. Häufig sei deshalb ihr Korn verdorben. Sie erhielten die Erlaubnis, ein eigenes Schiff zu bauen, das nur die Getreidefuhr an den Markttagen übernahm. Es war die Geburtsstunde des Luzerner Marktschiffes, das von den Pfisternauenleuten unterhalten wurde.[2] → siehe auch S. 220

1456 wurde in diesem Zusammenhang erstmals eine «Ordnung der schiffgesellen und dero, so dann guot gen Uri füerend» erlassen.[3] Mit den «schiffgesellen» waren zweifellos die Pfisternauenleute gemeint, «dero» waren die anderen Schiffleute. Noch werden keine Gesellschaften genannt, doch es war der Beginn einer Marktaufteilung unter den Luzerner Schiffleuten. Bestimmt wurde, dass «ein jegklich, der gen Uri fart», nicht mehr als acht Mütt an Getreide mitführe.[4]

Wann sich die Schiffleute als Gesellschaften konstituierten, ist nur von den Pfister-schiffleuten bekannt. Ihre ersten Satzungen stammen von 1496.[5] In die gleiche Zeit dürften die Vereinigungen der Urner Schiffleute und der Schiffknechte der St.-Niklausengesellschaft in Luzern fallen.[6] 1532 werden sie als die «Schiffgsellen im mercht nawen ze Ure», die «Schifflütt im teil zu Fluelen» und die «Ferren von Lucern» bezeichnet.[7] Namentlich werden die St.-Niklausengesellen erstmals 1544 erwähnt.[8] → siehe auch S. 201

Interessant ist übrigens, wie die Entstehung der Gesellschaften in der Rechtsschrift des Kantons Luzern von 1838 geschildert wird. Luzern versuchte damals, Uri von der Notwendigkeit der freien Schifffahrt zu überzeugen – zu einem Zeitpunkt, als bereits die ersten Dampfschiffe auf dem Vierwaldstättersee verkehrten.[9] → siehe auch S. 106 «Sowohl dem natürlichen Gang der Dinge nach als auch nach dem Inhalt der Urkunden zu schliessen, bestanden die Gesellschaften ursprünglich bloss aus Bewohnern der beiderseitigen Gestade – Luzern und Flüelen», heisst es dort. Die beiden St.-Niklausengesellschaften, seien mit Vorrechten und Verpflichtungen der Landesbehörden ausgestattet gewesen. Dann habe der «Zufluss der Waaren des Gotthardpasses» auch in anderen «die Lust zur Theilnahme an jenen Vorrechten» geregt. Deshalb hätten sich zwei Gesellschaften gebildet «aus Mitgliedern, welche nicht am Ufer wohnten, sondern im Lande zerstreut waren» – die Gesellschaft des Marktschiffes von Uri oder die Urinauengesellschaft → Abb. 49 auf der einen Seite, die Pfisternauengesellschaft auf der anderen Seite.

184

1   1400 wurden die Wirte verpflichtet, «keinen Wein über den See zu geben» (Rechtsquellen, Teil 1, Bd. 1, Nr. 64b [um 1400 oder wenig später], S. 153), vor 1416 wurde das «In-die-Schiffe-Laufen» generell an Markttagen verboten (ebenda, Nr. 118d [1. 7. 1416], S. 218), 1416 mussten Weinzieher schwören, keinen Wein in die Schiffe zu laden, ohne den Zoll bezahlt zu haben (ebenda, Nr. 121 [3. 7. 1416 bis Januar 1423], S. 221), 1434 und 1436 wurde das «In-die-Schiffe-Laufen» mit Obst und Butter verboten (Rechtsquellen, Teil 1, Bd. 2, Nr. 217b [3. 11. 1434], S. 186, und Nr. 253 [2. 10. 1436], S. 230). 1446 und 1463 folgten wiederum Verbote für die Weinzieher (ebenda, Nr. 338a [um Weihnachten 1446] und 338b [20. 6. 1463], S. 298 f.), 1463 wurden die Verbote schliesslich in der ersten Handwerks- und Gewerbeordnung festgeschrieben (Rechtsquellen, Teil 1, Bd. 3, Nr. 16a [11./13. 8. 1463], S. 19). 1474 wurde das «In-die-Schiffe-Laufen» auch den Holzhauern verboten (Ebenda, Nr. 115 [28. 5. bis 1. 7. 1474], S. 135 f.).
2   Haas-Zumbühl, S. 17.
3   Rechtsquellen, Teil 1, Bd. 2, Nr. 360 (4. 6. bis 9. 7. 1456), S. 323.
4   Dass es ein persönliches Kontingent von acht Mütt gab, war bereits 1451 in einer eidgenössischen Ordnung festgehalten worden. Werner Schnyder, Quellen zur Zürcher Wirtschaftsgeschichte, Bd. 1, Nr. 361 (17. 3. 1451), S. 621.
5   StALU Schifffahrtsakten AKT A1 F7 SCH 902 B, Ordnung und Freiheit der Pfisterleute und Schiffgesellen des Pfisternauens zu Luzern, 1496 (Abschrift von 1593).
6   Anne-Marie Dubler, Geschichte der Luzerner Wirtschaft, S. 268.
7   Übereinkunft zwischen Uri und Luzern. Rechtsschrift über die Freiheit der Schifffahrt auf dem Vierwaldstättersee, S. 19.

Exklusivrechte garantieren die Versorgungssicherheit

Bereits in der Übereinkunft von 1532 wurden die wichtigsten Privilegien und Verpflichtungen der Schiffgesellschaften benannt. Sie hatten das Allein- oder zumindest das Vorrecht, Waren und Personen von ihrem Heimathafen zu transportieren. Dafür mussten sie die geforderte Zahl von Schiffen bereithalten und die Versorgung der Wochenmärkte sowie die übrigen Transportbedürfnisse der Regierung, etwa für Truppenüberfahrten, → Abb. 27+50 Boten- oder Pilgerfahrten, sicherstellen. Geregelt waren auch die Verantwortlichkeiten für das Material: Schiffe und Segel gehörten der Obrigkeit, die Ruder, Weidenringe und Schöpfkellen mussten die Schiffgesellen aus ihren eigenen Mitteln anschaffen. → siehe auch S. 130

In der Ordnung von 1544 wurde dann die Marktaufteilung vorgenommen – in Form einer Zuteilung der Privilegien an die einzelnen Gesellschaften. Die beiden Marktschiffe bedienten die Wochenmärkte in Luzern und Altdorf; die St.-Niklausengesellen und die Fähren zu Flüelen waren für den Personen- und den Transitgüterverkehr zuständig. Gleichzeitig wurden die St.-Niklausengesellen von den Mittwochsfahrten ausgeschlossen; der Tag zwischen den Wochenmärkten in Luzern und Uri war nun das Privileg des Pfisternauens – auch für die Transitware.[10]

Schiffgesellschaften bekämpfen sich an ihren eigenen Häfen

So klar die Aufteilung der Privilegien auf dem Papier war, so eigenwillig wurde sie in der Realität umgesetzt – nicht nur von den Obrigkeiten, die sich in einem Dauerkampf um Zoll- und Fürleite-Einnahmen befanden, → siehe auch S. 72 ff. sondern anfänglich auch von den Schiffgesellen an den einzelnen Gestaden.

So kam es in der Stadt Luzern zu Auseinandersetzungen, die auch vor dem Rat landeten. 1555 verurteilte er die St.-Niklausengesellen wegen Übergriffen gegen ihre Konkurrenten: «Die so den pfisterlüten ross und gutt us ire schiff jn ire schif gnome, dieselbigen sond in thurm glegt werden.»[11] Auch in den folgenden Jahren ging das Kompetenzgerangel weiter. 1556 und 1557 sah sich die Obrigkeit veranlasst, die «Nebentschiffknechte» erneut zu ermahnen. Sie sollten die Pfisternauenleute «an jr fryheyt und gerechtigkeyt rüwig und unverhindert» lassen und den Kaufleuten «nitt nachen laufen».[12]

Konflikte ergaben sich auch in Uri, vor allem zwischen den lokalen Schiffleuten in Flüelen und den Landesinteressen des Marktschiffes. 1547 einigten sich die Schiffleute zu Flüelen mit den Schiffgesellen des Marktnauens, 1577 auch mit einer zweiten Schiffgesellschaft in Flüelen.[13] Bekannt aus

8   StALU Schifffahrtsakten AKT A1 F7 SCH 901, Akte zu den Streitigkeiten zwischen den Marktschiffen von Luzern und Uri, 1544.
9   Rechtsschrift, S. 3.
10   StALU Schifffahrtsakten AKT A1 F7 SCH 901, 1544. Zusammengefasst auch in: Eidgenössische Abschiede, Bd. 4, Abt. 1d, Nr. 200 (24. 11. 1544), S. 430 f.
11   StALU Ratsprotokolle RP 22.155v (27. 5. 1555).
12   StALU Ratsprotokolle RP 22.229 (27. 1. 1556). Vergleiche dazu auch: Haas-Zumbühl, S. 18.
13   Helmi Gasser, Die Kunstdenkmäler des Kantons Uri, S. 64, Anm. 23.

dieser Zeit sind zudem Bereinigungen in Brunnen. 1547 wurden dort die Müller in die Schifffahrt eingebunden. Sie erhielten den Nebennauen zugesprochen, dafür sollten sie «Marktleute oder solche, die ihre Waren im Marktnauwen haben, nicht in demselben führen», und jederzeit sollte «ein Müller im Marktnauwen mitzufahren schuldig sein».[1]

Schiffordnung ist in «deutscher und wälscher Sprache anzuschlagen»

Vereinbarungen gab es nicht nur zwischen Luzern und Flüelen, sondern auch auf den Zweiglinien. Eine detaillierte «Schifferordnung» zwischen Flüelen und Brunnen ist aus dem Jahr 1627 überliefert.[2] Darin wurden die üblichen Bestimmungen zu Rückfuhren und Fürleite festgehalten; ein besonderer Streitpunkt war aber der Personentransport. Einerseits bestanden die Urner darauf, dass es den Schiffleuten von Brunnen verboten war, «Leute auf die Rückfahrt zu nehmen und dieselben nicht nach Brunnen, sondern nach Lucern oder anderswohin zu führen».[3] Andererseits sollte «alles Volk zu Fuss, das nicht aus den vier Orten ist ... allein von denen, die an dem Gestade, wo sie abfahren, daheim sind, geführt werden». Weil sich die Bestimmungen an die Fremden richteten, sei die Ordnung in «deutscher und wälscher [italienischer] Sprache in allen Wirtshäusern und an andern Orten anzuschlagen».

Eine weitere Vereinbarung zwischen den Schiffleuten von Brunnen und Flüelen regelte das Anwerben von Fahrgästen in den Wirtshäusern. Es wurde «abgeredet, dass fürderhin kein Brunner ohne Not und namhafte Kommissionen weiter wie bis zum Kreuz[4] in Flüelen entgegengehen dürfe», für die Flüeler galt in Brunnen, «dass sie nicht weiter wie bis zu den beiden dachte [überdachten] Bruggen gehen sollen».[5]

Plötzlich geht die Anziehungskraft der Privilegien verloren

Während mehr als zweihundert Jahren blühten die Schiffgesellschaften. Sie genossen Ansehen, waren den Zünften ähnlich, zu den Mitgliedern gehörten Klein- und Grossräte wie auch Pfarrherren und Leutpriester.[6] Dann aber, vor allem mit dem Niedergang der Pfisternauengesellschaft, → siehe auch S. 223 ff. verloren die Schifffahrtslehen – einst ein Privileg der gewerbetreibenden Bürgerschaft – an Bedeutung. Darüber hinaus kam es nun auch wieder zu Konflikten und Streitigkeiten zwischen den Schiffgesellschaften. 1743 lehnten sich die St.-Niklausengesellen vor dem Rat gegen das Mittwochsprivileg des Pfisternauens auf, das seit Mitte des 16. Jahrhunderts bestand. Und sie bekamen Recht: Waren und Pferde waren nun für den Weitertransport frei, wenn sie nach elf Uhr an den Gestaden in Luzern ankamen.[7]

186

1   Alois Dettling, Schwyzerischer Geschichtskalender, 6.7.1547, S. 126.
2   Eidgenössische Abschiede, Bd. 5, Abt. 2, Nr. 438 (2.8.1627), S. 520 ff.
3   Schwyz und Uri hatten diesen Punkt bereits 1592 in einer Vereinbarung geregelt. StASZ HA.IV.240.005, Nr. 47, fol. 5 (15.11.1592).
4   Das ehemalige Gasthaus Weisses Kreuz, das 2018 abgebrochen und durch ein Wohnhaus ersetzt wurde.
5   Dettling, Geschichtskalender, 28.10.1701, S. 767.
6   StALU PA 464/1a, Bruderschaftsrodel der St. Niklausen Schiffgesellschaft, 1727 bis 1848, fol. 24 (Eintrag von 1728).
7   Wicki, Bevölkerung und Wirtschaft des Kantons Luzern im 18. Jahrhundert, S. 496.

Wie gross die Schwierigkeiten der Pfisternauengesellschaft waren, zeigen die Eingaben, die um 1750 an den Rat erfolgten.[8] Darin beklagte sich die Gesellschaft, dass nur noch zwei von elf Schiffleuten auch das Bürgerrecht der Stadt Luzern besassen. Einer war Beisasse, einer kam aus Emmen, zwei aus Meggen, zwei aus Entlebuch, einer aus Ruswil, einer aus Schongau und einer aus Adligenswil. Fremde ergatterten sich ein Schiffrecht, um an eine Niederlassungsbewilligung in der Stadt zu kommen. Aus der Not wurden Fischer, Holzer und Taglöhner aufgenommen, in der Öffentlichkeit gebe es «Spott und Gelächter» für den Pfisternauen, so die beiden Stadtbürger. Die fremden Knechte beschimpften ihre städtischen Kollegen vor den Fahrgästen als «Ross- und Lotterbuben» und drohten mit Handgreiflichkeiten. 1750 verlangten sie, dass Schiffrechte nur noch an Bürger und Hintersassen verliehen würden. Teilweise ging der Rat auf das Begehren ein.[9] Es vermochte aber den Niedergang des Pfisternauens nicht zu verhindern.

1840 löste sich die Pfisternauengesellschaft auf. → siehe auch S. 88 + 225 Bestehen blieben einzig die St.-Niklausengesellen, die sich 1836 in die St.-Niklausen-Schiffsgesellschaft umwandelten und heute als Genossenschaft organisiert sind. → siehe auch S. 211 f.

187

8   StALU Schifffahrtsakten AKT A1 F7 SCH 900, Klage der Pfisternauenleute, 17. 4. 1750, fol. 28 bis 32. Zusammengefasst in: Wicki, S. 497 f.
9   StALU Ratsprotokolle 105.182 (8. 8. 1753).

Schiffig in Brunnen, Fahrknechte in Buochs, Fehren in Stansstad

Die organisierte Schifffahrt bildete die Existenzgrundlage für ein eigenes, reguliertes Gewerbe. Dies traf nicht nur auf Flüelen und Luzern zu, sondern auch auf die übrigen Gemeinden rund um den Vierwaldstättersee. In den kleinen Hafenorten waren es Fährbetriebe, die häufig aus einem einzigen Fahrrecht bestanden. In den grösseren Orten – wie etwa in Brunnen oder Stansstad – entwickelten sich Vereinigungen, die nach dem gleichen Prinzip funktionierten wie die grossen Gesellschaften in Uri und Luzern: Sie stellten die ständige Verfügbarkeit der Schifffahrt sicher und erhielten dafür Privilegien.

Abb. 54   Brunnen, undatiertes Bild: Die kleine Schiffig war für den Personentransport zuständig. Direkt an der Schifflände stand die Sust, erstmals erwähnt um 1400, an dieser Stelle aber erst 1631 erbaut. Der klassizistische Bau mit den «Drei Eidgenossen» an der Südfront stammt aus der Zeit um 1820. Er diente auch als Versammlungslokal der Gemeinde sowie als Tanz- und Theatersaal. 1893 wurde er abgebrochen und an die Suststrasse versetzt. Hinter der Sust ist das Wirtshaus Krone zu erkennen.[1]

1   Vergleiche dazu auch: Heinz Horat, Bauen am See, S. 92.

Schiffig und Dorfgemeinde
verschmelzen in Brunnen

Vermutlich schon um die Mitte des 14. Jahrhunderts waren die Schiffleute von Brunnen in einer berufsständischen Vereinigung organisiert.[2] Sie nannte sich «Schiffig», wobei zwischen der grossen Schiffig und der kleinen Schiffig unterschieden wurde. Die grosse Schiffig betrieb den Marktnauen, → Abb. 60 der regelmässig nach Luzern fuhr, mit einer Besatzung von neun Mann, → Abb. 57 einen Halbnauen mit einer Besatzung von sechs Mann sowie ein Weinschiff mit drei Mann, das zwischen Brunnen und Flüelen pendelte. Die kleine Schiffig, auch «Geusler-Schiffig» genannt, beförderte vor allem Personen.[3] → Abb. 54

Schutzpatron der Schiffig war der heilige Nikolaus; eine Nikolausbruderschaft wurde in Brunnen um 1440 gegründet. Die erste Ordnung des Schwyzer Rats über die Schifffahrt in Brunnen stammt von 1518. Sie regelte vor allem die Transportkosten für Personen und Güter und übertrug das alleinige Schifffahrrecht auf die Dorfbewohner von Brunnen.[4] 1595 waren 21 Schiffleute in der Schiffig vereinigt, 1618 waren es bereits 47.[5]

Wenn man bedenkt, dass Brunnen in der Mitte des 17. Jahrhunderts aus 36 Häusern und einer Kapelle bestand,[6] wird die Bedeutung der Schiffleute klar. Sie waren eine dominierende Kraft in Brunnen. «Herren Schiff- und Dorfleute» war eine gebräuchliche Formel, ebenso «Schiffig- und Dorfgemeinde».[7] Und dennoch gelang es der Vereinigung nicht, sich in die Neuzeit zu retten. Sie war der Konkurrenz durch die Dampfschifffahrt und die Strasse nicht gewachsen. 1850 löste sich die kleine Schiffig auf, 1866 war es auch um die grosse Schiffig geschehen – nur ein Jahr nach der Eröffnung der Axenstrasse.[8]

Fehren in Stansstad sind
zu Kleinheit verdammt

Weit weniger als in Brunnen ist über den Organisationsgrad der Schifffahrt in den übrigen Seegemeinden bekannt – auch auf der Querverbindung zwischen Küssnacht und Stansstad. Vor allem in Küssnacht gibt es keine Hinweise auf eine berufsständische Vereinigung, → siehe auch S. 66 ff. in Stansstad werden die «Fehren» lange nur in Verbindung mit dem Kloster Engelberg und dann mit den Winkel-Fähren → siehe auch S. 107 ff. in Horw genannt, etwa in den Fahrordnungen von 1545, 1590 oder 1615. Die verschiedenen Ordnungen regelten den Fahrbetrieb, machten Angaben über die Grösse und Anzahl der Schiffe, gaben aber keine Aufschlüsse über die Art der Organisation in Stansstad. Erst die «Fähren- oder Schüff-Ordnung»

2 Oliver Landolt, Wirtschaft im Mittelalter, S. 135.
3 Hermann Stieger, Brunnen. Aus der Geschichte eines Schweizer Dorfes, S. 8.
4 Martin Kothing, Das Landbuch von Schwyz in amtlich beglaubigtem Text, S. 145.
5 StASZ NA.LXX.014.11.29, S. 2.
6 Horat, Bauen am See, S. 146, mit Verweis auf die Merian-Ansicht von 1653.
7 Theodor Wiget, Brunnen. Vom Schifferdorf zum Kurort, S. 8.
8 Paul Schneeberger, Wasserwege und Schifffahrt, S. 104.

von Stansstad aus dem Jahr 1687 erlaubt einen gewissen Einblick.[1] Dabei wird klar, dass es sich bei den Schiffleuten in Stansstad – anders als in Brunnen – nicht um die angesehene Führungsschicht handelte, sondern um Seeknechte – um «starcke männer», wie es in der Ordnung heisst.

So werden «die Fähren ermahnet, dass sie sich nit bewinen [Wein trinken]» und «nit noch andere aus den Weinfassen trincken lassen, bey Straff und hoher Ungnad».[2] Gleichzeitig trugen sie Verantwortung. Sie mussten den Zoll einziehen, und zwar «alle Fähren, Mann und Weibs», und sie waren für den Unterhalt der Hafenanlagen in Stansstad und Buochs zuständig, inklusive Kosten. 1739 übernahmen sie auch die Funktion einer Hafenpolizei. Nicht nur durften sie selber «keine frömde Bettler in unser Landt führen», auch waren sie verpflichtet, «Bettlerführer» gefangen zu nehmen und in den Turm zu setzen.[3]

Einerseits war es die Bedeutung der Schifffahrt für das gesamte Hinterland, die es den Fehren von Stansstad verunmöglichte, zu mehr Eigenständigkeit zu kommen. Die staatliche Kontrolle ging in Nidwalden weiter als etwa in Schwyz. Andererseits war die Schifffahrt in einem erheblichen Masse abhängig von Luzern. Auch wenn sich Luzern bemühte, die Stansstader nicht zu behindern, indem sie beispielsweise das Monopol auf die Rückfuhren aus Luzern erhielten,[4] waren die Wachstumsmöglichkeiten beschränkt.

Nicht für jeden gilt das gleiche Recht

Hinzu kam eine Eigenheit der Schifffahrt in Stansstad: Seit jeher war «jeklicher Landmann nid dem wald» befugt, «sich und das Sin dannen [zu] führen und wider dar»[5] – an den offiziellen Fehren vorbei. 1681 klärte der Landrat zudem, dass es den privaten Schiffbesitzern erlaubt war, auch ihre eigenen Schiffleute mitzubringen.[6] Allerdings wurde dieser Grundsatz nicht auf die auswärtigen Privaten angewendet – bis 1744, als Luzern auf Gegenrecht bestand. Hintergrund der Klärung war der Fall eines gewissen Conrad Sigrist aus Meggen, der regelmässig sein eigenes Vieh von Engelberg über Stansstad nach Meggen führte. Für die Überfahrt nutzte er sein eigenes Schiff und seine eigenen Knechte. 1742 bezahlte er den «Fährschatz» nicht, worauf der Nidwaldner Wochenrat beschloss, sein Schiff zu beschlagnahmen, wenn er «wiederumben auf Stansstad kommen sollte».[7] 1743 wurde sein Schiff tatsächlich «so lang angeschlossen, bis er einen Cronen-Thaler hinterleget» hatte.[8] Gegen diese Nötigung wehrte sich Sigrist und beschuldigte die Stansstader, sie hätten die Luzerner Regierung beschimpft.

1   StANW A 1190-3/3, Landbuch von 1731, fol. 38 (24.9.1733).
2   StANW A 1190-4/5, Landbuch von 1782, Teil 5, fol. 133 f.
3   Ebenda.
4   StANW SF 5-1/29, Historische Übersicht der Rechtsverhältnisse des Schifffahrtsrechts in Stansstad, Beilage 12 (Verordnung, 19.9.1672), S. 113 ff. Konkret wurde geregelt, dass keiner mehr in ein Schiff laden sollte, als er «fieglich und leichtlich gen Winkel tragen mechte in einer Burde». Damit wurde nicht nur das Monopol der Fehren geschützt, sondern auch dem Überladen der kleinen Nauen in Winkel entgegengewirkt.
5   Ebenda, S. 22 und Beilage 2 (Geschworenenurteil, 28.2.1465), S. 85 ff.
6   StANW A 1000/3, Landrat/Landsgemeinde: Protokoll, Band 3, fol. 371 (15.3.1681).
7   StANW A 1002/28, Wochenrat: Protokoll, Bd. 28, fol. 77 (15.10.1742).
8   StANW C 1163/4.1, Brief des Rats von Luzern, 29.2.1744.

Als sich der Rat von Luzern einschaltete, lenkten die Nidwaldner ein: Tatsächlich habe «ein junger Mentsch, der kein Fahr war, in etwas ungeziemlicher Worth sich ausgelassen». Man wollte den Mann «mit einer angemässnen Correction» belegen, so der Landammann und Rat von Nidwalden, er sei aber «schon vor etwan zwey Jahren in frömbde kriegsdienst verreiset». Gleichzeitig wurde den Luzernern zugestanden, dass sie künftig mit ihren eigenen Schiffen auch «an denen gestaden, allwo eigentliche Fahrrächt sind, ... zuo und hieweg fahren mögen».[9]

Ein ganzer Gewerbezweig verliert seine Existenzgrundlage

Wie es scheint, standen die Fehren von Stansstad unter einem zunehmenden Druck. 1615 war noch die Rede von acht Jassen und zwei Nauen in Stansstad.[10] 1762 wurden in einer Ordnung nur noch «die vier Fehren» von Stansstad genannt, die sich den Unterhalt

Abb. 55   Stansstad, 21. September 1798: Nicht einmal zwei Wochen nach dem Franzoseneinfall dokumentiert Heinrich Füssli, was von Stansstad übrigblieb: «Les Ruines de Stanzstad». Weiber und Kinder hätten mitgestritten, aber die grössere Zahl und die höhere Geschicklichkeit der Franzosen habe obsiegt. Nidwalden hatte die Helvetische Verfassung abgelehnt (6. April 1798), musste sie unter Zwang annehmen (13. Mai 1798), wehrte sich aber an zwei verbotenen Landsgemeinden (August 1798) weiter gegen die neue Ordnung. Schicksalstag wurde der 9. September 1798, als die Franzosen «zu Wasser und zu Land von dreien Seiten» angriffen, so Füssli in seiner Bildbeschreibung, und «Stansstad mit Haubitzgranaten unaufhörlich beschossen».[11]

9   StANW C 1163/4.1, Schreiben an den Rat von Luzern, 16. 3. 1744.
10   1615 mussten die Schiffleute sowohl in Horw als auch in Stansstad «schuldig und verbunden syn, acht kleine und zwey grosse Schiff oder Nauwen ze erhalten». StALU Schifffahrtsakten AKT A1 F7 SCH 902 A, Kanton Unterwalden, Ordnung der Fähren zu Winkel und Stansstad, 1615.
11   Zentralbibliothek Zürich, Geschichte 1798 Stansstad II, 1. Heinrich Füssli, Les Ruines de Stanzstad, 1798.

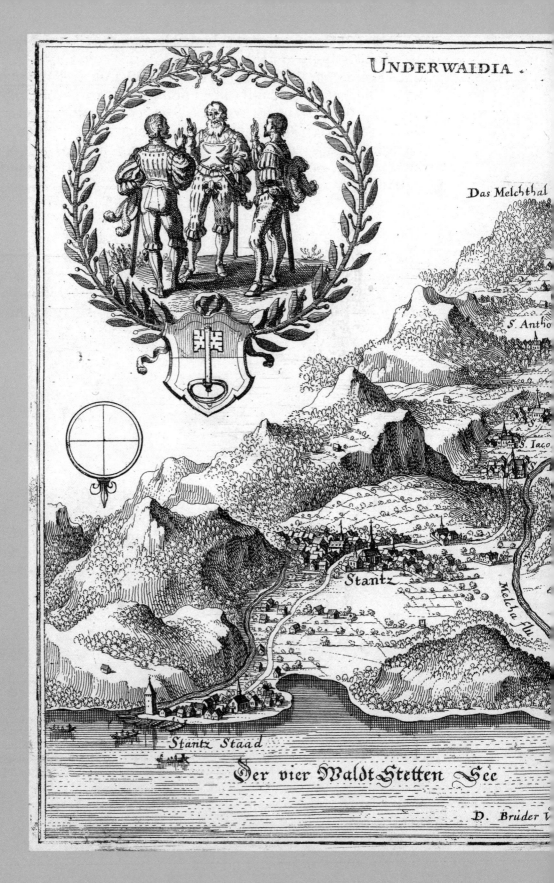

UNDERWAIDIA.

Das Melchthal

S. Antho

S. Iaco

Stantz

Melcha flu

Stantz Staad

Der vier Waldt Stetten See

D. Brüder

Das Landt Vnderwalden.

Der Brünig berg

Gÿßwyl

Sachslen
da Br: Claus
begraben.

Sonnenberg
im Stalden

Sarnen

D
C
B
E
F

A

Melba flu

rns

Saa brücke

Saa flu

Kagiswyl

Alpnach

Rotzloch
pyr mühlen

Schiffländi
zu Alpnach

A. Bruder Clausen wohnhaus. B. Sein Einsidel häuslein. C. Vns. Frawen Capel.
remü. E. S. Caroli capel. F. S. Catharina cap. G. Drachen höle.

Abb. 56 Eine der wenigen Darstellungen des Alpnachersees stammt von Matthäus Merian aus dem Jahr 1655. Er stellt die «Schiffländ zu Alpnach» als einen bedeutenden Ort mit einer beträchtlichen Zahl von Schiffen dar.

Abb. 57 Die grosse Schiffig von Brunnen ist unterwegs mit ihrem vollbeladenen Nauen. Vorne gehen die Wellen hoch, hinten ist das Wasser ruhig; die Schiffleute richten das Segel und rudern nach Kräften. «Ein lobliche Bruderschaft der Schifflüten zuo Brunnen under Anruoffung des h. Bischoffs nicolai. Anno 1703» steht unter dem Bild. Doch anders als auf den anderen Bildern in der Kindlimordkapelle in Gersau, → Abb.1+31 steht der heilige Nikolaus nicht auf der Heckbühne, um das Schiff zu steuern und die Mannschaft zu schützen. Vielmehr ist es drei Geistlichen überlassen, den Rosenkranz zu beten.

und die Anschaffung der Schiffe teilten.[1] 1799, nach der Aufhebung der obrigkeitlichen Schifffahrt, versuchte die helvetische Regierung, sich einen Überblick über die vorhandene Infrastruktur zu verschaffen, und liess den Schiffsbestand des neuen Kantons Waldstätten auflisten. Stansstad meldete vier Schiffsinhaber mit insgesamt fünf Jassen, wovon ein Schiff «nicht mehr zu verbessern» war, also ausgemustert wurde. Hinzu kamen fünf «Eichbäume».[2]

In der ersten Hälfte des 19. Jahrhunderts verkehrte dann nur noch das Marktschiff zwischen Stansstad und Luzern, und zwar nur noch einmal pro Woche. 1860 mit dem Bau der Achereggbrücke und 1862 mit dem Bau der Lopperstrasse war das Ende der traditionellen Schifffahrt besiegelt.[3] Ein ganzer Gewerbezweig verlor seine Existenzgrundlage.

Fahrrechte in Obwalden mit einer langen Tradition

Offiziell als Schiffergesellschaft bezeichnet wurden die fünf Fähren, die 1835 auf dem Alpnachersee verkehrten. → Abb. 56 Sie gingen zurück auf Fahrrechte, die erstmals 1449 in der Chronik von Alpnach erwähnt werden.[4] Dort gab es schon früh auch eine private Schifffahrt: Aus dem frühen 13. Jahrhundert stammt nämlich ein Glöcklein, das von einem «Bergfahr» in Alpnachstad gestiftet wurde. Bis in das 16. Jahrhundert blieb das Fahrrecht in den Händen von Privatpersonen, erst 1578 gingen die Schifffahrt und Warenspedition an die Landesregierung über.[5]

Eine ausführliche Ordnung über die Schifffahrt zwischen Winkel und Alpnach ist aus dem Jahr 1618 überliefert. Darin ist eine Bestimmung bemerkenswert, die wohl Rücksicht auf die grössere Distanz zwischen Luzern und Alpnach als zwischen Luzern und Stansstad nimmt. Wer nämlich nach Alpnach fuhr «und daselbst so spath ankäme, dz er von der Nacht oder Ungewitter überfallen nit widerumb zurückh nach heimat fahren könnte, mag er zu Alpnacht über Nacht plyben, und morndes zwo stund im Tag, glych Soomer und Winters Zyt, uf geferth und widerfuhr warten». Dabei waren sie den Fehren in Alpnach «nützit [nichts] schuldig».[6] Die gleiche Regelung galt auch in Winkel für die Schiffleute aus Obwalden.

Die privaten «Fahrknechte» von Buochs halten sich lange

Ähnlich wie in Alpnach verlief die Entwicklung in Buochs. Dort war es die Dorfgemeinschaft, die sich um die Schifffahrt kümmerte; die Schiffleute waren auch als «Fahrknechte» bekannt.[7] Fahrrechte bestanden spätestens seit 1402, bis 1463 gehörten sie dem Kloster

1   StANW SF 5-1/29, S. 33 und Beilage 36 (Vergleich der Fehren, 7.3.1762), S. 159 ff.
2   StANW C 1065/17:13, Verzeichnis der Nidwaldner Schiffe, Tabelle Stansstad, 17.9.1799. «Eichbäume» oder Einbäume werden zwischen Winkel und Stansstad seit 1545 erwähnt. Ob es sich dabei um Boote handelte, die tatsächlich aus einem Baumstamm gehauen wurden, oder einfach um Schiffe, die aus der Holzmenge eines einzigen Baumes bestanden, ist unklar. Vergleiche dazu: Thomas Reitmaier/Gregor Egloff, «da sich viele Schiffbruch begeben ...», S. 13. Für die fünf Einbäume in Stansstad wurden Längen zwischen 6,00 und 6,60 Metern sowie Breiten zwischen 0,90 und 1,35 Metern angegeben. Die übrigen Schiffe waren zwischen 6,75 und 8,50 Meter lang. In der Schiffordnung von 1687 wurde die maximale Belegung von Einbäumen auf fünf Personen beschränkt.

3   Andres Loepfe, Von «Nauwen» und «Jaassen», «Fehren» und «Susten», S. 30.
4   Alfred Waldis, Es begann am Gotthard, S. 40.
5   Loepfe, S. 29 f.
6   StALU Schifffahrtsakten AKT A1 F7 SCH 902 A, Unterwalden, Verkommnis und Vergleich zwischen Luzern und Obwalden, 26.6.1618. Eine ergänzte Fassung befindet sich in Stans: StANW C 1163/4.1, Schiffordnung Obwalden, befohlen 1618, erneuert 1729 (Abschrift um 1796).
7   Franz Haas-Zumbühl, Die Geschichte der Sankt Niklausen-Schiffs-Gesellschaft der Stadt Luzern bis 1910, S. 6.

Engelberg.[1] Buochs entwickelte sich schon bald zu einem wichtigen Zentrum des Viehverlads für die Welschlandfahrer. → Abb. 58 / siehe auch S. 51 Mit der starken Zunahme des Personen- und Warenverkehrs war die «Verstaatlichung» des Fährwesens auch in Buochs nicht abzuwenden. Sie erfolgte aber erst gegen Ende des 17. Jahrhunderts.[2] 1721 wurde der Schiffmeister «lebenslanklich auff wohlverhalten» gewählt. Er musste aber jährlich nachweisen, dass er «mit Ruder, Segel und Volk wohl versehen» war. Für ihn arbeiteten sieben bis acht Schiffknechte. War er «in die Nothwendigkeit versetzt, noch andere Schiffleute anzustellen», musste er Dorfleute nehmen.[3] Fahrrechte gab es auch in Hergiswil oder in Gersau. Teilweise gehen die Quellen in das 15. Jahrhundert zurück, für Hergiswil beispielsweise auf 1428 und 1465,[4] und auch in Gersau ist die Schifffahrt bereits unter der Herrschaft des Klosters Muri belegt. → siehe auch S. 60 Allerdings gibt es keine Hinweise auf Vereinigungen von Schiffgesellen. Überliefert ist ein «Nauenbrief» aus dem Jahr 1785, der «fünf Schiff knächt», einen grossen Nauen sowie einen «Halb

Abb. 58 Buochs in der Mitte des 18. Jahrhunderts: Sackträger eilen zu den Passagieren, um Waren entgegenzunehmen. Sie tragen Ballen und rollen Fässer auf die beiden Lastsegelschiffe (rechts) und den Jassen (links), der nicht von vorne, sondern von der Seite beladen wird. Auf dem See fahren zwei Segelschiffe ostwärts. Der vordere Nauen weist zwei Segel auf, was wohl ein Fehler des Zeichners ist. Es gab keine Zweimaster auf dem Vierwaldstättersee.

196

1   StANW SF 3-2/236, Fahrrecht des Klosters Engelberg.
Dort transkribiert und in: Urkunden des Stifts Engelberg, Teil 5, Nr. 429 (25. 2. 1402), S. 231 ff. StANW SF 3-2/237, Kloster Engelberg verkauft Fahrrecht zu Buochs, 16. 10. 1463. Vergleiche dazu auch: Jakob Wyrsch, Das Fahrrecht zu Buochs, S. 65 f.
2   Loepfe, S. 30.
3   Wyrsch, S. 69.
4   Franz Blättler, Über das Fahrrecht in Hergiswyl, S. 89.

Nauwen» aufzählt. Er regelte die Marktfahrten von Gersau nach Luzern und Uri, erwähnt aber keine Schiffgesellen.[5] 1827 wurde schliesslich die St.-Nikolausen-Bruderschaft der Schifffahrer gegründet[6] – gerade noch rechtzeitig, denn schon kurz darauf, nach der Einführung der Dampfschifffahrt, fuhr das Marktschiff nicht mehr nach Luzern. 1843 schlossen sich die Schiffgesellen und die Rigiträger zu einer neuen Gesellschaft zusammen.[7]

Abb. 59   Gleich drei verschiedene Schiffstypen sind auf dieser Darstellung von 1820 vor Weggis zu sehen. Eher ungewöhnlich ist der grosse Jassen rechts: Er weist ein Segel auf, was normalerweise nicht der Fall war. Typisch hingegen sind die beiden Jassen, die sich in der Hafenbucht befinden. Sie zeigen die unterschiedlichen Bedachungen. Wer mit den Hoftor-Fähren von Luzern nach Weggis fuhr, bezahlte einen Aufpreis von fünf Schilling für einen gedeckten Jassen. → Abb. 53

Mit der steten Zunahme des lokalen Verkehrs stieg auch die Bedeutung der luzernischen Seegemeinden. 1647 beschloss der Rat, Meggen über zwei Fahrrechte mit Weggis und Greppen zu verbinden. → siehe auch S. 138 f. 1653 – unter dem Eindruck des Bauernkrieges – wurde Weggis erlaubt, das Vieh «mit jhrer eignen schiffung» zu transportieren, die «nit an die schiffung zu Lucern verbunden syn müessent».[8] 1731 erhielt Weggis dann ein eigenes Nauenrecht mit dem Privileg, Waren und Marktleute mit dem eigenen Marktschiff nach Luzern zu führen. → Abb. 59 / siehe auch S. 134 f.

197

5   StASZ HA.IV.267.010 (12.5.1785).
6   Marzell Camenzind, 150 Jahre St. Nikolausen-Bruderschaft Gersau, S. 4 f.
7   Die sogenannte «Schiff- und Scheideggträger-Gesellschaft». Marzell Camenzind, Die Gersauer Marktschifffahrer, S. 23.
8   Rechtsquellen des Kantons Luzern, Teil 2, Bd. 1, Nr. 103a (5.5.1653), S. 256.

Vitznau regelte den Gebrauch seines Nauens um 1760 in einer «nauwen ordnung».[1] Er hatte den besten Platz in der Hafenanlage, nämlich «zuo allerforderst und nächst an der wand», allerdings durfte auch «jeder dorf gnoss …, wan er ein schif hat, das säbbig dar in» stellen. Dorfgenossen durften den Nauen «für sonderbar gebrauch» mieten. Dafür wurden die Preise aufgelistet – für die Fahrt «in die statt oder gahn Ury …, über nacht uss oder nit» oder nur

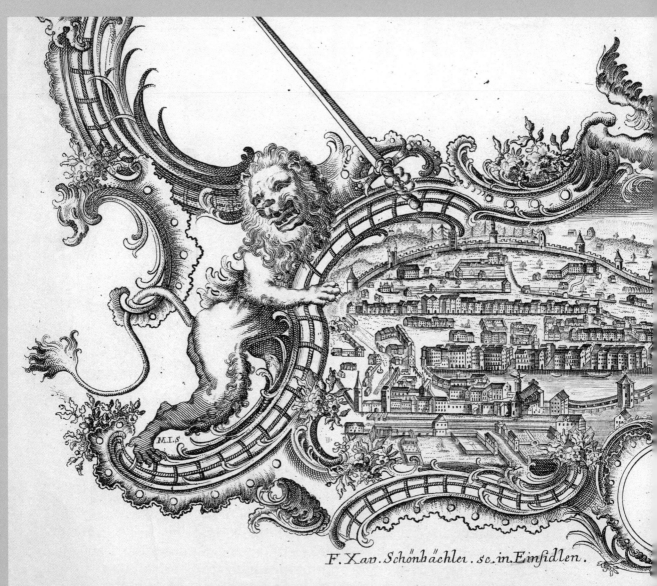

F. Xav. Schönbächler. sc. in. Einsidlen.

198

1   Rechtsquellen des Kantons Luzern, Teil 2, Bd. 1, Nr. 11 (Dorfbüchlein von Vitznau als Sammlung von Gemeindebeschlüssen, um 1760), S. 328 f.

«innerthalb Riethsort und der Nas». Allerdings gab es auch Einschränkungen. Hauswaren hatten den Vorrang vor Vieh, Heu, Stroh, Kalk und Sand, verboten waren Holztransporte. Zudem sollte «der nauwen niemallen an sonn- und firtägen vor dem gottes dienst verlehnt wärden».

Abb. 60   Bei seiner Auftragsarbeit für die Vignette eines Gesellenbriefes in Luzern hat sich der Künstler erlaubt, ein Detail aus seiner Heimat in die Gesamtansicht einzubauen. Franz Xaver Schönbächler stammte aus Einsiedeln, wohl deshalb liess er ein Marktschiff aus Schwyz vor den Toren der Stadt Luzern aufkreuzen. Schiffe aus Brunnen und Küssnacht fuhren regelmässig nach Luzern. Gesellenbriefe waren die Lehrabschlussdiplome des 18. Jahrhunderts. Bei der schematischen Darstellung der Stadt handelt es sich um den unteren, bildlichen Teil der Diplomurkunde, die als Blankovorlage für die Meister diente, unabhängig von Gewerbe und Jahr. Entsprechend allgemein sind die heraldischen Symbole gewählt. Die beiden Löwen halten die Insignien der Justitia: Schwert und Waagschalen. Sie symbolisieren Staatsgewalt und Gerechtigkeit. Darüber schwebt der geflügelte Merkur; sein Stab gilt als Symbol für Wirtschaft und Handel.

St.-Niklausengesellen: Seeknechte der gnädigen Herren von Luzern

Heute gibt es noch eine einzige Gesellschaft, die bis zu den Ursprüngen der Schifffahrt auf dem Vierwaldstättersee zurückgeht, die sich über Jahrhunderte behauptete und auch die Umwälzungen in die Moderne überlebte. Seit dem 19. Jahrhundert heisst sie «St. Niklausen Schiffgesellschaft Genossenschaft» – in der Innerschweiz bekannt als SNG, die heute noch eine eigene Flotte von Ausflugs- und Charterschiffen auf dem Vierwaldstättersee betreibt.

Zuvor nannte man sie «St.-Niklausen-Fähren» oder «Feeren» und ihre Gesellen ganz einfach «Seeknechte». Seeknechte, weil sie immer in den unmittelbaren Diensten der Obrigkeit standen. Sie waren keine private Gesellschaft, waren nicht – wie die Pfisternauenleute mit dem Wochenmarktschiff – an einen bestimmten Zweck gebunden, sondern dienten als Schiffknechte und Ruderer, wenn es der obrigkeitliche Schiffmeister oder Schiffherr verlangte – sei es für den Personenverkehr oder für den schweren Dienst auf den Lastschiffen, die Steine, Sand, Kies, Holz oder Vieh transportierten.

Sie taten dies, seit es eine Obrigkeit gab, die nicht nur ein politisches Machtsystem schuf, sondern auch die Wirtschaft organisierte. → siehe auch S. 42 ff. Mit der ersten «Verfassung» der Stadt Luzern – dem sogenannten «Geschworenen Brief» von 1252 – begann eine Regierungstätigkeit, die kurz nach 1300 auch die Schifffahrt erfasste.

1309 werden erstmals «Knechte und Schiffung» von Luzern genannt

Erstmals werden die Seeknechte von Luzern in einer Urkunde von 1309 erwähnt. Nach der Ermordung von König Albrecht I. in Königsfelden drohte ein Krieg zwischen den Habsburgern und den eidgenössischen Orten in der Urschweiz.[1] Von den möglichen Auseinandersetzungen war auch der Schiffsverkehr auf dem Vierwaldstättersee betroffen, denn Luzern gehörte seit dem Kauf von 1291 zu Habsburg, deshalb vermittelte der Vogt der neuen Reichsvogtei Waldstätte, Werner von Homberg, zwischen den Konfliktparteien. → siehe auch S. 73 Er sagte «den Knechten und der Schiffung» von Luzern zu, dass sie «Frieden haben von uns und von all denen, die uns angehören».[2]

1 Der habsburgische König wurde von seinem Neffen, Johann von Schwaben, ermordet. Ursache war ein Erbstreit. Die deutsche Königskrone ging in der Folge an einen Luxemburger, Heinrich VII. In der Innerschweiz führten die neuen Machtverhältnisse zu einem Vakuum und zu Spannungen zwischen den Habsburgern und der entstehenden Eidgenossenschaft.
2 Quellenwerk zur Entstehung der Schweizerischen Eidgenossenschaft, Abt. 1, Bd. 2, Nr. 483 (22. 6. 1309), S. 233 f.

Dagegen nennt der Schiedsspruch von Beckenried aus dem Jahr 1357, in dem sich erstmals die Eidgenossen mit der Schifffahrt auf dem Vierwaldstättersee ausein- andersetzten,[3] → siehe auch S. 73 f. weder die Seeknechte noch die «Schiffung», sondern nur die «burger von Lucern». Das war kein Zufall, denn die «Bürger von Luzern» waren in dieser frühen Zeit noch gleichbedeutend mit der Obrigkeit, die für ihre Leute, eben auch die Seeknechte, einstand. Auch in den späteren Quellen werden die St.-Niklausengesellen häufig als «Miner gnädigen Herren Seeknechte» und die Schif- fe als «Miner gnädigen Herren Schiffe» bezeichnet.[4]

Namentlich erwähnt werden die «Sanct Niclausen Feeren» erstmals 1544 in einer Vereinbarung mit Uri, in der es darum ging, die «spän unnd misshäll zwüschen den Feeren, so taglich unnd wuchenlich von Lucern gan Ury unnd von Ury gann Lucern farendt», zu beseitigen. Darin wurde den «feeren von Lucernn, so mann Sanct Nic- lausen Feeren nempt [nennt]», zugestanden, Leute und Gut nach Uri zu führen und dort auch «Widerfuhr» aufzunehmen. Dafür mussten sie den «Feeren zu Flüllen» aber den halben Lohn als Fürleite entrichten.[5]

Seeknechte werden nicht umsonst auch «Ruchknechte» genannt

Schon früh wurden die Seeknechte auch in die Durchsetzung der obrigkeitlichen Politik einbezogen. 1431 beschloss der Rat, den Nauenzwang einzuführen, um sich das Monopol in Luzern zu sichern. Dabei verliess er sich auf die Knechte: «Wer gen Ure welle varn, der sol jn unsern nawen varn. Und diss sol mann mit den knechten reden.»[6] Von den Schiffknechten wurde «flyssig Gehorsam und gebührend Ehr» erwartet. Wer «ungehorsam und wi- derspänig» war oder dem «Schiffmeister mit trutzigem Bscheid begegnete», der muss- te mit dem Verlust seines Fahrrechts rechnen.[7]

Konsequenzen wurden in der Regel nicht auf Vorrat angedroht, sondern erst, wenn sich ein Problem häufte. Und dies war bei den Seeknechten zweifellos der Fall. Nicht umsonst hiessen die Knechte, die auf den grossen Lastschiffen ruderten, auch «Ruch- knechte». Allgemein galten sie als wetterhart, derb und eigensinnig.[8]

So eigensinnig, dass sie manchmal sogar «in thurn glegt» wurden «mit Mus und Brot».[9] Wie beispielsweise die vier St.-Niklausengesellen, die sich 1567 «wider miner gnädigen Herren» stellten und nicht nur «die biderben Lütt mit den Lönen» über- schätzten, sondern auch ungefragt die Schiffe nahmen und «zu miner g. Herren ge- schirr so gar liederlich uffsächen handt», dass «alles zegrund» ging.[10] 1574 wurde dann «jeder Schiffknecht oder Uryfeer» verpflichtet, «sein eigen Ruder in sinem kosten» zu haben, weil der Umgang mit dem obrigkeitlichen Material «liederlich und muthwillig» war.[11] 1583 wurden die Seeknechte zudem verpflichtet, Taglohnarbeit für fünf Batzen pro Tag anzunehmen, wenn

201

3 Rechtsquellen des Kantons Luzern, Teil 1, Bd. 1, Nr. 25 (16. 8. 1357), S. 108 f.
4 Beispiel in: StALU Schifffahrtsakten AKT A1 F7 SCH 902 B, Memorial (betreffend Seeknechte, Pfisternauenknechte und andere Schiffleute, 24. 7. 1715), fol. 40v. «Meine gnädigen Herren», abgekürzt als «mgH.», «mgHH.», «mggHH.», «mgh.» oder «mghh», war die Formel für die Regierungsmannschaften in der alten Eidgenossenschaft.
5 StALU Schifffahrtsakten AKT A1 F7 SCH 901, Akte zu den Streitigkeiten zwischen den Marktschiffen von Luzern und Uri, 1544.
6 Rechtsquellen, Teil 1, Bd. 2, Nr. 153 (24. 9. 1431), S. 116.
7 StALU Ratsprotokolle RP 48.151v (16. 9. 1602).
8 Hans Wicki, Bevölkerung und Wirtschaft des Kantons Luzern im 18. Jahrhundert, S. 491.
9 Gefängnisstrafe.
10 StALU Ratsprotokolle RP 28.208v f. (3. 8. 1567).
11 StALU Ratsprotokolle RP 33.104 (23. 8. 1574).

202

Abb. 61   Stadt und See in einem Bild vereint – in der Ansicht aus der «Neuen und vollstän-
digen Topographie der Eidgnossschaft» von 1758 fahren ein grosses Lastsegelschiff sowie ein
Jassen auf die Stadt Luzern zu. David Herrliberger, Verfasser der mehrbändigen Topografie,
beschäftigt besonders die Frage, wo der See aufhört und wo die Reuss beginnt. So beschreibt
er die Kapellbrücke als die «bedeckte Bruck, wird theils genennt die Capell-Bruck ... theils
die Seebruck, weil sie fast die Untermark zwischen dem Waldstätter-See und der daraus flies-
senden Reuss voneinander scheide».[1] Einen seltenen Blick gibt das Bild frei auf die Rösslimatt
(ganz links), die Riedmatt und Fröschenburg (mit dem kleinen Gebäude in Seenähe) sowie
das Tribschenmoos. Auf dem noch unbefestigten Inseli stand bereits ein stattlicher Landsitz.

1   David Herrliberger, Neue und vollständige Topographie der
Eidgnossschaft, Bd. 2, S. 189.

sie keinen Schiffsdienst leisteten,[1] und 1587 wurde ihnen verboten, Holz, Obst oder anderes «zu nehmen oder zu verwüsten». Darüber solle der Schiffmeister wachen.[2]

Auf dem See gilt es, den gebührenden Abstand zu wahren

Tatsächlich war der Schiffmeister zentral für die Arbeit und die Disziplin der St.-Niklausengesellen. Was zu seinen Aufgaben gehörte, wurde in Schiffmeisterordnungen zusammengefasst. Besonders aufschlussreich ist die Ordnung von 1590.[3] Aus den umfangreichen Bestimmungen seien hier die folgenden Details hervorgehoben:

— Lohn des Schiffmeisters: Von jedem «gefert so gan Ury gaath es sye klein oder gross», gingen elf Schilling an den Schiffmeister. «Das übrig, so er von dem gefert uffnimpt, gehort dannethier alles inn die Büchsen zuo handen unser g. Herren». Von den ausrangierten Schiffen musste er nur die Ketten, Jochbänder und das Eisengeschmiede abgeben – das heisst alles, was wiederverwendbar war.

→ siehe auch S. 132

— Schiffstaxen nach Uri: Unterschieden wurde nicht nur nach Schiffgrösse, sondern auch nach Passagierart. So gab es Ermässigungen für die Kaufleute, die aber immer noch mehr bezahlten als Bürger oder Gäste. Befreit von den Taxen waren Ratsmitglieder (und deren Witwen), Amtsleute, Geistliche, der Stadtarzt und die Schulmeister.

— Beladung der Schiffe: Offenbar verfügte der Schiffmeister über einen gewissen Spielraum. Zwar sollte auf das grösste Schiff «man nit mehr laden» als fünfzig Saum «oder uff das höchst LX [sechzig] Soum guots [Güter]». Wenn aber ein Nauen «nüw unnd guot, ouch guot weter [Wetter] vohrhanden» war, dann konnte der Schiffmeister entscheiden, «noch mehr zu laden». Nur der Transport von Steinen war nicht erlaubt – «ouch nit den heimschen Steinmetzen unnd Mureren». Diese mussten ihre eigenen Schiffe gebrauchen.

Interessant sind zwei weitere Details in der Schiffmeisterordnung, und zwar zu den Fahrten nach Uri. Erstens waren die Abfahrtszeiten in Luzern geregelt – «sommers Zyts umb die Zwey, unnd winters Zyts umb das ein nach mitag». Zudem war der Schiffmeister für die Verpflegung zuständig. Zweitens gab es Anweisungen für das Kreuzen: «Des abwexlens halb mit der Schiffung uff dem See, wo man einanderen begegnet», solle man dies «mit gebürendem abtrag, nach dem die wyte des Fahrs ist», tun.

204

1   StALU Ratsprotokolle RP 38.376v (19. 8. 1583).
2   StALU Ratsprotokolle RP 40.359v (12. 6. 1587).
3   StALU Schifffahrtsakten AKT A1 F7 SCH 900, Schiffmeisterordnung 1590.

Personen nach Küssnacht, Ochsen nach Flüelen, Wein nach Brunnen

Was die einzelnen Schiffgesellschaften auf den Fahrten zwischen Luzern und Flüelen transportierten, hatten die Obrigkeiten in Luzern und Altdorf bereits in der ersten Hälfte des 16. Jahrhunderts bestimmt. → siehe auch S. 184 Die beiden Marktschiffe besassen das Monopol auf die Marktgüter, vor allem das Getreide, und auf die Beförderung der Marktfahrer; die St.-Niklausengesellen in Luzern und die Fähren von Flüelen teilten sich den Rest des Waren- und Personenverkehrs. Darunter fiel auch der lukrative Transport der Transit- und Exportgüter, die über den Gotthard gingen.

Vor allem aber bedienten die St.-Niklausengesellen nicht nur Flüelen, sondern den ganzen See. Sie stellten den Personenverkehr nach Küssnacht, Brunnen, Buochs, Gersau oder Flüelen (ausser an Markttagen) sicher, zudem transportierten sie Ochsen und Pferde, Wein und Getreide.

Benachteiligt wurden die St.-Niklausengesellen durch das Abkommen zu Gersau von 1687, das Uri und Luzern schlossen, um den Gotthardverkehr wiederzubeleben. → siehe auch S. 102 ff. Luzern nutzte die Neuregelung des Transitverkehrs, um den Pfisternauen aufzuwerten, der «ohne eine Handlung nit bestehen möge, sondern werde gezwungen werden, die Schiffarten einzustellen».[4] Konkret ging das Vorrecht, die fremden Handelsgüter – also nicht nur die Marktwaren – zu transportieren, an den Pfisternauen über: «Die fremde kaufmans Wahren, so zu Luzern anlangen, sollen die Pfisterleüt nacher Flüelen abführen, und wan si nit fahren wolle, so stehet umb dieselbe die nächste Fahrt an denen St. Niclaus Feeren.»

Geschützt von der Obrigkeit wurden die St.-Niklausengesellen vor der privaten Konkurrenz. 1714 entstand eine neue Gesellschaft, die sich «Schiff-Leuthen und Fahren bey dem Hof-Thor» nannte. → siehe auch S. 183 Sie erhielt das Recht, Waren zu transportieren – mit Ausnahme von Pferden, Wein, Korn und Handelswaren, die «allein denen Seeknechten-Leuth ... zu führen gestattet seyn solle».[5]

Zweimal pro Woche kommt die katholische Post über den See

Bereits zuvor war es den «Seeknechten» gelungen, ihr Geschäftsfeld auszuweiten, und zwar mit der Übernahme des Postbetriebs auf dem See. Schon in den Verhandlungen von 1687 in Gersau hatten sich Uri und Luzern beschwert, dass Zürich «das Postwessen uss Italien nacher Basel uss den Catholischen händen genohmen» habe. Es habe deshalb «grosse Unordnungen» gegeben, Briefe seien «zu Ohnzeit gelieferet» worden, Träger hätten Wucherpreise verlangt. Man wollte deshalb das Postwesen wieder «in die Cathol[ische] Hand bringen».[6]

4   StALU Schifffahrtsakten AKT A1 F7 SCH 900, Abschied der Konferenz zu Gersau (Abschrift), April 1687.
5   StALU Schifffahrtsakten AKT A1 F7 SCH 901, Ordnung der Schiffleute der Hoftor-Fähren (16. 8. 1765).
6   StALU Schifffahrtsakten AKT A1 F7 SCH 900, Gersau 1687.

Brüder und Schwestern –
in der Schifffahrt vereint

Während sich die Gesellen des Pfisternauens als eine zünftische Organisation verstanden – sie wurden 1596 in die Pfisterzunft aufgenommen –, schlossen sich die St.-Niklausengesellen in einer Bruderschaft zusammen. Wann sie entstand, ist nicht bekannt. Erstmals erwähnt wird sie 1652.[1] Das älteste Bruderschaftsrodel ist nicht erhalten, ein «Neüwer Rodell» wurde 1683 in der Form eines Rechnungsbuches angelegt und bis 1794 geführt,[2] ein weiterer Rodel → Abb. 62 wurde 1727 als Mitgliederverzeichnis begonnen und bis 1843, mit Nachträgen bis 1848, geführt.[3]

1652 waren die Abläufe der «Bruederschaft des Heiligen Niclaus» bereits eingespielt: Wer in die Vereinigung eintrat, hatte zwanzig Schilling zu bezahlen. Wenn ein Bruder oder eine Schwester starb, wurde ein Opfer von zehn Schilling fällig. Mit den Einnahmen wurden die Totenmessen und Jahrzeitfeiern der verstorbenen Mitglieder finanziert. Wie sich die Kosten für die kirchlichen Feiern zusammensetzten, ist nicht aus den Jahrbüchern ersichtlich, sondern einzig aus der kurzen Notiz von 1652.

Sie zeigt: An die Priester gingen drei Gulden, nämlich «für 6 Priester die Hl. Mässen zu läsen, iedem 20 Schilling». Dazu kamen zwanzig Schilling für zwei Leviten (Diakone), zehn Schilling für «den, so den Rodell verlist», zwölf Schilling für den Provisor (Pfarrverweser), ebenfalls zwölf Schilling für den Sigrist, der zusätzlich zwanzig Schilling erhielt, um die «Ampelen anzuzünden», dann auch zwölf Schilling für den Organisten, aber nur zwei Schilling für den Orgeltreter und zehn Schilling für vier Schüler.[4]

Räte, Geistliche, Seeknechte, Frauen und Töchter

Mitglieder der Bruderschaft waren Klein- und Grossräte (teilweise mit «Ehegemahl»), Chorherren, Leutpriester, Pfarrherren, Schiffmeister und Seeknechte (in der Regel mit ihren Frauen, konsequent «Hausfrauen» genannt), aber auch Frauen, Witwen und Töchter. Über die einzelnen Funktionen innerhalb der Bruderschaft werden keine Angaben gemacht – mit Ausnahme des Pflegers, der für die Abrechnungen verantwortlich war.

Aus den detaillierten Mitgliederlisten des zweiten Rodels von 1727 lässt sich die Entwicklung der Bruderschaft ablesen. Sie zeichnete sich vor allem durch eine grosse Konstanz aus; die Mitgliederzahlen betrugen bis 1843 fast immer zwischen 42 und 52. Nur in der Zeit von 1753 bis etwa 1770 gingen sie zurück, 1760 war ein Tiefstand von

1   Abschrift zu Beginn des zweiten Rodelbuches von 1727.
StALU PA 464/1a, Bruderschaftsrodel der St. Niklausen Schiffgesellschaft, 1727 bis 1848, fol. 6.
2   StALU KB 430, Bruderschaftsrodel der St. Niklausen Schiffgesellschaft, 1683 bis 1794.
3   StALU PA 464/1a.
4   Wahrscheinlich bezogen sich diese ansehnlichen Summen auf die Jahrzeitfeiern von 1652.

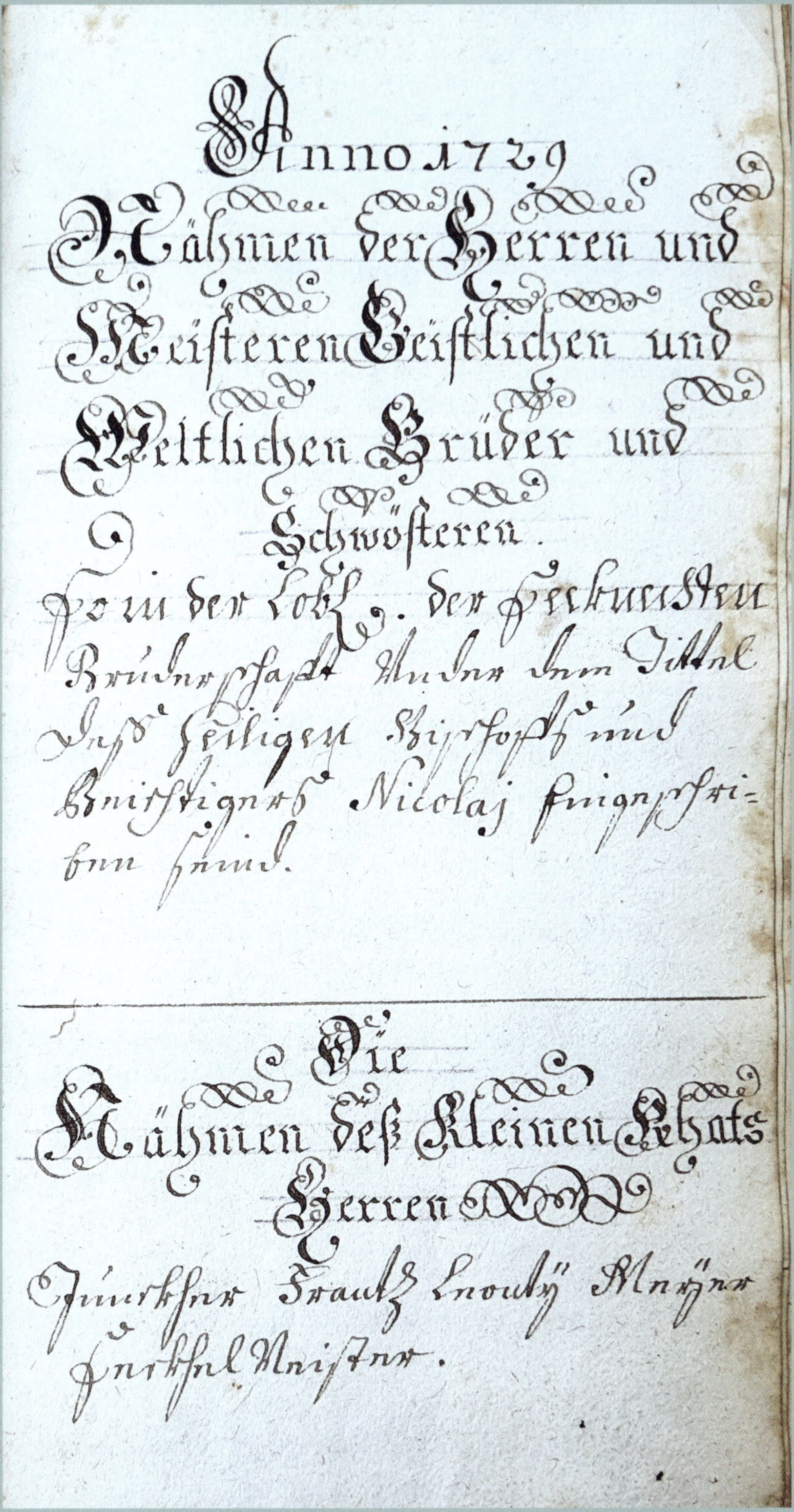

Anno 1729

Nähmen der Herren und Meisteren Geistlichen und Weltlichen Brüder und Schwösteren.

So in der lobl. der Seeknechten Bruderschaft under dem Tittel deß Heiligen Bischofs und Beichtigers Nicolaj Eingeschriben seind.

Die Nähmen deß Kleinen Rhats Herren

Junckher Frantz Leonty Meyer Seckhel Meister.

Abb. 62 Auszug mit Schönschrift aus dem Bruderschaftsrodel der St.-Niklausengesellen: «Anno 1729. Nähmen [Namen] der Herren und Meisteren Geistlichen und Weltlichen Brüder und Schwösteren. So in der lobl. der Seeknechten Bruderschaft under dem Tittel des Heiligen Bischofs und Beichtigers Nicolaj Eingeschriben seind.» Darunter: «Die Nähmen des kleinen Rhats Herren. Junckher Frantz Leonty Meyer, Seckhel Meister.»

29 Mitgliedern erreicht. Weshalb, lässt sich nicht sagen. Umgekehrt dürften die hohen Zahlen auch eine Folge des Bruderschaftszwangs sein, der seit 1715 auf Anordnung der Obrigkeit galt.[1] → siehe auch S. 211

Von «unansehnlichen Buben» und «Maulschellen»

Gewiss lässt bereits der erste Rodel von 1683 auf die Bedeutung der St.-Niklausengesellschaft schliessen – auch auf die gesellschaftliche Bedeutung. Eine wichtige Funktion erfüllte die Bruderschaft an den Musegger Umgängen.[2] Sie führte jeweils die geistlichen Würdenträger und die Obrigkeit auf ihren Schiffen über die Reuss. Aktenkundig wurden die Schiffknechte allerdings nur, wie dies in der Geschichtsschreibung nicht unüblich ist, wenn sie sich Verfehlungen leisteten, so 1733: Wie die gnädigen Herren in einem Ratsbeschluss festhielten, wurden sie nicht von den Schiffgesellen gefahren, «wie die Ordnung ist, sondern durch unansehnliche bueben». Von diesen wurden sie auch noch «unanständig bedint».[3]

Dass es auch innerhalb der Bruderschaft manchmal mit der Ordnung haperte, ist dem ersten Rodelbuch von 1683 zu entnehmen. Die wenigen Notizen, die über die Rechnungslegung hinausgehen, berichten beispielsweise 1768 von einem Carly Wittmer, der «umb ein maas öhl[4] gestraft worden, weillen er dem Hans Marti Zürrer einen maulschellen gegeben». 1784 mussten die Schiffgesellen – «auf das neüe» – daran erinnert werden, dass «ein jeder Schiffknecht sein eigens ruoder zu händ habe», wenn er den Dienst antrete. Zudem müssten die Seeknechte «schuldig sein, so wohl im guotten als schlimme Wetter» zu fahren – ebenfalls «bei straff [von] ein mäs öhl».[5]

Verschiedentlich wurde auch die mangelhafte Teilnahme an den Jahresboten kritisiert. 1779 drohte der Schiffherr sogar «ein halb maas öhl» als Strafe für das Fernbleiben an. In der Regel fanden die Jahresversammlungen zwischen dem 6. und dem 14. Dezember statt. 1780 beschloss die Bruderschaft, die Jahresversammlung immer auf den 6. Dezember anzusetzen – damit «sie den hl. Nicolai ihren Patron als feyrtag erkönnen». Man solle an dem «emblichen tag in der Capell [Peterskapelle] umb neün Uhr ein Gottesdienst halten» und danach das Bot abhalten.[6] Es blieb allerdings bei der Absicht: Auch in den folgenden Jahren variierte der Tag der Jahresversammlung.

208

1   StALU Schifffahrtsakten AKT A1 F7 SCH 902 B, Memorial (betreffend Seeknechte, Pfisternauenknechte und andere Schiffleute), 24.7.1715.
2   Alljährlich wurde der Abschluss des katholischen Kirchenjahres in Luzern mit dem Musegger Umgang gefeiert. Offiziell fiel er auf den 24. März, dauerte aber drei Tage. An der Prozession entlang der Stadtumgrenzung sollen bis zu 20 000 Menschen teilgenommen haben. Sie hatte die Funktion einer «Romfahrt» mit den gleichen Ablassprivilegien wie ein Pilgerbesuch in Rom. Höhepunkt war jeweils die Beichte auf der Musegg. Weil sie von der österlichen Beichtpflicht in der Heimatgemeinde entband, war der Musegger Umgang vor allem bei Auswärtigen beliebt. Sie kamen aus der ganzen Innerschweiz und dem Freiamt.
3   StALU Staatsprotokolle RS 2.14 (20.3.1733).
4   Öl für die Lampenlichter in der Kirche; eine Mass entspricht rund anderthalb Litern.
5   StALU KB 430, fol. 91 und fol. 102.
6   Ebenda, fol. 98.

Bruderschaft finanziert sich auch mit Zinsen von Schuldbriefen

Aufschlussreich in den Bruderschaftsbüchern sind die Hinweise auf die finanziellen Verhältnisse der Vereinigung. Vereinzelt werden nämlich nicht nur die pauschalen Einnahmen und Ausgaben aufgeführt, sondern auch Details – wie etwa, allerdings erst ab 1778, die Eintrittsgelder der neuen Mitglieder. Sie stiegen für Bürger bis 1783 von 20 auf 25 bis 30 Gulden, für Hintersassen und Auswärtige von 50 auf 60 Gulden. Auswärtige kamen aus Kriens, Zell, Weggis und Muri. Die auswärtigen Neumitglieder hatten zudem ein «Trinkgeld» von fünf Gulden zu leisten. Dieses hatte eine lange Tradition, auch bei der Gewinnverteilung unter den Seeknechten. 1794 beschloss die Versammlung aber, dass auch «die frömden fehren von demm trinckgeld ihr anteil haben sollen».[7]

Weiter wird aus den Aufzeichnungen ersichtlich, dass sich die Bruderschaft auch mit Zinsen von Gülten[8] finanzierte. Diese machten rund zehn Prozent der Einnahmen aus. Verliehen wurden die Kredite an Mitglieder vor allem aus der Stadt, in einem Fall aber auch aus dem Entlebuch. Die durchschnittlichen Zinssätze lagen zwischen fünf und zehn Prozent.

Bruderschaft geht in der neuen Gesellschaft auf

1836 löste sich die alte St.-Niklausengesellschaft auf und ging in die neue «St. Niklausen Schiffsgesellschaft» über. Damit ging auch die Bruderschaft in der neuen Gesellschaft auf. Diese übernahm aber nicht nur das Kapital der Bruderschaft, sondern auch die Verpflichtung, weiterhin Jahrzeitfeiern zu halten.

Noch bis 1851 wurde eine separate Kasse für die Opfer der Mitglieder geführt. Erst dann wurde die Bruderschaft auch in dieser Beziehung aufgelöst und ihr Vermögen in die Gemeinschaftskasse übertragen.[9]

209

7 Ebenda, fol. 111.
8 Gülten sind eine Form des Grundpfandes. Bis in das 19. Jahrhundert waren sie die häufigste Form des Bodenkredits in der Deutschschweiz.
9 Franz Haas-Zumbühl, Die Geschichte der Sankt Niklausen-Schiffs-Gesellschaft der Stadt Luzern bis 1910, S. 91.

Hintergrund war die besondere Art, wie das Postwesen in der Eidgenossenschaft organisiert war. Bis weit in das 17. Jahrhundert wurde die Post von Privaten befördert. Erst um 1650 begannen die eidgenössischen Orte, das Postregal zu beanspruchen und den Betrieb an Postunternehmer zu verpachten.[1] Über den Gotthard lag das Postwesen in den Händen der (katholischen) Maderni in Mailand, die sich 1686 aber aus dem unrentablen Geschäft zurückzogen.[2]

Postunternehmer aus Zürich und Bern erhielten nun den Zuschlag auch über den Gotthard,[3] was die katholischen Orte beunruhigte. Es sei gefährlich, dass sich das Postwesen «ganz in den Händen der Evangelischen» befinde, äusserte sich Schwyz.[4] 1696 hatte man das Vertrauen in die «Bündner und Zürcher, mithin die Unkatholischen» verloren,[5] und 1697 befürchtete man, dass «die gesamte Correspondenz der katholischen Orte und deren mitlaufenden Geheimnisse» an die «Nichtreligionsgenossen» verraten würden.[6] Luzern, Uri, Schwyz, Unterwalden und Zug beschlossen deshalb Auflagen für die Postunternehmer. Diese mussten «ihr Postverwaltungspersonal aus Angehörigen der Orte selbst» nehmen und «das Verzeichnis ihrer Angestellten mittheilen, damit die Orte diese in Eid nehmen, verdächtige Personen wegweisen und die Verwaltung in dieser Hinsicht überwachen können». Für den Transport über den See hätten sie sich an die «Schiffleute und St. Niklausfähren» zu halten.

Die «katholische» Post wurde in der Folge zweimal pro Woche über den See befördert; die St.-Niklausengesellen bestimmten dafür einen eigenen Postfuhrmann.[7]

St.-Niklausengesellen gewinnen den Machtkampf in Luzern

Gegen die Bevorzugung des Pfisternauens in den Vereinbarungen von Gersau wehrten sich die Seeknechte der St.-Niklausengesellschaft. Offenbar erkannte auch der Rat, dass es einer Bereinigung bedurfte. 1715 beschloss er, die St.-Niklausengesellen zu stärken. In einem Nebensatz wies er die Pfisternauengesellschaft an, den «Ledinauwen sambt dem kleinen Schiff» stillzulegen und nur noch das Marktschiff zu betreiben. → siehe auch S. 224 Vor allem schützte er aber «seine» Seeknechte vor der Konkurrenz aus Flüelen und Brunnen.[8] So verbot er den Pfisterschiffgesellen, Waren an die Schiffleute von Uri abzutreten, wenn sie selber «gat nit fahren» wollten. Sie sollten «kein gwalt mehr haben fürderhin die Wahren anderweitig zu verfertigen als durch MggHH. Seeknechten». Weiter wurde der Schiffmeister beauftragt, die Wirte zu «observieren», besonders den «Adler»-, «Rössli»-, «Storchen»- und den «Mohren»-Wirt. Er musste dafür sorgen, dass «wan fürderhin frömbde Feeren ankommen, die nacher Brunen, Ury etc. fahren wollten, das solche geferdt niemand anders alls MggHH. Seeknechten, so zu diesem Ende gewidmet, übergeben» werden. Dazu

210

1   Karl Kronig, Post, in: HLS, Version vom 20.1.2011.
2   Eidgenössische Abschiede, Bd. 6, Abt. 2, Nr. 101 (30.6.1686), S. 174. Diego Maderni war Statthalter des Landvogts von Lugano. 1653 erhielt er erstmals das Privileg der eidgenössischen Orte, den Postdienst zwischen Mailand und Luzern zu organisieren. Er half bei der Niederschlagung des Bauernaufstandes von 1653 und förderte die Seidenindustrie. Deshalb wurde er 1653 in das Bürgerrecht der Stadt Luzern aufgenommen. Gianna Ostinelli-Lumia, Maderni, Diego, in: HLS, Version vom 28.8.2008, übersetzt aus dem Italienischen.
3   Eidgenössische Abschiede, Bd. 6, Abt. 2, Nr. 129 (31.5./1.6.1688), S. 218.
4   Ebenda, Nr. 163 (11.9.1689), S. 300 f.
5   Ebenda, Nr. 342 (17. bis 19.10.1696), S. 634.
6   Ebenda, Nr. 347 (8.1.1697), S. 642 f.
7   Franz Haas-Zumbühl, Die Geschichte der Sankt Niklausen-Schiffs-Gesellschaft der Stadt Luzern bis 1910, S. 24 f.
8   StALU Schifffahrtsakten, AKT A1 F7 SCH 902 B, 24.7.1715.

wurde den St.-Niklausengesellen erlaubt, mit Holz zu handeln, gleichzeitig wurden die Winkel-Fähren – einmal mehr → siehe auch S. 107 ff. – ermahnt, kein Vieh «nach Italiam abzufüehren».

In der gleichen Urkunde von 1715 wurde auch der Bruderschaftszwang eingeführt. → siehe auch S. 208 Weil bisher jeder getan habe, was er wollte, weil Schiffrechte vergeben und Schiffe gebaut wurden, ohne dass es der Schiffmeister wusste, sollte nun abgestraft werden, wer nicht der «Bruderschaft der Seeknechten, die alle Jahr uf S. Niclausen tag ihr Jahrbott halten, zu Steifhaltung deren Ordnungen», angehörte.

Mit einer straffen Organisation in das 19. Jahrhundert

Die straffe Organisation der St.-Niklausen-Bruderschaft bewährte sich. Während der Pfisternauen immer wieder in Bedrängnis geriet, → siehe auch S. 223 ff. gelang es den Seeknechten, ihre Position zu stärken. 1743 weichte der Rat sogar das sogenannte «Mittwochsprivileg» der Pfisternauengesellen auf, das seit der Mitte des 16. Jahrhunderts galt. Er erlaubte den St.-Niklausengesellen, Waren auch an einem Mittwoch – dem Tag zwischen den Wochenmärkten in Luzern und Altdorf – zu transportieren, wenn auch erst nach elf Uhr.[9]

1798, als die alte Herrschaft zusammenbrach, ging das gesamte Schiffsmaterial an die Stadt Luzern über. In einem längeren Gutachten wurden die St.-Niklausengesellen als die legitimen Rechtsnachfolger der Obrigkeit anerkannt. 1801 pachteten sie die Schiffhütte hinter dem Freienhof von der Stadt Luzern.[10] In den politischen Wirren der Helvetik und der Mediation blieb der Betrieb der Schifffahrt unangetastet. Er war für die Versorgungssicherheit zentral.

1808 fasste der Verwaltungsrat der Stadt Luzern[11] zusammen, was für die St.-Niklausengesellschaft galt: Sie funktionierte wie bisher, nur stand sie jetzt unter der Kontrolle des städtischen Verwaltungsrats. Dieser legte Wert darauf, dass «bey Aufnahme von neuen Mitgliedern ... vorzügliche Rücksicht auf Bürger und Hindersassen» genommen wurde.[12] 1817 bestand die Gesellschaft aus 41 Mitgliedern.[13]

St.-Niklausengesellen ersteigern ihr eigenes Material

Doch dann kam die grosse Zeitenwende für die Schifffahrt in Luzern. Ende 1835 entschied der Grosse Rat, die Schifffahrt auf seinem Gebiet freizugeben. Anfang 1836 kündigte die Stadt an, ihr gesamtes Schiffsmaterial zu verkaufen. Es umfasste zwei grosse Nauen, einen Halbnauen, zwölf Jassen und neun Weidlinge sowie eine grosse Zahl von Rudern und Segelbäumen.[14]

211

9   StALU Ratsprotokolle 101.74v (5.8.1743).
10   Thomas Gmür et. al., Chronik der SNG, S. 21.
11   In der Mediationsverfassung von 1803 wurde eine neunköpfige Gemeindeverwaltung eingesetzt, die als Führungsorgan der ansässigen Ortsbürger diente; ab 1808 hiess sie Verwaltungsrat. Mit der städtischen Sonderverwaltung blieb das Ortsbürgerprinzip erhalten, das in der Restaurationszeit zwischen 1814 und 1831 wieder zu Bedeutung gelangte. Erst mit der liberalen Kantonsverfassung von 1831 und der Schaffung der Einwohnergemeinde wurde das Wahl- und Stimmrecht wieder – wie in der Helvetik nach 1798 – auf die Kantonsbürger ausgedehnt, die in der Stadt wohnten. Markus Trüeb, Luzern (Gemeinde), Entwicklung der Gemeindestrukturen, in: HLS, Version vom 3.11.2016.

12   StALU Schifffahrtsakten AKT A1 F7 SCH 902 B, Schreiben der Viererkommission an den Verwaltungsrat der Stadt Luzern, 12.12.1808.
13   Haas-Zumbühl, S. 85. In der Pfisternauengesellschaft waren es 14 Mitglieder.
14   Ebenda, S. 30.

Dies rief die St.-Niklausengesellen auf den Plan. Sie waren alarmiert, hatten sie doch aufgrund der Liberalisierung schon einen beträchtlichen Teil ihrer Arbeit verloren. Nun wollten sie wenigstens ihr «eigenes» Arbeitsmaterial erwerben.

Auf ein erstes Angebot von 2000 Franken ging die Stadt nicht ein. Sie zog eine öffentliche Versteigerung vor, um möglichst viel Profit aus dem Fuhrpark herauszuschlagen. Dies wiederum wollte der letzte Pächter und Verwalter der Gesellschaft, Josef Schobinger, nicht akzeptieren. Er machte ein persönliches Kaufangebot von 4400 Franken – doch auch er blieb erfolglos.

So blieb den St.-Niklausengesellen nur, an der öffentlichen Versteigerung teilzunehmen. Diese war kurzfristig auf den 27. Mai 1836 angesetzt worden, auch ein Absetzungsgesuch der Schiffgesellen scheiterte. Hartnäckig boten sie an der Gant mit und erhielten tatsächlich den Zuschlag – nach 35 Nachgeboten zu einem Preis von 5000 Franken.[1]

Kurz darauf kamen 26 Mitglieder zusammen, um die neue St.-Niklausen-Schiffsgesellschaft aus der Taufe zu heben. Es war ein Neuanfang – und gleichzeitig der Aufbruch in eine erfolgreiche Zukunft, wie die nachfolgenden Jahrzehnte zeigten. Dennoch: 1836 war noch eine wesentliche Frage offen. Die «alten» Gesellen erwarteten nämlich eine Entschädigung für die Einbussen, die sie wegen der Aufhebung des Schifffahrtsmonopols erlitten hatten. Von der Regierung dazu aufgefordert, listeten sie ihre Ansprüche auf: 1430 Franken. Doch als es um die Anerkennung der Ansprüche ging, erklärte sich die Regierung für nicht zuständig. Schuld für den Verlust der Arbeitsplätze sei die Dampfschifffahrt. Also wandten sich die Gesellen an die neue Dampfschifffahrtsgesellschaft. Doch auch diese lehnte die Forderung ab. Immerhin aber anerkannte sie die Not der ärmeren Familien – mit einem «Geschenk» von sechshundert Franken.[2]

212

1   Haas-Zumbühl, S. 31 f. Umgerechnet rund 100 000 Franken
(gemäss Konsumentenpreisindex).
2   Ebenda, S. 32 f.

Der heilige Nikolaus grüsst von der Insel

Abb. 63   Mystisch steht die Nikolaus-Statue in der herbstlichen Abenddämmerung auf der kleinen Insel vor dem Meggenhorn. 1994 und 1995 wurde die Kapelle letztmals restauriert. Sie gehört der katholischen Kirchgemeinde Meggen.

Der heilige Nikolaus ist ein Tausendsassa. Er ist nicht nur der Schutzheilige der Schifffahrer, sondern auch der Patron der Kaufleute, Rechtsanwälte, Apotheker, Metzger und Bäcker, der Getreidehändler, Drescher, Pfandleiher, Schneider, Küfer, Fuhrleute und Salzsieder, ebenso der Schüler und Studenten, Pilger und Reisenden, Liebenden und Gebärenden, der Alten sowie der Ministranten und Kinder, aber auch der Diebe, Gefängniswärter, Prostituierten und der Gefangenen.

Es überrascht deshalb nicht, dass Nikolaus zu den meistverehrten Heiligen – auch in der Schweiz – gehört. Vor allem für die Schifffahrt hat er eine besondere Bedeutung. Davon zeugen die zahlreichen Schiffgesellschaften, die sich seit dem 14. Jahrhundert unter dem Namen des Schutzheiligen bildeten.

In der Innerschweiz zeugt eine einzigartige Kapelle davon, die ebenfalls auf das 14. Jahrhundert zurückgeht. Sie steht auf einer kleinen Insel vor dem Meggenhorn. → Abb. 63 + 66 Von dort blickt eine übergrosse Statue des heiligen Nikolaus auf den See hinaus. Mit der rechten Hand segnet er die Schifffahrer, unterhalb der Kapelle – in den Felsen gehauen – befindet sich ein Opferstock. → Abb. 65 Er ist ein Beleg dafür, dass Schiffleute hier in der Tat anlegten, um zu beten oder um Opfer zu bringen.[1]

Reste einer ersten Kapelle lassen sich auf das frühe 14. Jahrhundert datieren.[2] Aus dieser Zeit stammt auch die Sandsteinfigur. Ursprünglich befand sie sich in einer Kapelle, die sich an die exakte Ost-West-Ausrichtung von Sakralbauten hielt. 1515 – darauf weist die Inschrift[3] über dem Fensterbogen hin – wurde die Kapelle vergrössert. Dabei reichte die Grundfläche der kleinen Insel nicht mehr für eine genaue Ost-West-Ausrichtung, deshalb wurde die Kapelle abgedreht. Seither blickt der heilige Nikolaus schräg aus dem Fenster. → Abb. 64

Lange schützte er auch die Prostituierten

Er ist – nicht nur aus der Nähe betrachtet und nicht nur wegen seiner Grösse von 217 Zentimetern – eine imposante Figur. Kopf und Rumpf bestehen aus zwei einzelnen Teilen und sind mit Eisenklammern verbunden. Sowohl der blockartige Rumpf als auch der einfache Kopf mit seinen grossen Augen zeugen «von einer monumentalen Auffassung». Aus dem 14. Jahrhundert sind keine vergleichbaren Steinbildhauereien bekannt – zumindest nicht in Luzern.[4]

Der heilige Nikolaus schützt die vorbeifahrenden Schiffleute mit dem Segensgestus seiner rechten Hand. In der linken Hand

214

1   Uta Bergmann, Meggen. Kapelle St. Niklausen im See, S. 89 und S. 92. 1661 stand der Opferstock auf einem Pfahl neben der Kapelle, später wurde er in den Felsen eingelassen. Noch heute wird regelmässig Geld in den Opferstock gelegt.
2   Die folgenden Ausführungen stützen sich auf einen zusammenfassenden Bericht der Denkmalpflege des Kantons Luzern, der nach der Restaurierung der Kapelle in den Jahren 1994 und 1995 publiziert wurde (Bergmann, S. 88 ff.).
3   Neben der Jahreszahl sind auch die Wappen von Luzern und der Landvogtei Habsburg aufgemalt. Dabei handelt es sich um die früheste Darstellung des Landvogteiwappens. Dieses wurde ab 1518 auf den Luzerner Talern verwendet. Es ist auch das Wappen der Gemeinde Meggen.
4   Bergmann, S. 91.

hält er den Krummstab. Dies war allerdings nicht immer der Fall, denn zwischenzeitlich war die linke Hand aus Holz gefertigt und hielt ein Buch mit den drei goldenen Kugeln. Diese symbolisieren eine bekannte Legende des heiligen Nikolaus: Er soll die drei Töchter eines armen Mannes vor der Prostitution gerettet haben, indem er ihnen nachts heimlich drei Goldklumpen durch das Fenster warf. Erst mit dieser Mitgift war es ihrem Vater möglich, sie zu verheiraten.

Der heilige Nikolaus erhielt seinen Bischofsstab erst 1950 bei einer grösseren Restaurierung der Kapelle zurück. Nicht freigelegt wurden damals die Fassadenmalereien, die seit dem 17. Jahrhundert mit Sumpfkalkmörtel zugedeckt waren. Dies geschah erst bei der letzten Restaurierung von 1994 und 1995. Damals gelang es der Denkmalpflege auch, eine «befremdende Theorie», die noch heute herumgeistert, in das Reich der Legenden zu verweisen – nämlich, dass es sich bei der Statue gar nicht um den heiligen Nikolaus, sondern um den heiligen Clemens handle, der nach dem Brand der Hofkirche von 1633 aus dem dortigen Figurenzyklus entfernt und als Nikolaus auf die Insel vor Meggen gekommen sei. «Brandspuren», auf die sich diese These stützte, erwiesen sich als Oxidationsreste. Zudem wurde der Mörtel, der für den Bau der ersten Kapelle und für die Statue verwendet wurde, auf den gleichen Zeitraum datiert – auf das frühe 14. Jahrhundert.[5]

Sankt Nikolaus ist allgegenwärtig

Dennoch gibt es eine Verbindung in die Hofkirche, denn auch dort ist der Schutzpatron der Schifffahrer präsent. Nicht nur soll die ursprüngliche Klosterkirche an der Stelle einer Nikolaus-Kapelle gebaut worden sein,[6] auch steht in der Vorhalle noch heute eine Statue des heiligen Nikolaus – mit den drei goldenen Kugeln in der linken Hand. 1601 ist auch ein Nikolaus-Altar bezeugt, der nach dem Brand von 1633 möglicherweise auch in der neuen Hofkirche weiterbestand.[7]

In seiner Funktion als Schutzherr über die Schifffahrer ist der heilige Nikolaus rund um den Vierwaldstättersee zu finden. Über dem Hoftor bei der Hofbrücke stand einst seine Figur, St. Niklausen auf der Horwer Halbinsel trägt seinen Namen,[8] in der Dreikönigskapelle in Horw-Winkel ist ihm ein Altar geweiht, auf der Treibweid – einem Felssporn gegenüber Brunnen – steht sein Bildstock, in der Gaststube der «Treib» ist er mit Niklaus von Flüe vereint.

Eine prominente Rolle nimmt der heilige Nikolaus auch in der Kindlimordkapelle zwischen Gersau und Brunnen ein. Dort zeigen

215

5   Ebenda.
6   Diebold Schilling zeigt in seiner Chronik von 1513 sogar, wie die Klosterkirche um die Nikolaus-Kapelle herum gebaut wird. Vergleiche dazu: Stefan Ragaz, Luzern im Spiegel der Diebold-Schilling-Chronik, S. 18 f.
7   St. Niklausen Schiffgesellschaft, Chronik der SNG, S. 17.
8   Johann Leopold Cysat bezeichnet St. Niklausen als «St. Niclaus an dem Langeneck», Langensand nebenan als Dorf. Johann Leopold Cysat, Beschreibung dess Berühmbten Lucerner- oder 4. Waldstätten Sees, S. 255.

D'ALTSTADT CONTRE LE RIGHI.

216

Abb. 64   Eine etwas eigenwillige Darstellung der Inselgruppe vor dem Meggenhorn stammt von einem bekannten Landschaftsmaler und Zeichner. Gabriel Lory (Vater) fertigte sie um 1800 an. Vorne schwimmen Enten um eine Insel, die es nicht gibt, dahinter ist die Nikolaus-Kapelle um neunzig Grad abgedreht, dazu mit dem Eingangstor auf der falschen Seite, → Abb. 6 + 66 und der Nikolaus blickt seitenverkehrt aus der Kapelle. Er sollte den Bischofsstab in der linken Hand halten.

Abb. 65   Ein erster Opferstock ist schon 1661 bezeugt. Damals stand er noch auf einem Pfahl neben der Insel. Wann er in den Fels eingelassen wurde, ist nicht bekannt. Er wird aber noch heute von Schifffahrern gefüttert.

drei Glasmalereien aus dem Jahr 1709, wie er die Schiffgesellen von Luzern → Abb. 1 und Uri → Abb. 31 auf ihren Fahrten über den Vierwaldstättersee beschützt – zusammen mit Maria und dem Jesuskind – und wie er den Schiffgesellen von Schwyz → Abb. 57 beisteht.

Namensgeber
der Schiffgesellschaften

Uri und Schwyz nennen in den Inschriften der Glasmalereien auch die Schiffgesellschaften – die «lobliche Gesellschafft dere herren Schiffgesellen des grosen Märcht-Nauwes von Ury» und die «lobliche Bruderschaft der Schifflüten zuo Brunnen». → Abb. 31 + 57 / siehe auch S. 189 + 226 ff. Brunnen gründete seine grosse Schiffig schon in der Mitte des 14. Jahrhunderts als Schiffleutebruderschaft. Schutzpatron war der heilige Nikolaus von Myra.[1] Auch in Gersau gab es eine St.-Nikolausen-Bruderschaft der Schiffleute. Allerdings wurde sie erst 1827 gegründet.[2] Am bekanntesten sind die beiden Schiffgesellschaften, die unter dem Namen des heiligen Nikolaus auf dem Vierwaldstättersee fuhren – die St.-Niklausengesellen in Luzern und in Uri. Aber auch «Konkurrenzgesellschaften» wie der Pfisternauen in Luzern sahen den «Heiligen Bischoff St. Niklausen» als «der Gesellschaft lieben Patronen» an.[3] 1611 berichtete das Jahrzeitbuch der Franziskaner von der Jahrzeitfeier der «ersammen Gesellschaft Sanct Niclausen im Pfisternouwen». Dieser sollte man «alle Jahr, den nächsten Montag nach dem Sanct Nicolajtag, … ein gesungen Amt de S. Nicolao In Altari S. Bernardini cum Diacono solemniter, cum Organo e Musica» halten.[4]

217

1   Jakob Obrecht, Brunnen: Hafen, Schiffig, Sust und Palisaden, S. 77.
2   Marzell Camenzind, 150 Jahre St. Nikolausen-Bruderschaft Gersau, S. 4 f.
3   StALU Schifffahrtsakten AKT A1 F7 SCH 902 B, Erneuerung der Ordnung der gemeinen Gesellen des Pfisternauens, 12. 2. 1593. In dieser erweiterten Ordnung der Pfisternauengesellschaft wird auch der jährliche Versammlungstag auf den 6. Dezember festgelegt.
4   Franz Haas-Zumbühl, Die Geschichte der Sankt Niklausen-Schiffs-Gesellschaft der Stadt Luzern bis 1910, S. 56 f.

Abb. 66   Die kleine Inselgruppe, die mehrheitlich aus Nagelfluh besteht: Vorne die St.-Niklaus-Insel, links dahinter die Insel, auf der sich früher mindestens ein Kreuz befand. → Abb. 6 + 64 + Umschlagklappe vorne Zwischen den beiden Inseln ist die bewaldete Altstadinsel zu erkennen, → siehe auch S. 21 ff. links das Dach der ehemaligen Taverne. → siehe auch S. 254 ff.

Pfisternauen: Aufstieg und Fall des Marktschiffes von Luzern

Vieh und Getreide auf dem gleichen Schiff – das war keine gute Idee. Aber es war offenbar die Regel. Deshalb wandten sich die Kaufleute, die mit Getreide handelten – wahrscheinlich Müller, vielleicht auch Bäcker –, um die Mitte des 15. Jahrhunderts an den Luzerner Rat. Häufig sei ihre Ware verdorben, weil Tiere auf den Schiffen mitgeführt würden. Sie baten den Rat um ein eigenes Schiff, das nur einen einzigen Zweck hatte, nämlich das Getreide an den Markttagen nach Flüelen zu überführen. Mit der Einwilligung des Rats war der sogenannte «Pfisternauen» – das Schiff der Bäcker – geschaffen.[1]

Urkundlich tauchen die Schiffgesellen des Pfisternauens erstmals 1455 in einer Vorladung des Rats auf: «Gib tag [setze einen Verhandlungstermin] den Pfisterschifflüten so gen Uri varend für beid Rät dz si den lon gesteigret hand gen Uri.»[2] Offenbar hatten sie eigenmächtig den Fahrpreis nach Uri heraufgesetzt. Dass sie nicht ausschliesslich Getreide transportierten, war bereits 1487 ersichtlich. Damals wurden sie in einem Ratsbeschluss ermahnt: «Die schifflütt jm pfister nauwen sollen by jren eiden dehein [kein] schwin [Schwein] me an der Egg schiffen, sunder am Hoftor.»[3] Anfänglich beschränkten sie sich auf ein einziges Schiff. Später betrieben sie neben dem Marktschiff aber auch einen Ledinauen und ein «kleines Schiff».[4]

Vereinigung von «eerlichen unverlümbden Burgern»

Ganz allgemein waren die Schiffleute, anders als die Fuhrleute an Land, darauf bedacht, sich in Vereinigungen zu organisieren.[5] 1496 schlossen sich die «lieben unnd gethrüwen gemein Schiff Gsellen im Pfister Schiff» zusammen und gaben sich die ersten Satzungen – «zu nuz und trost unser gemeinen Stat Lucern».[6] Sie beanspruchten die Schifffahrtslehen als Privilegien der gewerbetreibenden Stadtbürger.[7]

1593 wurden die Statuten erweitert. Künftig sollte die Jahresversammlung «fürnemblich am S. Niclausen tag» abgehalten werden. Wer der Gesellschaft beitrat, musste «zwen guld Münz und zwey pfund wachs» spenden – und zwar «zu vorderst dem Heiligen Bischoff Sanct Niclausen der gsellschafft lieben Patronen».[8] → siehe auch S. 217 Über die Aufnahme eines neuen Schiffgesellen

220

1 Franz Haas-Zumbühl, Die Geschichte der Sankt Niklausen-Schiffs-Gesellschaft der Stadt Luzern bis 1910, S. 17 (ohne Quellenangabe).
2 StALU Ratsprotokolle RP 5B.179v (22. 2. 1455).
3 Rechtsquellen des Kantons Luzern, Teil 1, Bd. 3, Nr. 286 (20. 6. 1487), S. 291.
4 StALU Schifffahrtsakten AKT A1 F7 SCH 902 B, Memorial (betreffend Seeknechte, Pfisternauenknechte und andere Schiffleute, 24. 7. 1715), fol. 40v. 1715 wurden die Pfisternauenleute gezwungen, die weiteren Schiffe wegzuschaffen. → siehe such S. 224
5 Anne-Marie Dubler, Geschichte der Luzerner Wirtschaft, S. 268.
6 StALU Schifffahrtsakten AKT A1 F7 SCH 902 B, Ordnung und Freiheit der Pfisterleute oder Schiffgesellen des Pfisternauens zu Luzern, 1496 (Abschrift von 1593), fol. 224.
7 Hans Wicki, Bevölkerung und Wirtschaft des Kantons Luzern im 18. Jahrhundert, S. 496.
8 StALU Schifffahrtsakten AKT A1 F7 SCH 902 B, Erneuerung der Ordnung der gemeinen Gesellen des Pfisternauens, 12. 2. 1593, fol. 226.

entschied die Versammlung. Wer abgewiesen wurde, aber ein «eerlicher unverlümbder Burger» war, konnte den Rat anrufen. Dieser war befugt, «die gsellschaft heissen, was billich ist», das heisst einen Stadtbürger gegen den Willen der Versammlung als Mitglied einzusetzen.[9] Schiffgesellen hatten nicht nur ein Eintrittsgeld zu bezahlen, sondern mussten sich auch an den Kosten eines neuen Schiffes beteiligen.

Schiffgesellen treten der angesehenen Zunft zu Pfistern bei

Die neuen Satzungen hatten auch mit dem raschen Aufstieg der Pfisterschiffgesellen zu tun. Sie suchten das berufsständische Leben, doch fehlte ihnen ein Versammlungslokal. Nicht zuletzt deshalb waren sie einer Vereinigung mit der Pfisterzunft nicht abgeneigt. Zumal eine ganze Reihe von Schiffgesellen bereits der Zunft angehörte. Gleichzeitig war auch die Pfisterzunft interessiert, denn sie sass seit dem Neubau des Zunfthauses an der Reuss auf einem grossen Schuldenberg.[10] 1598 wurden die Pfisternauenleute in die Pfisterzunft aufgenommen.

Sie erhielten die gleichen Rechte wie die Pfister und Müller, hatten Anspruch auf eine eigene Zunftscheibe und durften einen Teil des Dachgeschosses nutzen, um ihre Ruder und Weidenringe aufzubewahren. Umgekehrt besassen die Pfister und Müller nun das Privileg, ein Pfisternauenrecht zu erwerben, wenn es eine Lücke gab. Vorrang hatten nur die Kinder und der leibliche Bruder eines austretenden Schiffgesellen.[11] 1608 zählte die Bruderschaft der Pfisternauengesellen bereits vierzig Mitglieder. Davon waren vierzehn als Meister in der Zunft vertreten.[12] An den Getreideverkäufen auf dem Markt in Altdorf hatten sie einen erheblichen Anteil. In einer Beschwerde von 1602 über die Marktverhältnisse in Uri gaben die Schiffleute an, dass sie «bis in 200 mütt[13] zu Uri» feilhielten.[14] Die obrigkeitlichen Bestimmungen beschränkten den Getreidetransport; mindestens seit 1451 stand jedem Schiffgesellen aber ein persönliches Kontingent von acht Mütt zu.[15]

Marktschiff wird von den Obrigkeiten bevorteilt

Für die Pfisternauengesellen war es ein wichtiges Privileg, auch wenn Luzern schon 1483 von der gesamteidgenössischen Tagsatzung gezwungen worden war, das Recht mit den Schiffleuten des Urinauens zu teilen.[16] → siehe auch S. 85 Dank des obrigkeitlichen Schutzes war der Pfisternauen vor allem gegenüber den St.-Niklausengesellen in Luzern bessergestellt. Nicht nur hatte er das alleinige Recht, den Markt in Altdorf zu beliefern, 1544 erhielt er auch das «Mittwochsprivileg»: Er durfte an den Tagen zwischen den Wochenmärkten in Luzern und

221

9   Ebenda.
10   Haas-Zumbühl, S. 54.
11   Ebenda, S. 55.
12   Ebenda, S. 56.
13   Mütt (von lateinisch Modius = Mass), Hohlmass für Getreide, entsprechend einer Mannslast, die von Region zu Region variierte. In der Innerschweiz betrug ein Mütt zwischen 138 und 150 Liter. Anne-Marie Dubler: Mütt, in: HLS, Version vom 2.9.2010.
15   Werner Schnyder, Quellen zur Zürcher Wirtschaftsgeschichte, Bd. 1, Nr. 361 (17.3.1451), S. 621.
16   Eidgenössische Abschiede, Bd. 3, Nr. 195 (29.9.1483), S. 164.

Altdorf auch das Teilgut[1] befördern. In einem Abkommen mit Uri heisst es, dass «die mitwuchen beider schiffen Feeren [St.-Niklausengesellen und Fähren zu Flüelen] zu Lucernn soll fry sin» und «das theill gut soll denen im Pfister nauwen allein gehören». Zumal «die im Ury märckt nauwen das zeführen nit bunden sin wendt» und deshalb «gütlich nachgelassen unnd bewilliget handt».[2]

Anfänglich stiess die Privilegierung der Pfisternauenleute auf den heftigen Widerstand der St.-Niklausengesellen in Luzern. Doch als der Rat einschritt, normalisierte sich das Verhältnis. Wiederholt versuchten die St.-Niklausengesellen, das Mittwochsprivileg aufzuweichen, in seiner Gesamtheit blieb es aber bis 1743 bestehen. Erst dann wurde den Seeknechten der St.-Niklausengesellschaft gestattet, Waren und Personen zu befördern – wenigstens nach elf Uhr. → siehe auch S. 186

Schiffgesellen nutzen ihre Privilegien, um den Getreidehandel zu kontrollieren

In der Pfisternauengesellschaft sass eine beachtliche Zahl von Handwerkern und Grossräten, die über Einfluss in der Stadt verfügten – und die sich manchmal in die Haare gerieten. 1596 beklagte sich Hans Krämer – ein Grossrat, der Getreide-, Vieh-, Reis- und Weinhandel über den Gotthard betrieb – über einen Mitgesellen. Dieser habe ihm in Uri wiederholt die Kunden abgezogen und einmal den Verkauf von Roggen und Kernen verdorben.[3]

Krämer war offenbar als Spekulant in Luzern bekannt. 1603 warnte der Kaufhausmeister vor vier Pfisternauengesellen, die mit Getreide spekulierten. Darunter befand sich auch Hans Krämer. Er umging die vorgegebene Lademenge von acht Mütt, indem er die Kontingente von Mitgesellen in seine Rechnung nahm. Dafür sackte er «ettlichs zimlichs lönnlj» ein. Später trat er auch als Zwischenhändler für Wein auf, den er in die Länderorte lieferte.[4]

1618 verwaltete er sogar das obrigkeitliche Kaufhaus, wo das Getreide gehandelt wurde. Nun nutzte er seinen politischen Einfluss, um gegen die Konkurrenz aus Uri vorzugehen – und gegen die Kaufleute in Luzern, die ebenfalls mit Getreide spekulierten.[5] 1619 ging er gegen zwei Gutfertiger aus Luzern vor. Niklaus Meyer und Melchior Balthasar kauften regelmässig Getreide in der ganzen Eidgenossenschaft auf, um es über den Gotthard in die ennetbirgischen Gebiete zu liefern. Dort rechneten sie mit einer raschen Teuerung, für den Transport wollten sie deshalb Extraschiffe anheuern.[6]

Dagegen wehrten sich Krämer als Kaufhausmeister und die Pfisternauengesellen, die auf ihr Getreidemonopol pochten. Und sie erhielten Recht. Nicht nur gelte eine wöchentliche Ausfuhrbegrenzung von zwanzig Mütt,[7] auch müsse das Getreide mit dem Pfisternauen «gefertiget werden und nit in nebentschiffen, wie sy vorhabend». Was die dreihundert Mütt betreffe, die

222

1   Handels- oder Kaufmannsgut, das nicht für den Markt bestimmt war, sondern für den Weitertransport über den Gotthard.
2   StALU Schifffahrtsakten AKT A1 F7 SCH 901, Akte zu den Streitigkeiten zwischen den Marktschiffen von Luzern und Uri, 1544.
3   Kurt Messmer/Peter Hoppe, Luzerner Patriziat, S. 353 und S. 447.
4   Ebenda, S. 353 f.
5   Ebenda, S. 354.
6   StALU Ratsprotokolle RP 56.280 (1619).
7   Ausfuhrbegrenzungen waren in dieser Zeit üblich. Sie hatten den Zweck, den Umsatz auf die verschiedenen Mitglieder der Gesellschaft zu verteilen, insofern für «Gerechtigkeit» innerhalb der eigenen Gemeinschaft zu sorgen.

Meyer und Balthasar «schon in der Eydgnosschaft gekauft», so sei ihnen befohlen, dass sie diese in das «Kauffhuss tüönt und da verkaufend».[8]

Aus einer echten Ehre wird eine zweifelhafte

Mit dem rückläufigen Verkehr auf dem Vierwaldstättersee → siehe auch S. 85 f. ging auch der Einfluss der Pfisternauengesellen zurück. 1649 veräusserten sie ihre Bruderschaft oder – wie sie es nannten – «verehrten» sie den Pfistern und Müllern. Diese konnten nun der Gnaden teilhaftig werden und mussten dafür nicht einmal den Gottesdiensten beiwohnen. Für diese «Ehre» bezahlten sie zehn Gulden.[9]

Bereits zuvor hatten sich die Klagen gegen die Schiffgesellen gehäuft. So auch 1642, als sechs Mitglieder der Pfisternauengesellschaft «bis uf morgens [über Nacht] in die gefangenschaft gelegt» wurden, weil sie «in dem fahren kein ordnung gehalten, uf den usspänen gespilt, stark gezechet und bewynet [Wein getrunken]» hätten. Ausserdem hätten sie den Wein «vilmals heimlicher wys ehrlichen lüthen us den leglen [Fässern]» genommen.[10]

Um die Mitte des 17. Jahrhunderts spitzte sich auch der Konkurrenzkampf mit den Urner Schiffgesellen zu. → siehe auch S. 86 Klagen und Gegenklagen zeugen von der angespannten Stimmung.[11] 1701 eskalierte der Konflikt. Balz Müller, der mit seinem Pfisterschiff in Flüelen war, hatte Passagiere nach Luzern mitgenommen – an einem Montag, was die Urner als einen Verstoss gegen ihr Montagsprivileg betrachteten. Müller wurde gebüsst und angeklagt, blieb aber der Verhandlung fern. Schliesslich, nach acht Monaten, musste die Tagsatzung der katholischen Orte schlichten. Uri war bereit, «auf die Sache zurückzukommen», wenn sich «Müller in angegebener Weise entschuldigt habe».[12]

Beispielhaft ist der Fall auch für die Art und Weise der Streitigkeiten. Luzern berief sich auf das Abkommen zu Gersau von 1687. → siehe auch S. 102 ff. Dort heisse es «ohne Benennung des Tages, dass jede Partei die durchreisenden fremden Fussgänger in ihr Schiff aufnehmen könne». Uri stellte sich auf den Standpunkt, dass nicht das Abkommen von Gersau gelte, sondern ein anderer Vertrag von 1686, «welcher das Fahrrecht an Montagen ausschliesslich nur den ordinären Wochenmarktschiffleuten zuspreche». Kurzsilbig befand die Tagsatzung, «es solle an einer anderen Conferenz und unter Theilnahme beidseitiger Schiffleute untersucht werden, ob der Vertrag von 1686 oder der Abschied von 1687 massgebend sei».[13]

223

8   StALU Ratsprotokolle RP 56.280 (1619).
9   Haas-Zumbühl, S. 57.
10 StALU Ratsprotokolle RP 67.130v (10. 3. 1642).
11 StALU Schifffahrtsakten AKT A1 F7 SCH 901, Memorial der Klage der Schiffgesellen zu Luzern gegen die Schiffgesellen von Uri, 8. 12. 1648; Beschwerden der Luzerner wegen des Wochenmarkts in Altdorf, 7. 12. 1649; Korrespondenz zwischen Luzern und Uri wegen der Marktschiffleute, 9. 3. 1665; Akte betreffend die hiesigen Schiffgesellen, 7. 9. 1665.
12 Eidgenössische Abschiede, Bd. 6, Abt. 2, Nr. 483 (19./20. 12. 1701), S. 952.
13 Ebenda.

Nur noch Bürger sollen gesellschaftsfähig sein

Kurz angebunden war die Tagsatzung wohl auch, weil sie es bereits gewohnt war, dass sich die Urner gegen die Umsetzung des Abschiedes von Gersau stemmten. Sie taten es mit Erfolg, und die Pfisternauengesellen gerieten immer mehr unter Druck. In einem undatierten Bittgesuch an den Rat verlangten sie, dass «absolut kein» Schiffgeselle aufgenommen werde, der nicht «ein Bürger der Stadt Lucern» sei, «und zwar ein aufrecht redlicher Mann, der weder verstossenes luder noch spiler ist».[1]

Die weiteren Forderungen zeigen, woran die Gesellschaft krankte: Sie hatte Disziplinprobleme. Vor allem müsse «das Stüpfen widerum zu gang gebracht» werden. «Stüpfen» hiess, dass sich die Schiffgesellen zu einer bestimmten Zeit vor dem Dienst bei ihrem Schiffmeister für die Fahrt anmelden mussten. Ebenso sollten die «Schiffgesellen von Land bis widerum zu Land nach uhraltem brauch beym Schiff verharren und den ordinarj Wochenmark[t] ohnentbärlich frequentieren». Ausserdem setzten sich die Pfisternauengesellen für ein Exklusivrecht ein. Konkret verlangten sie, «dass keiner neben dem Schiffrecht des Pfisternauens noch darzu ein andres Fahrrecht als bekantlich des Seeknächten, Ruchknächten und dergleichen auf dem See zu üben, zu kaufen oder darmit zu thun zu haben gestalt habe».[2] Es war eine unmissverständliche Spitze gegen die Konkurrenz in Luzern – gegen die St.-Niklausengesellen.

Luzerner Rat stärkt die St.-Niklausengesellen, nicht die Pfisterschiffleute

Doch es kam anders. In einem Memorial von 1715 beschloss der Rat, die «allerhand eingeschlichene[n] Misbreüch» zugunsten der Obrigkeit, nicht einer einzelnen Gesellschaft. Auf der einen Seite schützte er die obrigkeitlichen Seeknechte vor der Konkurrenz aus Flüelen und Brunnen. → siehe auch S. 210 Auf der anderen Seite beschränkte er die Pfisterschiffleute auf ihren ursprünglichen Zweck – die Marktschifffahrt. «Unsertwegen», so der Rat, wurde «dem Baltz Müller sein Ledinauwen sambt dem kleinen Schiff ... abgenohmen». Und dabei solle «es stricte sein Verbleiben haben».[3]

Damit begann der Niedergang der Pfisternauengesellschaft. Einen zusätzlichen Rückschlag musste das Marktschiff hinnehmen, als der Rat entschied, das Mittwochsprivileg des Pfisternauens aufzuweichen. 1743 erlaubte er den St.-Niklausengesellen, Waren nach elf Uhr auch an einem Mittwoch – dem Tag zwischen den Wochenmärkten in Luzern und Altdorf – zu transportieren.[4] 1750 zählte die Gesellschaft noch zehn Mitglieder,[5] sie befand sich in einem «jämmerlichen Zustand».[6] Für die Schiffrechte – einst ein angesehenes Privileg in Luzern – schienen sich die Bürger nicht mehr zu interessieren.

224

1   StALU Schifffahrtsakten AKT A1 F7 SCH 900, Klagepunkte der Pfisternauenleute an den Rat, fol. 28 (undatiert, wohl um 1700).
2   Ebenda.
3   StALU Schifffahrtsakten AKT A1 F7 SCH 902 B, 24.7.1715.
4   StALU Ratsprotokolle RP 101.74v (5.8.1743).
5   Haas-Zumbühl, S. 62. Wicki, S. 497, nennt elf Mitglieder.
6   Wicki, S. 497.

Ein letztes Aufbäumen bringt keine Rettung mehr

«Fremde» machten mittlerweile den Kern der Pfisternauenleute aus.[7] Die beiden einzigen Stadtbürger, die noch in der Gesellschaft sassen, Franz Jakob Stocker und Johannes von Moos, wandten sich deshalb 1750 an den Rat. Sie beklagten sich, dass «in dem Pfisternauen schiffknecht seyen, die zu gleich in St. Niclausennauwen seyen». Sie verlangten ein weiteres Mal, wie schon um 1700, dass Schiffrechte nur noch an Bürger verliehen würden.[8] Teilweise ging der Rat auf das Begehren ein. 1753 setzte er die Eintrittsgebühren für Hintersassen und Fremde herauf. Bürger bezahlten 45 Gulden, Hintersassen mussten 100 Gulden leisten, Fremde mindestens 200 Gulden.[9] Auch schien die Doppelmitgliedschaft in der Pfisternauen- und der St.-Niklausengesellschaft nicht mehr die Regel zu sein. 1757 wurde einem Niklaus Schumacher, Bürger der Stadt Luzern, nur ausnahmsweise gestattet, «sein stück brot» auch als Seeknecht zu verdienen.[10]

Offenbar ging der Pfisternauen gestärkt aus der Krise hervor.[11] Zumindest schien er nun sogar mit den Gesellen des Urner Marktschiffes gegen die St.-Niklausengesellen zu paktieren. In einem Ratsbeschluss von 1773 wurden die Schiffgesellen des Pfisternauens daran erinnert, dass sie nicht befugt seien, «wan sie am mittwochen nit selbsten fahren, einiges gefergg denen Urneren um den halben lohn zu übergeben, sondern soliches denen Schiffleüten des Schiffambts zu füehren überlassen».[12] Dem obrigkeitlichen Schiffamt waren die Seeknechte der St.-Niklausengesellschaft unterstellt.

Dennoch: An der allgemeinen Entwicklung änderten die Rettungsversuche nichts. Schifffahrrechte als Privilegien für die städtische Bürgerschaft waren ein Auslaufmodell. 1798 wurden die Zünfte aufgehoben, auch die Pfisternauenleute verloren ihre Vorrechte.

1829, kurz vor dem Ende der Restauration, erneuerte sich die Pfisterzunft – ohne die Pfisternauenleute. Die ehemaligen Marktschifffahrer traten nicht der «Gesellschaft zu Pfistern» bei, sondern vereinigten sich zu einer eigenen Gesellschaft unter den Statuten von 1593. Noch einmal versuchten sie, den Schiffsbetrieb aufzunehmen – wie damals, von Dienstag bis Freitag zwischen Luzern und Flüelen, allerdings nicht mehr mit Getreide, sondern mit Leuten und Vieh.

Es war ein Geschäftsfeld, das bereits die St.-Niklausen-Schiffsgesellschaft besetzte. 1840, drei Jahre nach der Einführung der Dampfschifffahrt auf dem Vierwaldstättersee, löste sich die Pfisternauengesellschaft auf. Zuvor hatte sie offenbar den Anschluss an die St.-Niklausengesellen gesucht, letzlich blieb aber nur die Liquidation. 1842 erreichte sie immerhin, dass sie von der Regierung für die aufgehobenen Schiffrechte entschädigt wurde – mit 1200 Franken oder 100 Franken für jedes Mitglied.[13]

225

7   Die insgesamt acht Fremden kamen aus Emmen, Meggen, Entlebuch, Ruswil, Schongau und Adligenswil. Wicki, S. 497.
8   StALU Schifffahrtsakten AKT A1 F7 SCH 900, Klage der Pfisternauenleute, 17.4.1750, fol. 31.
9   StALU Ratsprotokolle RP 105.182 (8.8.1753).
10   StALU Ratsprotokolle RP 107.209 (3.12.1757).
11   StALU Ratsprotokolle RP 154.19 (17.9.1773).
12   Haas-Zumbühl, S. 63 f. Der damalige Betrag von 100 Franken entspricht heute rund 1700 Franken (umgerechnet nach Konsumentenpreisindex).

Die wohllöblichen «Herrn Schiffgesellen des Lands Ury»

Ähnlich wie in Luzern entwickelte sich die Schifffahrt auch in Uri. Zunächst waren es Schiffleute in der Nähe des Sees, die sich um den Transport von Menschen und Waren kümmerten. Davon zeugt die älteste Schifffahrtsordnung von 1374, die Flüelen betraf.[1] → siehe auch S. 176 Dann kamen die Interessen der Landesregierung dazu. Sie wollte den Markt in Altdorf kontrollieren und liess dafür einen Marktnauen bauen. Wahrscheinlich geschah dies, wie in Luzern, um die Mitte des 15. Jahrhunderts. Bezeichnend für die Nähe zu den Landesinteressen ist, dass sich die Bruderschaft der Schiffgesellen nicht in Flüelen niederliess. Sie wurde an der Pfarrkirche in Altdorf errichtet.[2] Erwähnt wird sie erstmals in einem Totenrodel von 1522 und 1523.[3] Sie war auch als St.-Niklausen-Gesellschaft bekannt, nannte sich später aber «Die wohllöbliche Bruderschaft der Herrn Schiffgesellen des Lands Ury».[4] → Abb. 69

Unter den Dorfleuten in Flüelen, aber auch zwischen den Schiffgesellen in Flüelen und dem Marktschiff kam es regelmässig zu Konflikten. Dabei stellte sich die Landesregierung schützend vor die Urinauenleute, weil das «Nauenschiff dem ganzen Land nutzbar und dienstlich» sei und es deshalb «zimliche Hilff und Schirmb» verdiene. Konkret ging das alleinige Recht der Montagsfahrten – vor dem Wochenmarkt in Luzern – an den Urinauen. Gleichzeitig wurde den Schiffleuten von Flüelen zugestanden, die Fürleite von den Marktschiffgesellen zu verlangen, wenn diese Teilgut transportierten.[5] → siehe auch S. 222

Wichtig für den Urinauen war aber das Verhältnis zu Luzern. → siehe auch S. 78 1532 einigten sich Uri und Luzern auf die Wiedereinführung der Fürleite und regelten damit die Privilegien auch des «mercht nawn [Marktnauen] ze Ure».[6] Nun war der Weg frei für einen eigentlichen Siegeszug des Urinauens. Uri befand sich gegenüber Luzern in einer besseren Ausgangslage, weil es den Gotthardpass kontrollierte und weil der Süd-Nord-Verkehr dominierte. Bis um 1700 gelang es dem Urinauen, fast den gesamten Getreidetransport von Luzern nach Flüelen und den Getreidehandel in Altdorf an sich zu bringen.[7] → siehe auch S. 85 ff.

226

1   StAUR AA-720 1, Sammlung von Beschlüssen, Nr. 2, Teil und Fuhr in Flüelen (2. 6. 1374).
2   Hans Stadler-Planzer. Geschichte des Landes Uri. Teil 1, S. 191.
3   Rainer Hugener, Buchführung für die Ewigkeit, S. 93.
4   Inschrift auf der Bruderschaftstafel von 1813.
5   StAUR A-720/2, Vertrag zwischen den Schiffgesellen im Marktschiff und den Schiffleuten zu Flüelen (8. 9. 1547). Vergleiche auch: StAUR AA-720 1, Sammlung von Beschlüssen, Nr. 3, Streit zwischen den Schiffgesellen zu Altdorf und den Dorfleuten von Flüelen wegen der Fürleite (16. 3. 1517) und StAUR A-720/2, Extrakt aus den Akten, Nr. 4, Fürleitebezug der Dorfleute von Flüelen von den Schiffgesellen (4. 3. 1558).
6   Rechtsschrift über die Freiheit der Schifffahrt auf dem Vierwaldstättersee, S. 19.
7   Hans Wicki, Bevölkerung und Wirtschaft des Kantons Luzern im 18. Jahrhundert, S. 494 f.

227

Abb. 67   Der heilige Nikolaus in der kleinen Nikolaus-Kapelle an der Treib: In der rechten Hand hält er ein Buch mit drei goldenen Kugeln, die ihn als Schutzpatron der Prostituierten auszeichnen. → siehe auch S. 214 f. Zwischen der Treib und dem Schillerstein steht er über dem See als Schutzpatron der Schiffleute. 2013 wurden die Kapelle und die Statue von der Bruderschaft der Schiffgesellen des Landes Uri restauriert.

Abb. 68 Wenn der Föhnwind aus dem Urnersee (rechts) gegen Brunnen (hinten) braust, sind die Schifffahrer froh um den Segen des heiligen Nikolaus; seit Jahrhunderten wacht er in der kleinen Kapelle über den See und die Schifffahrt, nicht umsonst ist die Landspitze an der Treib auch als «St.-Niklaus-Ecke» oder «Chlausegg» bekannt. Von den Einheimischen wird die Kapelle liebevoll das «Chlaus-Chappeli» oder einfach «Chappeli» genannt.

230

Abb. 69   Bruderschaftstafel der «Wohllöblichen Bruderschaft der Herrn Schiffgesellen des Lands Ury», gemalt 1813 von Franz Xaver Triner (1766–1824), Kirchenmaler, Kupferstecher und Lehrer in Bürglen: Ursprünglich hing wohl eine Vorgängertafel in der Stube der Bruderschaft in Altdorf. Nach dem Brand von 1799 – in der Zeit der französischen Besatzung, als ein grosser Teil von Altdorf niederbrannte – wurde die Tafel ersetzt. Sie steht auf einem Empire-Postament, über der Tafel schwebt der Gesslerhut zwischen Pfeil und Köcher.[1] In den breiten Rahmen sind die Wappen der Bruderschaftsmitglieder eingelassen. Sie sind auf Blechschilde aufgemalt. Erhalten sind 76 Wappenschilde, 23 fehlen.

Auf dem Segel des Urinauens ist nicht nur das Landeswappen abgebildet, sondern auch die Jahreszahl, als das Bild gemalt wurde: 1813. Vollbeladen fährt das Schiff heimwärts nach Flüelen, vorbei an Sisikon und der Tellskapelle. Vorne sind die Fahrruder eingezogen, hinten zieht der Steuermann an den Seilen, um das Rahsegel in den Wind zu richten. Der übergrosse Nikolaus auf dem Heck, Schutzpatron auch der Urinauengesellen, streckt seine linke Hand schützend über das Schiff aus. In seiner rechten Hand hält er die drei goldenen Kugeln, die für den Schutz der Prostituierten stehen. In den Wolken thront die Muttergottes mit dem Jesuskind, das freundlich der Gesellschaft zuwinkt.

Transportiert werden Warenballen, die mit den Abkürzungen der Händler gekennzeichnet sind: B. D., F. C., M. P. Fahrgäste in Biedermeiertrachten reisen mit ihren Koffern. Trotz des beträchtlichen Seegangs scheint es eine gemütliche Fahrt zu sein. Ganz hinten sitzt ein Fahrgast, der sich eine Pfeife angesteckt hat und die Landschaft betrachtet. Vorne trinkt ein Schiffgeselle aus der Flasche, ein Kollege scheint auf ihn einzureden. Ein anderer Schiffgeselle schöpft Wein aus einem Fass.

Die detaillierte Darstellung lässt auch Rückschlüsse auf die Schiffbautechnik zu. In der Mitte des Schiffes ist die Bordwand erhöht, die Seitenplanken und die Jochbalken werden mit Eisenklammern zusammengehalten – wahrscheinlich nur oberhalb der Wasserlinie, um eine rasche Korrosion zu verhindern. Neben den Steuerseilen sind auch die Wanten eingezeichnet. Sie stützen den Mast. Gut erkennbar ist auch die Konstruktionsweise des Segels. Es ist aus fünf Stoffbahnen genäht und mit Stoffschlaufen an der Rah angeschlagen. Aufgezogen wurde es über ein Rollenseil.

231

1   Beschreibung gemäss: Amstad, S. 41 ff. Dort sind auch die Wappen der Bruderschaftsmitglieder beschrieben.

Aufschluss über die Bruderschaft gibt eine Tafel

Über die Zusammensetzung und über die Organisation der «Herren Schiffgesellen des Landes Uri» weiss man wenig. Aufschluss geben erst die Wappen der Mitglieder auf der Bruderschaftstafel von 1813. Dabei wird klar, dass in der Bruderschaft nicht nur Leute versammelt waren, die selber das Handwerk als Schiffgesellen ausübten. Es waren, wie in der St-Niklausengesellen in Luzern, auch Persönlichkeiten aus der Führungsriege des Landes, etwa der Landammann und der Landesfähnrich, dazu ein Grossweibel, ein Ratsherr, ein Fürsprech, ein Kirchenvogt und ein Sigrist.[1] Geführt wurde die Bruderschaft von einem «Stubenvogt», unterstützt von einem «Stubenschreiber». In einer späten Quelle wird die Grösse der Gesellschaft mit 60 bis 120 Mitgliedern angegeben.[2] In der ersten Hälfte des 19. Jahrhunderts wehrte sich Uri gegen die Einführung der freien Schifffahrt und schützte den Urinauen. Auch mit den Dampfschifffahrtsgesellschaften versuchte man, ein Arrangement zu finden. Man liess sich Entschädigungen bezahlen und Aktien überschreiben, um weiterhin die Hoheit über die Schifffahrt zu bewahren.[3] 1849 aber, mit der bundesrechtlichen Anordnung der freien Schifffahrt auf dem Vierwaldstättersee,[4] war das Schicksal der Urner Gesellschaften besiegelt. Noch eine Zeit lang trafen sich die «Herrn Schiffgesellen des Lands Ury» zu ihren Bruderschaftsessen und den Jahrzeitfeiern, doch 1887 übergaben sie ihre Bruderschaftstafel an das Historische Museum Uri. Dort wird sie noch heute verwahrt.

Bruderschaft wird 2014 wiederbelebt

Dass es heute wieder eine «Bruderschaft der Schiffsgesellen des Landes Uri» gibt, ist einer privaten Initiative zu verdanken. 2014 wurde die Bruderschaft aus Anlass der Restaurierung der kleinen Nikolaus-Kapelle → Abb. 67+68 zwischen Treib und dem Schillerstein gegründet, mit ihrem Namen will sie an die alte Bruderschaft erinnern. Zweck des Vereins ist der Erhalt der Kapelle, die Mitglieder gehen keine religiösen Verpflichtungen ein.

1   Fintan Amstad, Wappentafel der Urner Schiffgesellen, S. 44.
2   Schweizerisches Bundesblatt, Nr. 22 (1.5.1849), S. 468.
3   Hans Stadler-Planzer, Karl Emanuel Müller, S. 269 ff.
4   Bundesgesetz betreffend den freien Verkehr an der Wasserstrasse von Luzern nach Flüelen, 22. Mai 1849.

Wer sind die Menschen auf dem See?

Schiffgesellen – wetterhart, derb und eigensinnig?

Schon früh entwickelte sich die Schifffahrt auf dem Vierwaldstättersee zu einem florierenden Geschäft – und zu einem Instrument der Mächtigen, um den Handel und Verkehr zu kontrollieren. Doch wer waren die Menschen, die in den Schiffen sassen, die für die Obrigkeiten auf dem See an den Rudern zogen und die Segel hissten? Wer waren diese «wetterharten, derben und eigensinnigen»[1] Kerle, die Schlägereien anzettelten und Weinfässer leertranken, die Fahrgäste abzockten und keine Sorge zu ihrem Material trugen?

Ja, davon erzählen die Quellen. Immer wieder ist die Rede von Streitereien, sogar Handgreiflichkeiten, von Alkohol und Glücksspiel. → siehe auch S. 246 ff. Massregelungen durch die Obrigkeit waren an der Tagesordnung. Und ja, die Arbeit war hart, die Schiffgesellen setzten sich regelmässig den Gefahren von Wind und Wetter aus. Dafür brauchte es zweifellos eine bestimmte Konstitution.

Und dennoch ist eine Differenzierung nötig. Was bereits in den Quellen geschieht. Nur schon in den Begrifflichkeiten unterscheiden die Ordnungen, Ratsurteile und -beschlüsse zwischen «Schiffgesellen» und «Schiffknechten» oder «Seeknechten». Entsprechend gross war die Bandbreite der sozialen Herkunft der Menschen, die Arbeit auf dem See suchten – von Bürgern bis Taglöhnern war das ganze Spektrum vertreten.

Schifffahrt verspricht Ansehen und Geld, aber nicht für alle

Bis in das 18. Jahrhundert war die Anziehungskraft der Schifffahrt gross – auch für die oberen Schichten. In der Stadt Luzern lockten nicht nur Verdienstmöglichkeiten, sondern auch die Aussicht, über ein Schifffahrrecht zu einer Niederlassungsbewilligung zu kommen.[2] In den Länderorten war es häufig eine Frage der gesellschaftlichen Zugehörigkeit, ob jemand in den Schiffsdienst aufgenommen wurde.[3] Die erste Schiffordnung in Flüelen regelte schon 1374, dass sowohl die Nauenbesitzer als auch die Ruderknechte in der Reihenfolge ihrer Niederlassung für den Fahrdienst aufgeboten wurden.[4] Gersau wählte seine Nauenknechte noch 1790 an der Herbstgemeindeversammlung, aber nur diejenigen, «die am tauglichsten können

1   Hans Wicki, Bevölkerung und Wirtschaft des Kantons Luzern im 18. Jahrhundert, S. 491.
2   Die erste Nachricht von einem Fährmann («verre»), der als Bürger in Luzern aufgenommen wurde, stammt von 1381. Es handelte sich um einen Naturforscher («phisicus») namens Berchtold. Das älteste Luzerner Bürgerbuch (1357–1479), Teil 1, S. 238.
3   Dafür sprechen auch die hohen Mitgliederzahlen in den Schiffgesellschaften von Brunnen → siehe auch S. 189 und Altdorf → siehe auch S. 231.
4   Hans Stadler-Planzer, Geschichte des Landes Uri. Teil 1, S. 190.

erachtet werden». Dafür genossen sie ein hohes Ansehen.[5] Anders sah die Situation der privaten Winkel-Fähren in Horw aus: Sie gehörten der Unterschicht an. Gemäss einer Steuerliste von 1701 verfügten sie kaum über Besitz, dafür drückte eine hohe Schuldenlast.[6] → siehe auch S. 107

Schiffmeister interessieren sich kaum für das tägliche Geschäft

In der Stadt Luzern gab es eine klare Hierarchie. Für die Anschaffung und den Unterhalt der Schiffe war der städtische Schiffmeister zuständig. Er stammte in der Regel aus den Reihen des Grossen Rats,[7] was die Bedeutung des Amtes unterstrich. Weil die meisten Schiffmeister sich aber nicht für das tägliche Geschäft interessierten, setzten sie Meisterknechte ein, die sie manchmal ebenfalls Schiffmeister nannten. Ihnen waren die Ruderknechte unterstellt. Häufig fuhren die Meisterknechte in den Schiffen mit – nicht um die direkte Aufsicht auszuüben, sondern um den zusätzlichen Lohn als Steuermann zu beziehen.[8] Prekär waren die Arbeitsbedingungen für die Ruder- oder Schiffknechte. Dies zeigt sich in der Tatsache, dass es Teil der städtischen Armenpolitik war, auch Taglöhner in der Schifffahrt zu beschäftigen. Arme sollten dadurch Arbeit und Lohn erhalten und nicht auf das Almosengeld der Stadt angewiesen sein. So besagte die Stadtordnung von 1583/84: «Von wegen der tawnern [Tauner = Taglöhner] und hindersassen, so jre wyb und kind an die spend [Almosen] schickend und aber sy jn allen zächen und spilen ligent, ungeacht, das sollichs durch offne kilchenrueff verbotten, ... so sy uber seew farent, sollent sy jn der zal sin, so vil zu jedem schiff von nötten, und nit minder.»[9] Taglöhner, die von der Stadt gewählt und vereidigt wurden, waren auch als Sackträger tätig.[10] Sie hatten nicht nur die Waren in die Schiffe zu tragen, sondern mussten an Markttagen auch die Marktschiffe bewachen, und zwar «die gantze nacht under der ancken wag [unter dem Rathaus an der Reuss]», damit nichts «verstollen, verwarlost oder verwüest werde». Bezahlt wurden sie von den Urner Schiffleuten.[11]

Schiffgesellen üben noch ein weiteres Handwerk aus

Offenbar war es für die einfachen Schiffgesellen schwierig, mit dem Einkommen aus der Schifffahrt über die Runden zu kommen – vor allem für die Pfisternauenleute. Sie scheinen in der Regel noch einem anderen Handwerk nachgegangen zu sein, etwa als Schuhmacher, als Sattler oder als Schneider.[12] Ebenso lässt die wiederholte Bezeichnung der Schiffgesellen als «Meister» – auch in den Mitgliederverzeichnissen der St.-Niklausen-Bruderschaft → siehe auch S. 206 ff. – auf die Tätigkeit in einem anderen Handwerk schliessen.

237

5   Auszug aus dem Protokoll der Gemeindeversammlung, zitiert in: Marzell Camenzind, Die Gersauer Marktschifffahrer, S. 2.
6   Andreas Ineichen, Die Gemeinde [Horw] in der frühen Neuzeit, S. 141. Die drei Fahrrechtinhaber nannten «ein halbes Haus mit Garten» als ihren Besitz. Einer besass zusätzlich eine kleine Matte (Winkelmatte).
7   Liste der Schiffmeister und Schiffherren in: Franz Haas-Zumbühl, Die Geschichte der Sankt Niklausen-Schiffs-Gesellschaft der Stadt Luzern bis 1910, S. 118 f.
8   Ebenda, S. 117.
9   Rechtsquellen des Kantons Luzern, Teil 1, Bd. 5, Nr. 2 (Stadtordnung 1583/84), S. 73. Dies war ein deutlicher Aufruf an die Taglöhner und Hintersassen, sich für den Schiffsdienst zu melden – statt zu zechen und zu spielen.

10   1592 waren es sechs Sackträger. StALU Ratsprotokolle RP 43.5 (3.1.1592).
11   Rechtsquellen, Teil 1, Bd. 4, Nr. 12 (Das Luzerner Eidbuch aus dem Jahre 1593), S. 384.
12   Kurt Messmer/Peter Hoppe, Luzerner Patriziat, S. 320 f.

Um die Mitte des 18. Jahrhunderts war zudem die Anziehungskraft der Schiffgesell-schaften geschwunden → siehe auch S. 223 – wohl auch wegen der bescheidenen Ver-dienstmöglichkeiten. 1750 baten die Pfisternauenleute um eine Verbesserung des Wochenlohnes. Insbesondere wenn sie gezwungen seien, in Flüelen lange auf eine Rückfracht zu warten, so klagten sie, reiche das Geld nicht, um den Lebensunterhalt zu bestreiten.[1] Ein weiteres Indiz für die schwierigen Verhältnisse ist einer Anord-nung des Rats von 1739 zu entnehmen: In das Nauenamt – wie auch in das Bauamt, den Spital-, Siechenhaus- und Profosendienst – sollten nur Unverheiratete «angenom-men oder geduldet werden». Falls sich dann ein Lediger «verehlichen thate, solle er also bald samt seinem weib in sein heimet oder aus dem statt kilchgang verschickht oder sonst des diensts entlassen werden».[2] Mit einer rigorosen Sozialpolitik wollte die ständische Gesellschaft des Ancien Régime verhindern, dass sich die kinderreichen Unterschichten, die Unterstützung benötigten, in der Stadt niederliessen.

Krempenhüte, Pluderhosen und Lodenmäntel

Darüber, wie die Seeknechte in ihren Schiffen arbeiteten, erfahren wir aus den schriftlichen Quellen nichts. Einzig die Schiffordnung von Stansstad aus dem Jahr 1623 hält das Offensichtliche fest, dass nämlich «starckhe Männer im nawen fahren sollen».[3]

Aufschlussreicher sind Bilddarstellungen – beispielsweise die Votivbilder in der Ridlikapelle in Beckenried, die aus dem 18. Jahrhundert stammen und Schiffleute zeigen, die in Seenot geraten sind, oder die Glasmalereien in der Kindlimordkapelle in Gersau von 1709 mit den drei Marktschiffen von Luzern, Uri und Schwyz, ebenso die Bruderschaftstafel der Schiffgesellen von Uri und die Darstellungen von Diebold Schilling aus dem Jahr 1513.

Gekleidet waren die Schiffgesellen in einer zweckmässigen Tracht, die sowohl ein ungehindertes Arbeiten erlaubte als auch vor Regen, Wind, Kälte und Sonne schütz-te. Auffällig in den Bilddarstellungen sind die schwarzen Krempenhüte. → Abb. 70–75 Sie waren aus Filz oder Stroh gefertigt. Ob es tatsächlich Gesellschaften gab, die in Einheitskleidung arbeiteten, wie es die Darstellung eines Sandnauens → Abb. 74 auf der Fahrt nach Luzern suggeriert, ist ungewiss.

Typisch sind aber die braunen Pluderhosen und die weissen Hemden. Auch der Steuermann des Nidwaldner Marktnauens → Abb. 73 ist auf diese Weise gekleidet. Hosen und Jacken waren in der Regel aus Wolle oder Leinen hergestellt, ebenso die knielangen Leibröcke.[4] Die üblichen Farben waren Weiss, Grau, Schwarz oder Braun. Textilien zu färben, war kostspielig. Die roten und blauen Jacken der Ruderknechte, die in den Marktschiffen der Kindlimordkapelle → Abb. 70–72 sitzen, sind wahrscheinlich der künstlerischen Freiheit des

238

1   Wicki, S. 498.
2   Rechtsquellen, Teil 1, Bd. 4, Nr. 6 (Neubearbeitung des Geschwo-renen Briefs, 16. 3. 1739), S. 126. Es geht um Bestimmungen «der fremden halber». Sie stammen aus der «Ordnung der Hinter-sässen-Musterung» von 1731.
3   StANW A 1190-3/3, Landbuch von 1731, fol. 86 (24. 9. 1733).
4   Renward Cysat beschreibt die Kleidung des 16. Jahrhunderts in: Collectanea chronica, Bd. 1, Teil 2, S. 647 ff. Er betont die Unterschiede zwischen der Stadt Luzern und den Länderorten, wo die Mäntel der Männer kurz seien und nicht Hüte getragen würden, sondern das alte Schweizer Barett.

239

Abb. 70 + 71   Typisch für die Bekleidung der Schiffgesellen sind die schwarzen Krempenhüte, untypisch die farbigen Jacken. Sie sind allerdings wichtig für die leuchtende Wirkung der Glasmalereien in der Kindlimordkapelle in Gersau.

Abb. 72 Das grösste Schiff der Luzerner Flotte fuhr in der Regel mit einer Neuner-
oder Zehnerbesatzung – sechs Knechte ruderten, der Meisterknecht steuerte. Dazu brauchte
es zwei Mann für die Bedienung des Rahsegels. Auf dieser Darstellung in der Kindlimordkapelle in Gersau ist ein weiterer Schiffgesellen zu sehen, der Wasser aus dem Boot schöpft.

Glasmalers geschuldet. Wichtig als Wetterschutz waren die langen Mäntel, wie sie die Schiffgesellen des Urinauens tragen → Abb. 75 und die aus Leinen oder Loden gefertigt waren. Insbesondere die gewalkten Lodenmäntel,[1] die häufig in Braun- oder Grüntönen hergestellt wurden (wie auf der Darstellung des Urinauens), waren dafür bekannt, dass sie vor Wind und Regen schützten. Amtstrachten wurden wohl nur auf Sonderfahrten getragen, etwa bei Boten- oder Truppentransporten. → Abb. 27 + 50

Neben dem Ruder ist immer auch die Schöpfkelle dabei

Die verschiedenen Abbildungen lassen auch Rückschlüsse auf die Arbeitsweise der Schiffgesellen zu. Übereinstimmend mit den obrigkeitlichen Vorgaben für den grössten Nauen in Luzern sind die drei Marktnauen von Luzern, Uri und Nidwalden mit einer Neunerbesatzung dargestellt.[2] → Abb. 71–73 / siehe auch S. 189 Vorne sitzen sechs Ruderknechte an den Fahrrudern, hinten ist ein Schiffgeselle für das Segel verantwortlich. Ein weiterer Geselle übernimmt Sonderaufgaben, vor allem bei Sturm – etwa das Führen eines Seitenruders → Abb. 73 oder das Schöpfen von Wasser aus dem Bug → Abb. 72 + 74. Auf der Heckbank steht das neunte Besatzungsmitglied. Es ist der Steuermann, der in der Regel auch der Schiffmeister oder Meisterknecht ist.

Nur in einer einzigen Darstellung sind zwei Steuerruder zu sehen → Abb. 74. Zufälligerweise ist es aber die gleiche Bauart wie das Schiffswrack, das vor der Untermatt gefunden wurde. → siehe auch S. 130 Interessant sind die Abbildungen des Marktschiffes von Brunnen in der Kindlimordkapelle und des Urinauens auf der Bruderschaftstafel von 1813, weil die Schiffe einmal acht Ruder → Abb. 70 und einmal sogar vierzehn Ruder → Abb. 75 aufweisen – mehr als das grösste Schiff der Luzerner Flotte. Bereits in der zweiten Hälfte des 14. Jahrhunderts ist die Rede von Schiffen mit sechzehn oder sogar achtzehn Rudern.[3] Allerdings gibt es keine Darstellungen der entsprechenden Nauen.

Rivalen, die einander in der Not helfen

Vor allem zwischen den Urner und den Luzerner Schiffgesellen waren die Rivalitäten gross, an Land und zu Wasser. Hin und wieder kam es auf dem See auch zu Handgreiflichkeiten oder sogar zu Konfrontationen. Überliefert sind Vorfälle von 1700 und 1712, als die Luzerner Schiffgesellen von einem Urner Schiff abgedrängt wurden und die Ruder an einem Felsen zerbrachen. → siehe auch S. 87

Dennoch gab es offenbar auch eine gewisse Solidarität zwischen den Schiffleuten. So berichtet Johann Leopold Cysat in seiner «Beschreibung dess Berühmbten Lucerner- oder 4. Waldstätten Sees» von 1661,

1   Loden ist ein grober, dichter Wollstoff. Durch das Walken wird er verfilzt, was die Witterungsbeständigkeit erhöht.
2   StALU Schifffahrtsakten AKT A1 F7 SCH 900, Schifffahrtstarif (undatiert, vor 1800) und StAUR A-720/2, Tarif oder Teilordnung über Flüeler Fähren (4.1.1777).

3   1374 schreibt die erste Schiffordnung von Flüelen vor, dass Schiffe mindestens sechzehn Ruder haben. StAUR AA-720 1, Sammlung von Beschlüssen, Nr. 2, Teil und Fuhr in Flüelen (2.6.1374). 1376 werden in einem Schiedsspruch zwischen Luzern und Küssnacht neben dem «geladenen lucerner Merkt nawen dem grossen» auch «ruedrige Nawen» erwähnt, und zwar mit vierzehn, sechzehn und achtzehn Rudern. Vermischte Urkunden (1201–1566), Nr. 37 (11.8.1376), S. 265. Es ist anzunehmen, dass es sich bei den Rudernauen um Schiffe für den Personentransport handelte, die über keine Segel verfügten. Sie werden in Zusammenhang mit den Wallfahrten nach Einsiedeln erwähnt. Zudem sind die Fahrpreise, die in der Urkunde genannt werden, tiefer als die Tarife für den Luzerner Marktnauen.

Durch Gott Vnd die Gebenedite Muotter Gotteß maria Sind Mit gnaden Erhalten Worden

242

Als wir ein Namensvoll sand auf Lucer führe wolle sind wir in ein gefährlichē sturmwind gerathen, in diser euserstē Lebēs gefahr, habē wir uns der Aller sel. Mutter Mariæ allhero verlobt, worauf wir aus aller gfahr seind errettet wordē, Gott ūd Maria sei ewigē danckh gesagt.

Abb. 73+74   In den Darstellungen der Nidwaldner Schiffgesellen in der Ridlikapelle in Beckenried fallen die weissen Hemden und die braunen Pluderhosen auf. Ob es sich um eine Berufstracht handelte, ist ungewiss. Aussergewöhnlich sind die beiden Steuerruder, die auf dem grossen Votivbild zu sehen sind. Votivtafeln wurden aus Dank gestiftet, in der Ridlikapelle auch für die göttliche Errettung aus der Seenot. Wie es dazu kam, schildert der Text: «Als wir ein Nawen voll Sand auf Lucern fuhren wollen, sind wir in ein gefahrlichen Sturmwind gerathen, in dieser eussersten Lebensgefahr haben wir uns der Allersel. Mutter Maria allhero verlobt, worauf wir aus aller gfahr seind errettet worden, Gott und Maria sei ewigen danckh gesagt.»

Abb. 75   In der vergrösserten Darstellung der Bruderschaftstafel der Urner Schiffgesellen
→ Abb. 69 sind die Details nicht nur des Schiffbaus zu erkennen, → siehe auch S. 132 sondern auch der
Arbeitsweise und Bekleidung der Schiffgesellen. Anders als in den Abbildungen der Luzerner
Nauen ist der Mast hier mit Seilen (Achterstagen) gesichert, ein einziger Schiffgeselle bedient
das Rahsegel. Mit ihren langen Lodenmänteln, häufig in Braun- und Grüntönen gehalten, und
mit den schwarzen Filzhüten schützten sich die Schiffgesellen vor Wind und Wetter.

Alkohol und Spiele –
auf dem Schiff immer dabei

Seeknechte waren von einem besonderen Schlag. Die harte und gefährliche Arbeit auf den Schiffen und an Land, die Zugehörigkeit zu einer Männergemeinschaft, die kaum Freiheiten genoss, und häufig die schiere Langeweile auf dem See begünstigten zwei Unsitten, die zu den Grundübeln der damaligen Zeit gehörten – Alkoholkonsum und Glücksspiel.

Vor allem der Alkohol war ein Dauerthema auf den Schiffen. Verständlicherweise, denn wenn getrunken wurde, war die Sicherheit der Passagiere gefährdet. Johann Gottfried Ebel empfahl in seinem Reiseführer von 1793, «ein nicht zu kleines Fahrzeug und gute, nicht besoffene Schiffleute» auszuwählen, bevor man den See befahre, denn «die Schiffer, mit denen ich mehrmale diesen See befuhr, versicherten mich, dass wenn ein Unglück geschieht, es immer der Betrunkenheit der Steuerleute und der Rudrer zuzuschreiben sey».[1]

Hinzu kam ein weiterer Aspekt: Die dreisten Schiffgesellen «bewynten» sich nicht nur, sondern sie stahlen den Wein auch «vilmals heimlicher wys ehrlichen lüthen us den leglen [Fässern]», die sie mitführten.[2] 1642 wurden dafür sechs Pfisternauenleute in den Turm gelegt. Auch in Nidwalden wurden «die Fähren ermahnet, dass sie sich nit bewinen [Wein trinken]» und «nit noch andere aus den Weinfassen trincken lassen, bey Straff und hoher Ungnad».[3] Offenbar war es üblich, den Spund zu öffnen, den Wein zu trinken und Seewasser nachzugiessen.[4] Dass man kein Geheimnis daraus machte, zeigen die Darstellungen des Luzerner Marktschiffes auf einer Glasmalerei in der Kindlimordkapelle in Gersau → Abb. 1 und des Urinauens auf der Bruderschaftstafel der Schiffgesellen von Uri. → Abb. 75 Einmal sitzt ein Seeknecht auf einem Gepäckballen und trinkt aus der Flasche, einmal wird Wein aus einem Fass gezogen und ein anderer Schiffgeselle hat ebenfalls die Flasche angesetzt.

Mahnungen an die Schifffahrer ergingen immer wieder.[5] In der Schiffknechteordnung von 1590 heisst es, dass sie «vor überflüssigem Weyntrinken sich goumen unnd hüeten» sollen «unnd denselbigen so bescheidenlich niessen, dass sy wüssen mögend ihren Dienst zuo verrichten unnd was sy zuo schaffen habend, besonders so man sich ungewitters besorgen muoss».[6]

246

1   Johann Gottfried Ebel, Anleitung auf die nützlichste und genussvollste Art die Schweiz zu bereisen, Bd. 2, S. 177.
2   StALU Ratsprotokolle RP 67.130v (10. 3. 1642).
3   StANW A 1190-4/5, Landbuch von 1782, Teil 5, fol. 133.
4   Andres Loepfe, Von «Nauwen» und «Jaassen», «Fehren» und «Susten», S. 30.
5   Erwähnt werden häufig die Niederwässerer, das heisst die Reussschifffahrer. 1549 werden sie wegen «zfil trincke und gmeine wyblin mitfüren» ermahnt (StALU Ratsprotokolle RP 19.190v, 6. 5. 1549), 1717 ereignet sich ein Unfall mit Todesfolge auf der Reuss (StALU Ratsprotokolle RP 91.223v, 14. 4. 1717), und 1749 wird wieder die Trinksucht angemahnt (StALU Ratsprotokolle RP 103.256v, 13. 8. 1749).
6   StALU Schifffahrtsakten A1 F7 SCH 900, Schiffknechteordnung 1590, fol. 41 f.

247 Abb. 76 Kartenspiele gehörten zu den beliebtesten Freizeitbeschäftigungen des Mittelalters und der frühen Neuzeit. Auch auf den Schiffen spielten die Schiffgesellen, um sich die Zeit zu vertreiben. Spielkarten aus dem 16. Jahrhundert sind in Nidwalden erhalten. Sie wurden 2010 bei der Restaurierung des ältesten Protokollbands des Nidwaldner Elfergerichts (Geschworenengerichts) von 1528 bis 1535 entdeckt. Spielkarten waren als «Altpapier» für die Herstellung von Klebepappdeckeln verwendet worden.

Spielen ist des Teufels und strengstens verboten

Kaum ein Thema taucht in den obrigkeitlichen Verordnungen so häufig auf wie das Spielen. Immer und immer wieder wurde es verboten, in Gaststätten und Privathäusern, mit Ausnahmen für Brettspiele oder das Armbrustschiessen. Erlaubt war das Spielen nur an den Herbstmessen in Luzern, dann aber auch nur während des Tages und in der Öffentlichkeit.[1] Gespielt wurde um Geld, in Luzern gab es sogar einen Markt für Spielgeldverleiher. Spielen galt nicht nur als Gotteslästerung, sondern auch als Verführung der Kinder und Armen. 1481 wurden ein gewisser Hans Weibel «und sin gesellen» wegen «gevarlichen winckelspilen [heimliches Spielen]» verurteilt. Sie hätten «ettlich gros uncristenliche schwür wider got den almechtigen» vollbracht und «etlich burgers kinde und arm einfalt frömder hantwerchs knecht jn ettliche heimliche hüser zöckent».[2] Allerdings war die Obrigkeit gegen das Spielen machtlos. Zwar wurden «zächen, spilen und ludern»[3] häufig in einem Atemzug genannt, doch mit der Zeit begann der Rat, die Bestimmungen zu lockern. Immer mehr Spiele wurden erlaubt: Schach, Kugel- und sogar Kartenspiele. 1588 ging die Obrigkeit so weit, auch das Verleihen von Spielgeld nicht mehr zu verfolgen. Nur noch das Falschspielen war verboten.[4]

Das älteste Tarockspiel kommt aus Nidwalden

Auf den Schiffen wurde wohl mit Karten und Würfeln gespielt. In den Quellen werden vor allem die Pfisternauenleute genannt, die spielten und zechten.[5] Zu den beliebten Würfelspielen gehörte das Wettwürfeln. Man versuchte, die höchste Punktzahl zu würfeln, oder wettete, wer die meisten Würfe aus der Dreier- oder der Sechserreihe erreichen würde.

Gewettet wurde auch bei Kartenspielen. Besonders populär waren die Stichspiele[6] wie der «Schafkopf», der offenbar in Luzern verbreitet war.[7] Und das Jass- oder Tarockspiel. Darauf lässt ein Kartenfund in Nidwalden schliessen. In den Buchdeckeln eines Gerichtsprotokolls wurden Spielkarten aus dem 16. Jahrhundert entdeckt. → Abb. 76 «Troggen», wie das Tarockspiel in Nidwalden genannt wurde, «Muntern» und «Kaisern» wurden 1572 von der Landgemeinde erlaubt. Kaiseren wird in Nidwalden heute noch gepflegt – nicht zuletzt aufgrund einer Initiative des Historischen Vereins Nidwalden, der Lehrgänge anbot und 1980 sogar eine Meisterschaft veranstaltete. 112 Männer und Frauen nahmen teil, seither finden jährlich Kaisermeisterschaften statt.[8]

248

1   Beispiel für ein frühes Verbot mit Ausnahmen: Rechtsquellen des Kantons Luzern, Teil 1, Bd. 1, Nr. 294 (31.5.1441), S. 342.
2   StALU Ratsprotokolle RP 5A.525, 12.8.1481.
3   Beispielsweise in der Stadtordnung von 1583/84, Rechtsquellen, Teil 1, Bd. 5, Nr. 2 (1583/84), S. 70.
4   Ebenda, Nr. 4 (Stadtordnung von 1588), S. 232.
5   StALU Ratsprotokolle RP 67.130v (10.3.1642) und StALU Schifffahrtsakten AKT A1 F7 SCH 900, Klagepunkte der Pfisternauenleute an den Rat, fol. 28 (undatiert, wohl um 1700). → siehe auch S. 220 ff.
6   Kartenspiel, bei dem es darum geht, möglichst viele – oder möglichst wenige – Stiche zu machen. Dagegen gilt es bei Ablegespielen, die Karten möglichst schnell abzulegen.

7   1583/84 wurde explizit das Bockspiel verboten: «Fürhin sol niemand meer kein bockspil thun jn keinen weg.» Rechtsquellen, Teil 1, Bd. 5, Nr. 2 (1583/84), S. 88. Es war ein Schafkopf, nur wurde der Geldeinsatz verdoppelt.
8   Christoph Baumgartner, Das Kaiserspiel. Nidwaldner Spielkarten aus dem 16. Jahrhundert, S. 170 ff.

dass man zwischen der Untermatt und der Obermatt unterhalb des Bürgenstocks auf eine Uferstelle stosse, die «Krug» heisse. Sie trage diesen Namen, weil es Brauch sei, dass Schiffleute und Fischer dort einen Wasserkrug hinstellten, der als Notreserve in der Sommerhitze diene: «So hat es doch allein an diesem Orth Trinckwassers mangel, dem aber zubegegnen, braucht man sich bey der Sommerhitz dises mittels, dass die Schiffleuth, Fischer und andere, die an diesem Orth zupassieren haben, ein grossen 6 oder 8 Mass haltenden, Jrdenen Krug, mit Seewasser anfuellen, und in das nechste Windloch stellent.»[1]

Zeichen der Religiosität finden sich rund um den See

Selbstverständlich ist es aus den wenigen Quellenstellen nicht möglich, die Charaktereigenschaften der Seeknechte zu ergründen. Wichtig scheint aber die Anmerkung, dass auch die gewöhnlichen Schiff- und Ruderknechte nicht einfach Raubeine und Raufbolde waren, die nur tranken, zockten und sich Schlägereien lieferten. Sie waren, darauf lässt nicht nur die Vereinigung in Bruderschaften schliessen, auch dem Glauben verpflichtet. Auf den Fahrten sollen sie Litaneien gebetet und Gott um die Verschonung vor Stürmen gebeten haben.[2]

Zeugen der Religiosität sind zudem die zahlreichen Kreuze und Kapellen rund um den Vierwaldstättersee – allen voran die St.-Niklaus-Insel vor Meggen. → siehe auch S. 213 ff. Dort befindet sich seit dem 17. Jahrhundert sogar ein Opferstock. Direkt mit der Schifffahrt in Verbindung stehen auch die Nikolaus-Kapelle zwischen Treib und dem Schillerstein,[3] → siehe auch S. 227 ff. die Kindlimordkapelle in Gersau,[4] → Abb. 94 die St.-Anna-Kapelle und die Ridlikapelle[5] in Beckenried. Wegbegleiter der Schiffleute sind auch die Kapellen St. Karl, St. Nikolaus und St. Peter entlang der Horwer Halbinsel, das «Rot Chrüz» zwischen Gersau und Brunnen, das grosse Kreuz bei Flüelen, die Kapelle unter der Balm in Brunnen mit ihrem Ölberggemälde sowie die Tellskapelle bei Sisikon.[6] → Abb. 78

Gehorsam, Fleiss und Sorgfalt statt Gefluche und Gotteslästerung

Pflichten, Pflichten, Pflichten. Bereits in der ersten Hälfte des 15. Jahrhunderts wurden die Schiffleute in Luzern immer häufiger in die Pflicht genommen. Sie mussten in Amtseiden schwören, gegen Weindiebe vorzugehen, nur Waren zu befördern, die verzollt waren, die obrigkeitliche Schiffskontrolle zu durchlaufen, die Ausfuhrmengen von Getreide einzuhalten[7] und vor allem «die lüt bescheidenlich ze halten und nit ze überschätzen»,[8] also nur das erlaubte Fahrgeld einzuziehen,

249

1   Johann Leopold Cysat, Beschreibung dess Berühmbten Lucerner- oder 4. Waldstätten Sees, S. 245.
2   Haas-Zumbühl, S. 19.
3   Sie wird auch «Chlaus-Chappeli» genannt.
4   In der Kindlimordkapelle befinden sich die Glasmalereien der drei Marktschiffe von Luzern, Uri und Brunnen. Die heutige Kapelle wurde 1708 erbaut, ein Vorgängerbau ist in den Quellen aber schon 1570 als «Käppeli zum Kindli» fassbar. Woher der Name kommt, erzählt ein Gemälde in der Kapelle: Gemäss einer alten Sage fuhr ein Spielmann oder Geiger mit seinem Kind von der Treib über den See. Als es seinen Vater an dieser Stelle um Brot bat, schlug er das Kind gegen einen Felsenbrocken und tötete es.
5   In der Ridlikapelle hängen 169 Votivtafeln, elf davon mit Szenen der Schifffahrt. Bezeugt wird die Kapelle, die auf einer Anhöhe entlang der alten Landstrasse nach Buochs steht, bereits 1605. Sie war ein beliebter Wallfahrtsort – auch der Schifffahrer. Wegen des grossen Pilgerandrangs wurde sie zweimal durch einen Neubau ersetzt. Die heutige Kapelle stammt aus dem Jahr 1701. 2017 wurden die Votivbilder restauriert und digitalisiert.
6   Heinz Horat, Bauen am See, S. 99 ff.
7   Rechtsquellen, Teil 1, Bd. 1, Nr. 223b (3.9.1421 oder danach, Weindiebe), S. 315; Nr. 235b (wohl vor 27.7.1422, Zollkontrolle), S. 327; Nr. 267 (20.9.1423, Schiffbeschauer), S. 352; Bd. 2, Nr. 293b (6.9.1441 oder danach, Schiffbeschauer), S. 263; Nr. 360 (4.6. bis 9.7.1456, Ausfuhrmengen), S. 323.
8   StALU RP 5B.153v (9.9.1461).

ebenso die Bürger vor den Fremden abzufertigen.[1] Als sich die Pfisternauen- und die St.-Niklausengesellschaft bildeten, wurden Schiffordnungen erlassen, um die Pflichten und Rechte zu regeln. Wobei es vor allem um Pflichten ging. Stellvertretend dafür ist die Ordnung der Schiffknechte von 1590.[2] Sie umfasst nur zwei Seiten und enthält vor allem Vorschriften für das Verhalten der Schiffleute. Ausführlich wird vor dem «überflüssigen Weintrinken» gewarnt, → siehe auch S. 246 explizit werden auch das Fluchen und die Gotteslästerung angesprochen. «By verwürkung ihres diensts» sollten sich die Schiffknechte «alles lychtfertigen, verruochten ergarlichen Wesens unnd gebrächts, unnd der unschämigen worten, redens unnd Singens, wie ouch sonderlich dess gottlesterens fluochens unnd Schwerens müessigen».

Weiter wurden sie zu Gehorsam, Fleiss und Sorgfalt aufgefordert, ebenso zu Bescheidenheit – insbesondere gegenüber den «Khoufflüten oder ihren factoren».[3] «Zwüschendt den geferten, so sy nit zu fahren hand», mussten die Schiffknechte auch Taglohnarbeiten ausserhalb der Schifffahrt annehmen. «Wo einer solliches abschlüege», würden ihn die gnädigen Herren «hertigklichen straffen». Hintersassen («frömbd Yngsessen») würden «vom Landt verwysen».

Segel und Plachen trocknen, Nauen reinigen, gemeinsam zu Abend essen

Neben dem allgemeinen Verhalten wurden auch die konkreten Tätigkeiten der Schiffgesellen geregelt. Aufschluss darüber gibt die erste Ordnung der Pfisternauengesellen von 1496 beziehungsweise die ergänzte Fassung von 1593.[4] Die folgenden Punkte sind ein Auszug aus dem Pflichtenheft:

— Verantwortlich für das «Schiff und gschirr» war der Nauenmeister. Er musste das Schiff festmachen und den Platz für das Ein- und Ausladen freihalten. Zusammen mit den Schiffknechten musste er die Segel, Seile und Plachen entfernen und trocknen.

— «Dessglychen» musste er «das Schiff sübern, so offt das von nötten». Wenn «hillff manglete», konnte er so viele Schiffgesellen hinzurufen, wie er wollte.

— An ein neues Schiff musste «ieder sin stüwr [Steuer], wie es dann ... von der gsellschafft gesetzt, bar erleggen».

— Wer fahren wollte, musste an den Markttagen um vier Uhr, an den Jahrmarkttagen um drei Uhr eintreffen, um den Nauen von der Anbindestelle an die Schifflände bei der Egg zu stellen. Wer «biss zu brot gloggen» nicht zusagte, erhielt keinen Lohn. Wer zusagte, aber «ohne eerhafte ursach» nicht fuhr, zahlte zwei Mass Wein.

— Schiffgesellen, die sich für den Fahrdienst meldeten, mussten sich an den Gestaden innerhalb einer halben Meile aufhalten.

250

1   Rechtsquellen, Teil 1, Bd. 3, Nr. 338 (1477), S. 400. Exemplarisch sei hier der Eid von 1477 wiedergegeben. Er ist eine Erweiterung des Eids von 1456: «Der schifflütten eydt, so gan Ure farent. Jtem die schifflütt, so gan Ure farent, sond swerren [sollen schwören], das einer zuo der wuchen [pro Woche] nit me guots [Güter] gan Ure ald [oder] über see füre dann acht mütt schwer guotz ald zwen [zwei] mütt haber für in mütt schwer guotz, als vil als sich die acht mütt schwer guotz gebürent, und nit darüber. Dartzuo mag einer zwey fierteil vassmis [Fastenmus, eine Mischung aus Hülsenfrüchten und Getreide] füren allerley oder einerley. Und by demselben eyd: was wins [Wein] sy von Ure bringent jn den nauwen ald schiffen, es sy jr oder ander lütten, das sy den nit uss den schiffen ald nauwen laussen tragen noch züchen, ee das ein sinner [Weinprüfer] darüber kumpt [kommt] und jn gesicht [besieht], als das bisshar recht und gewonlich gesin ist. Und

sol ye einer den anndern leiden, by dem eyd. Sy söllen ouch ein burger und sin guot vor eim gast laden und verggen [fertigen], getrüwlich und ungefarlich.»
2   StALU Schifffahrtsakten AKT A1 F7 SCH 900, Ordnung der Schiffknechte über See (1590), fol. 41 f.
3   Faktoren waren die Vertreter einer Handelsgesellschaft in Luzern.
4   StALU Schifffahrtsakten AKT A1 F7 SCH 902 B, Erneuerung der Ordnung der gemeinen Gesellen des Pfisternauens, 12. 2. 1593.

— Wer nicht selber fuhr, konnte den Dienst an «syn Wyb, gsind dienst oder knecht» abtreten. Entstand ein Schaden, waren die Ehefrauen mit ihren Knechten haftbar.

— 1496 wurde zudem geregelt, dass «wann sy heimbkhommen sollen die gsellen miteinanderen zunacht essen». Wer nicht erschien, bezahlte eine Mass Wein.[5]

Probleme gab es offenbar mit der Reinigung der Schiffe. Verschiedentlich musste der Rat eingreifen, um das «Sübern» einzufordern. Säumigen und Ungehorsamen drohte er mit der Aberkennung des Fahrrechts.[6] Ein weiterer Dauerbrenner war der «liederliche und muthwillige» Umgang mit dem «Geschirr». 1574 wurde deshalb «jeder Schiffknecht oder Uryfeer» verpflichtet, «sein eigen Ruder in sinem kosten» zu haben.[7] → siehe auch S.130+201

Streng verboten: Anwerben von Fahrgästen in den Wirtshäusern

Offenbar wurde von den Schiffgesellen erwartet, dass sie Passagiere in den Wirtshäusern anwarben. Auch die Pfisternauenordnung von 1593 erwähnte das Werben als eine Tätigkeit der Frauen und Knechte, wenn sie für die Männer einsprangen.[8] Sowohl in Luzern als auch in Uri kämpften die Obrigkeiten aber gegen das Anwerben, denn es war gleichzeitig ein Abwerben und verschärfte den Konflikt zwischen den Schiffgesellschaften. An den fremden Gestaden wurde das Anwerben erst mit dem Abkommen von Gersau von 1687 verboten. Niemandem soll «inn noch ussert den Wirths-Häüseren nachgeloffen, erbetten, oder sonsten erpracticiert» werden.[9] → siehe auch S.103

Damit war das Problem aber nicht aus der Welt geschafft. «Molestiert» wurden auch «Ehrengesandte über das Gebirg [zu den ennetbirgischen Vogteien]», die «mit klingendem Spil zu ir Schiff ... begleitet» wurden. Sie waren bekannt für ihre Grosszügigkeit, das führte die Schiffleute in Versuchung.[10] 1715 wurde der Rat in einem Memorial an die Schiffgesellschaften in Luzern deutlich: Er beauftragte den Schiffmeister, die Wirte zu «observieren», insbesondere den «Adler»-, «Rössli»-, «Storchen»- und den «Mohren»-Wirt, die er «sub pena gravi [unter ernster Strafandrohung] intimieren [vorladen]» liess.[11]

Zumindest gibt es ein Recht auf Verpflegung

Rechte hatten die Schiffgesellen kaum. Sie waren an einer Hand abzuzählen. 1593 wurde den Pfisternauenleuten immerhin der Lohn zugesichert, wenn sie «durch lybs oder Herren noot» an einer Fahrt verhindert waren.[12] 1601 wurden die Seeknechte erstmals berechtigt, Getreide aus dem städtischen Kornhaus zu beziehen. Sie waren die letzte Berufsgruppe, die zu diesem Recht kam.[13]

251

5   StALU Schifffahrtsakten AKT A1 F7 SCH 902 B, Ordnung und Freiheit der Pfisterleute oder Schiffgesellen des Pfisternauens zu Luzern, 1496 (Abschrift von 1593), fol. 224v.
6   Haas-Zumbühl, S. 21. Dazu auch: StALU Ratsprotokolle RP 40.359v (12.6.1587).
7   StALU Ratsprotokolle RP 33.104 (23.8.1574).
8   StALU Schifffahrtsakten, AKT A1 F7 SCH 902 B, Pfisternauengesellschaft 1593, fol. 229.
9   StALU Schifffahrtsakten AKT A1 F7 SCH 900, Abschied der Konferenz zu Gersau (Abschrift), April 1687, S. 6.
10   StALU Ratsprotokolle RP 90.141v (4.8.1713).

11   StALU Schifffahrtsakten AKT A1 F7 SCH 902 B, Memorial (betreffend Seeknechte, Pfisternauenknechte und andere Schiffleute, 24.7.1715), fol. 41. Wenn es um Rechtssachen ging, verwendete der Rat in dieser Zeit häufig Begriffe aus der lateinischen Rechtssprache. Interessanterweise wurden diese Begriffe in den Urkunden nicht in der deutschen Kurrentschrift geschrieben, sondern in der lateinischen Schrift (sozusagen Blockschrift statt «Schnüerlischrift»).
12   StALU Schifffahrtsakten, AKT A1 F7 SCH 902 B, Pfisternauengesellschaft 1593, fol. 227v.
13   Josef Lustenberger, Getreideversorgung in Luzern im 17. und 18. Jahrhundert, S. 27.

Abb. 77   In der Schweizerchronik von Heinrich Brennwald, entstanden zwischen 1508 und 1516, wird der Tellsprung in einer fantasievollen Illustration gezeigt – mit Kapelle und ohne Gessler. Gesslerhut, Apfelschuss und die Hohle Gasse sind dafür in der linken Bildhälfte zu sehen.

Abb. 78   Tellskapelle in Sisikon: 114 Landleute, die «Tellen noch persönlich gekannt hatten», beschlossen an einer Landsgemeinde, ihren Freiheitshelden zu ehren – mit einer Kapelle an der Stelle, wo er Gessler entronnen und an Land gesprungen war. 1388, aus Dank für den Sieg in der Schlacht bei Sempach, wurde die Kapelle gebaut. Dies berichtet ein Geschichtsschreiber aus Uri, allerdings aus der sicheren Distanz des 18. Jahrhunderts.[1] Erstmals fassbar wird die Kapelle in der Schweizerchronik von Heinrich Brennwald. → Abb. 77 Schon bald war die Kapelle tief in der Urner Tradition verankert. 1561 gründete sich die «Dreifaltigkeitsbruderschaft zur Tellenplatte», eine elitäre Vereinigung aus den Spitzen der Urner Politik und Gesellschaft.[2] Alljährlich findet seither die «Tellenfahrt» statt zu Schiff in der Form einer Dank- und Bittprozession, verbunden mit einem feierlichen Gottesdienst in der Kapelle. Erst seit wenigen Jahren fällt der traditionelle «Tellenfreitag» nicht mehr auf den Freitag nach Auffahrt. Wegen der grossen Konkurrenz durch das verlängerte Auffahrtswochenende wurde er auf den Freitag nach Pfingsten vorgezogen.

252

1   Franz Vinzenz Schmid, Allgemeine Geschichte des Freystaats Uri, Bd. 1, S. 199 f.
2   Helmi Gasser, Die Urner Tellskapellen des 16. Jahrhunderts, S. 70.

Abb. 79   Altstad um 1850: In der kleinen Hafenanlage werden die Ruderboote hergerichtet, ein Schiffgeselle steht mit seinem Ruder bereit. Hinten ist die St.-Niklaus-Insel mit der Nikolaus-Kapelle zu sehen, → siehe auch S. 213 ff. rechts die ehemalige Taverne.

Abb. 80   Holztransport vor der Altstad in Meggen. Die geschützte Bucht war ein Zufluchtsort für Schifffahrer, die von Wind und Wetter überrascht wurden. In der privaten Liegenschaft konnten die gestrandeten Schiffgesellen seit der Mitte des 17. Jahrhunderts übernachten, seit 1660 besass die Altstad auch das Tavernenrecht.

Nur schrittweise wurde die Verpflegung der Seeknechte geregelt. Dies mag als ein Detail erscheinen, doch auf einer Fahrt, die mindestens acht Stunden dauerte, war es ein Detail von Bedeutung. 1553 äusserte sich der Rat erstmals zu der Frage. Er hielt die Schiffmeister an, die Schiffgesellen «für das mall» zu entschädigen, und zwar «einen jeden» mit fünf Schilling.[1]

Problematisch war die Situation für die Schiffgesellen, wenn die Fahrt nicht acht Stunden dauerte, sondern einen Tag oder sogar zwei Tage, weil das Wetter während der Fahrt umschlug. → siehe auch S. 268 ff. Es war den Schiffleuten verboten, Geld oder Waren von den Fahrgästen oder Kaufleuten anzunehmen. Darunter fielen auch die Mahlzeiten. 1626 regelte der Rat, was bei «gfaarlich Wätter oder wind» galt – auch für die Verpflegung der Schiffgesellen.[2] Konkret: Wenn ein Schiff unterwegs an Land ging, um Schutz vor einem Sturm zu suchen, und «selbigen abendts khein ander gutt wätter verhanden», dann sollten «die gfert [Gefährte] pflichtig syn, ihnen den Schiflüten allsdann das nachtmaal» zu geben. Sollte sich «am Morgen bis umb siben oder acht Uhren khein sölliche Enderung» ergeben, waren sie den Schiffleuten «auch das Morgenbrodt» schuldig. Dies galt «bis an den driten Tag, doch nit lenger». Anstelle der Mahlzeit konnte ein Schiffgeselle auch eine Entschädigung von zwanzig Schilling verlangen. Damit es keine Missverständnisse gab, wurde die Ordnung in drei Sprachen angeschlagen – für die fremden Kaufleute auch in Französisch und Lateinisch.[3]

Einige der Höfe, die von den Schiffleuten angesteuert wurden, wenn sie in einen Sturm gerieten, hielten Lebensmittel und Betten bereit. Dazu gehörten die Treib, → Abb. 93 der Rotschuo und die Altstad in Meggen.[4] → Abb. 79 + 80 / siehe auch S. 21 ff. 1651 wurde Johann Christof Cloos zu «Meggen an dem See» bewilligt, Leute aufzunehmen, die wegen «der Ungestümen des Sees» sich an Land begaben.[5] Cloos war Teil des Luzerner Patriziats und besass die Altstad, die Seematte samt der Spissenweide und die Rotmatte in Meggen.[6] 1660 wurde ein eigentliches Tavernenrecht erteilt. Cloos, der später auch Kaplan in Meggen war, durfte nun auf dem Hof «an der alten Statt» nicht nur «abgemattete Schiffleüth», die «erquickhung von nöthen» hatten, aufnehmen, sondern «auch den erkaufften Wyn» ausschenken.[7] → siehe auch S. 273

1 StALU Ratsprotokolle RP 21.384 (18. 8. 1553).
2 StALU Schifffahrtsakten AKT A1 F7 SCH 900, Ordnung (Verhalten bei Wind und Ungewitter), 1626, fol. 3 f. 1792 wurde eine gleichlautende Verordnung in Uri erlassen. StAUR AA-720 2.
3 Die urnerische Version wurde sogar in vier Sprachen ausgefertigt – in Deutsch, Lateinisch, Italienisch und Französisch. In den fremdsprachlichen Dokumenten unterzeichnete der Landschreiber, Joseph Anton Jauch, in der jeweiligen Sprache als Josephus Antonius Jauch, Secretaris Generalis, als Giuseppe Antonio Jauch, Secretario Generale, und als Joseph Antoine Jauch, Secretaire General.
4 Franz Haas-Zumbühl, Die Geschichte der Sankt Niklausen-Schiffs-Gesellschaft der Stadt Luzern bis 1910, S. 23.
5 StALU Ratsprotokolle RP 70.224 (10. 3. 1651).
6 Kurt Messmer/Peter Hoppe, Luzerner Patriziat, S. 474 f.
7 StALU Ratsprotokolle RP 73.200 (28. 8. 1660).

«Wyber» ersetzen
die «dapfferen knechten»

Geschichte wurde während Jahrhunderten hauptsächlich von Männern geschrieben – über Männer, für Männer. Dagegen ist keine Quellenlage gefeit. Schon gar nicht, wenn es um eine Männerdomäne wie die Schifffahrt geht. Dennoch lassen sich Aussagen über die Rolle von Frauen auch in diesem Bereich machen. Die wenigen, punktuellen Hinweise in den Quellen erlauben vor allem die Aussage, dass es tatsächlich eine solche Rolle gab.

Indiz 1   Schon in der frühesten Schifffordnung von Flüelen, der «Ordnung im Theyll» von 1374, wurde bestimmt, dass «alle, Mann oder Frau, die an den Stätten in Uri ansässig» waren, das Recht hatten, einen Nauen mit einem tüchtigen Knecht zu besitzen. Die einzige Bedingung: Sie mussten auch ein Pferd haben.[1]

Abb. 81   Blick von der Hofbrücke auf einen grossen Jassen, der vor den «Schwirren» der Brücke navigiert. Gesteuert wird das Schiff von drei Frauen und einem Mann. Hinten sind die Ruder bereits aus den Weidenringen gezogen und über das Heck gelegt. 1843, als das Bild entstand, waren die Tage der Hofbrücke gezählt. Vor dem «Schwanen» war das «bedeckte Gerüst» bereits 1835 entfernt worden, damit es den Gästen nicht die Aussicht versperrte. 1837 war das Dampfschiffzeitalter angebrochen, deshalb verkehrten neben den Dampfschiffen für den leichten Warentransport fast nur noch Jassen auf dem See. Hinten links ist ein seltener Segeljassen zu erkennen.

257

1   Hans Stadler-Planzer, Geschichte des Landes Uri. Teil 1, S. 190.

Indiz 2   In der fünfzehnseitigen Ordnung der Pfisterschiffgesellen von 1593 ist ein Kapitel überschrieben: «Wie es der abwäsenden Schiffgsellen wyber, gsind und diensten halb gehallten werden sölle.»[1] Ganz offensichtlich stellte sich immer wieder die Frage, wer die Pflichten eines Schiffgesellen übernahm, wenn dieser nicht in der Lage war, seinen Dienst zu versehen.

Zunächst wird in der Pfisternauenordnung geregelt, dass «ein yeder schiffgsell, so er anheimbschs [zu Hause], selbs fahren» soll, «so er aber nit anheimbschs, sin wyb nit gewalt habe, söllichs mit Knecht oder diensten zu verrichten».[2] Dann aber wird der Grundsatz relativiert: Wenn die «wyber der schiffgsellen, so nitt anheimsch oder by land wärent, ouch begertend gut ynzeladen, ze faren und ze werben, söllend die schiffgesellen ihnnen dessen nit vor syn». Konkretisiert wird, dass sie das Recht hätten, Gut einzuladen, dass sie aber für Schaden und Verlust haftbar seien, wie wenn es der Schiffgeselle wäre.

Abb. 82   Votivbild von 1703 aus der Ridlikapelle in Beckenried: Während die beiden Frauen rudern, versucht der Mann, seinen Gehstock und Hut aus dem Wasser zu fischen.

258

1   StALU Schifffahrtsakten AKT A1 F7 SCH 902 B, Erneuerung der Ordnung der gemeinen Gesellen des Pfisternauens, 12.2.1593.
2   Ebenda.

Indiz 3 In einer Fahrordnung von 1545 werden die Winkel-Fähren in Horw angehalten, für die Transporte nach Stansstad und Alpnachstad nicht auf «wyberen, kinder, ouch schlechte schwache Lüten» zurückzugreifen, sondern auf «dapffere knechten».[3] Offenbar war es keine Ausnahme, dass Frauen für den Fährdienst einsprangen. 1712 jedenfalls, während des Zweiten Villmergerkrieges, sagten zwei Fähreninhaber gegenüber dem Landvogt aus, dass während ihrer Abwesenheit selbstverständlich die Frauen gefahren seien.[4] Auf der anderen Seeseite, in Stansstad, waren Männer und Frauen als Schiffleute zugelassen, nur Jugendliche durften kein Schiff lenken. So bestimmte die «Schiff- oder Fehren-Ordnung» von 1623, dass nicht nur der Zoller dafür verantwortlich war, den Zoll einzuziehen, sondern «alle fehren, mann allss weib»,[5] und dass «keine knaben oder mägtlj under jährig mit reisenden fahren» sollten.[6]

Indiz 4 Auf der gleichen Strecke, zwischen Stansstad und Winkel, kam es 1718 zu einem Schiffsunglück, das fünf Todesopfer forderte – drei Männer, alle Schneider, als Passagiere und zwei Frauen, Maria Rosa Ferrari und Maria Veronika Rothenfluh aus Stansstad, als Schiffleute.[7] → siehe auch S. 264

Indiz 5 Trotz ihres unzweideutigen Namens bestand die St.-Niklausen-Bruderschaft, die erstmals 1652 erwähnt wird, nicht nur aus Männern. In ihren Rodelbüchern von 1683 und 1727 werden die Mitglieder aufgeführt – die Namen der «Herren und Meisteren Geistlichen und Weltlichen Brüder und Schwösteren».[8] Exemplarisch ist der Eintrag von 1752: Er nennt acht Würdenträger, einen Schiffmeister mit «Hausfrauw», acht Meister ohne Ehefrauen, achtzehn Meister mit Frauen (ebenfalls «Hausfrauwen» genannt), einen Mitbruder und sieben Schwestern. Was die Funktion der Schwestern war, geht aus den Rodelbüchern nicht hervor.

259

3   StALU Schifffahrtsakten AKT A1 F7 SCH 902A, Kanton Unterwalden, Verkommnis (Fahrordnung) zwischen Luzern und Unterwalden wegen der Fähren zwischen Winkel, Alpnach und Stansstad, 23.10.1545.
4   Andreas Ineichen, Die Gemeinde [Horw] in der frühen Neuzeit, S. 136.
5   StANW A 1190-4/5, Landbuch von 1782, Teil 5, fol. 134.
6   Dies hielt bereits die Schiffordnung von 1687 fest. StANW A 1190-3/3, Landbuch von 1731, fol. 87 (24.9.1733).
7   Chronik des Johann Laurentz Bünti, S. 278.
8   StALU KB 430, Bruderschaftsrodel der St. Niklausen Schiffgesellschaft, 1683 bis 1794, und PA 464/1a, Bruderschaftsrodel der St. Niklausen Schiffgesellschaft, 1727 bis 1848.

«Gänzlich mit Wasser angefüllt», bis das Schiff «untersanck»

Dass es auf dem Vierwaldstättersee immer wieder zu Schiffsunglücken kam, auch zu Katastrophen, ist aufgrund der Quellenlage offensichtlich. Zwar sind die Berichte über Unfälle unsystematisch, eher zufällig, denn nur die wenigsten Chronisten interessierten sich für das Geschehen abseits der Politik. Doch zeigen die zahlreichen Bestimmungen in den Schifffahrtsverordnungen, dass regelmässig gegen Sicherheitsvorschriften verstossen wurde. Deshalb sahen sich die Obrigkeiten immer wieder gezwungen, auf Klagen und Vorfälle zu reagieren. Schiffsarchäologen schätzen, dass «an die hundert Schiffwracks» auf dem Grund des Vierwaldstättersees liegen.[1] Wenn sich die Schiffgesellen um die Vorschriften foutierten, dann waren entweder die Schiffe unter- oder mit «schlechten schwachen Lüten» besetzt,[2] oder die Nauen waren überladen. Letzteres war das Hauptübel – und dem harten Konkurrenzkampf auf dem See geschuldet.

Die ersten Bestimmungen, die sich gegen das Überladen richteten, werden erst 1590 in einer Verordnung der Winkel-Fähren greifbar. Darin wurde ein Weibel beauftragt, «jährlich die Schiff [zu] besichtigen». Ebenso wurden die Winkel-Fähren verpflichtet, die maximale Passagierkapazität auf dem Schiffsbug zu markieren, dass sie nämlich «wie viel personen sy ertragen mögent dasselbig in die Schiff inhouwen».[3] Auch in der Folge kam es immer wieder zu Klagen.[4]

1649 regelte der Luzerner Rat auch die Beladung der Lastschiffe. Nauen durften nur noch «bis an die Eisen» beladen werden – das heisst bis auf die Höhe von Eisennägeln, die anzeigten, wo die Belastungsgrenze eines Schiffes war. Bereits verbreitet war diese Methode auf dem Boden-, Walen- und Zürichsee.[5]

«Da werden etliche Schiffbrüch angezeigt»

Schiffsunglücke geschahen häufiger, als es die folgende Zusammenstellung vorgibt. Sie beruht auf den verfügbaren Quellen (bis 1798) und vermittelt zumindest einen Eindruck von der Art der Unfälle. Dabei stechen drei Ereignisse heraus: 1687 starben 24 Menschen, als ein Schiff vor Brunnen sank; ebenfalls 24 Menschen kamen 1749 in einem Föhnsturm auf dem Urnersee um; und 1766 geschah das gravie-

1   Thomas Reitmaier, Vorindustrielle Lastsegelschiffe in der Schweiz, S.135.
2   StALU Schifffahrtsakten AKT A1 F7 SCH 902A, Kanton Unterwalden, Verkommnis (Fahrordnung) zwischen Luzern und Unterwalden wegen der Fähren zwischen Winkel, Alpnach und Stansstad, 23.10.1545.
3   StALU Schifffahrtsakten AKT A1 F7 SCH 902A, Kanton Unterwalden, Ordnung betreffend Schifffahrt zwischen Winkel und Stansstad, 27.5.1590.
4   Andreas Ineichen, Die Gemeinde [Horw] in der frühen Neuzeit, S.136.
5   Reitmaier, S.144. Auch in den anderen Orten, in Nidwalden und Schwyz, wurde diese Methode übernommen. Landvogt Caspar von Büren sollte 1666 «auf Stansstad die Schiffe visitieren, und in denselben hinten und vorne Nägel schlagen, wie hoch solche Schiffe beladen werden sollen» (StANW C 1525, Sch.nr. 660, 29.12.1666), in Brunnen wurde die Schiffleute gebüsst, wenn sie «über dieses Zeichen» luden (Alois Dettling, Schwyzerischer Geschichtskalender, 7.9.1754, S. 133).

rendste Unglück: Nach der palmsonntäglichen Musegg-Prozession in Luzern ertranken 48 Menschen auf der Rückfahrt nach Alpnachstad.

Mai 1391: Konrad Baumgarten aus Wolfenschiessen und seine Frau verunglücken mit dem Marktschiff.[6]

13. April 1580: Auf der Fahrt nach Stansstad fallen vier Bürger der Stadt Luzern – Claus Dorler, Balt Kauffman, Sargius Sektrager und Hans Sigerist – aus einem Schiff und ertrinken.[7] → Abb. 83

1616: Zwischen zwei jungen Männern endet der Kampf «umb die schöne Helena» zwischen Greppen und Meggen tödlich. Johann Leopold Cysat erzählt die «erbärmliche Geschicht», «als zween junge Gesellen, der eine von Meggen, der ander von Küssnacht, wolbekannter Geschlechteren, sich mit einem jungen Meydtle zu Schiff gesetzt und etwas truncken gewesen». Auf dem See seien sie «umb die schöne Helena streitig worden», hätten Hand aneinander gelegt und seien beide «uber das Schiff hinaus gefallen, und dieweil sie einandern starck ergriffen und gefasset, und voneinanderen nicht lassen wöllen, sindt sie leyder also zusammen klebend samptlichen ertruncken».[8] → Abb. 85

21. Januar 1619 (Datum des Urteils gegen Hans Jur aus Weggis wegen der fahrlässigen Tötung von drei Menschen anlässlich einer gewagten Schifffahrt): Betrunken, bei Wind und Wetter und in einem kleinen, überladenen Boot habe der Sohn des Weggiser Sigristen «dry personen ... ellendencklich zugrund gricht und ertrenckt, wie auch er in der gfor dry gantzer stunden amm schifflin hangen und hilff erhalten muössen». Interessant ist die Strafe: Auf «die fürbit so trungenlich von des Juren vater wie auch von dem erwürdigen pfarherrn und amptlüten von weggis» wurde auf eine harte Strafe verzichtet. Er solle «gen Einsidlen gohn, sin leidigen feller gen bichten und ein bichtzedel herrn Schultheisen bringen». Immerhin wurde ihm der Wein ausserhalb seines Hauses verboten. Zudem sollte er «für die dry ertrenckten seelen zwölff seelmässen läsen lassen».[9]

Mitte des 17. Jahrhunderts: Johann Leopold Cysat bezeichnet die Wispeleneck an der Unteren Nase in seiner «Wahren Abbildung der 4. Waldstätten See» → Abb. 91 von 1645 als einen Ort, an dem sich «etliche Schiffbrüch» ereigneten, «theyls durch ungestümme des Sees, theyls durch andere Zuständ verursachet». Darunter sei ein Schiff gewesen, das mit Kalk beladen war, und darüber sei «ein starckes unversehens Regenwetter eingefallen, da lass ich ein jeden vernünfftigen ermessen, was diese Schiffahrt, nach deme auch die Wellen eingeschlagen, für

261

6 Quellenwerk zur Entstehung der Schweizerischen Eidgenossenschaft, Abt. 3, Bd. 1, S. 10. Das erneuerte Jahrzeitenbuch von Wolfenschiessen gedenkt «Cünrats im Boumgarten und Itta sin husfrouw».

7 Johann Jakob Wick, Sammlung von Nachrichten zur Zeitgeschichte aus den Jahren 1560 bis 1587 (mit älteren Stücken), Bd. 18, 1580, fol. 115a.

8 Johann Leopold Cysat, Beschreibung dess Berühmbten Lucerner- oder 4. Waldstätten Sees, S. 207 f.

9 StALU Ratsprotokolle RP 56.248 f. (21.1.1619).

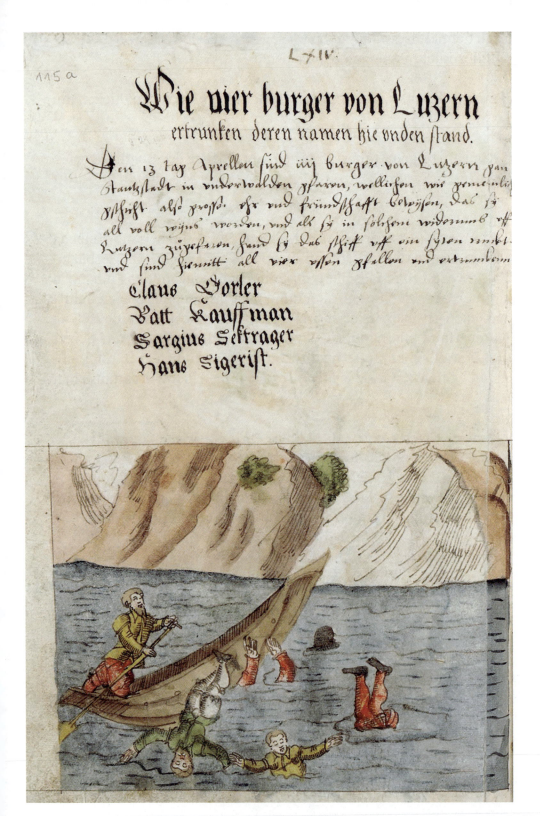

Wie vier burger von Luzern

ertrunken deren namen hie unden stand.

Den 13 tag Aprellen sind iiij burger von Luzern gan Stanckstadt in underwalden gfaren, wellichen wir gemeynlich Schifft also grosse, er und fründschafft bewisen, das sy all voll wins worden, und als sy in sölchem widerumb uff Luzern zügefaren, hand sy das Schiff uff ein syten truckt und sind hiemitt all vier ussen gfallen und ertrunken

Claus Dorler
Batt Kauffman
Sargius Sektrager
Hans Sigerist.

Abb. 83   Schiffsunglück von 1580 zwischen Stansstad und Luzern, vier Menschen sterben. In seiner «Sammlung von Nachrichten zur Zeitgeschichte» beschreibt Johann Jakob Wick, «wie vier Burger von Luzern ertrunken» sind, dass «sy all voll wynd worden, und als sy in sölchem widerumb uff Luzern zuogefaren, hand sy das Schiff uff ein Syten truckt und sind hiemitt all vier ussen gfallen und ertrunken».[1]

1   Johann Jakob Wick, Sammlung von Nachrichten zur Zeitgeschichte aus den Jahren 1560 bis 1587 (mit älteren Stücken), Bd. 18, 1580, fol. 115v.

ein Ende werde genommen haben». Lakonisch verweist er auf die entsprechende Illustration in seiner Chronik.[2] → Abb. 84

Mitte des 17. Jahrhunderts: Vor dem Haslihorn in St. Niklausen ertrinken Sträflinge in einem «Schiff, welches weyss und blau gemahlet und die Obrigkeit der Statt Lucern für müessige und liderliche Leuth» gemacht habe. Sie hätten «mit der zufuhr Stein und Sands ihre Fähler» abgebüsst und seien mit dem Schiff «zugrund gangen».[3]

Mitte des 17. Jahrhunderts: Johann Leopold Cysat erwähnt zwei Unglücke vor dem Zingel bei Kehrsiten. Bei dem ersten Schiffbruch sei ein «wolbekannter Herr der Stadt Lucern ... mit zweyen Knechten ... in einen Sturmwind kommen, da die Fehren oder Schiffknecht beyd ertruncken, der Herr aber, so jetzmahl noch bey Leben, von Gott wunderbarlich und Miraculosisch erhalten worden». Das andere Unglück habe sich an der Harissen ereignet, «allwo etliche Persohnen von einer Kindts-Tauffe nach Underwalden heimb gewolt, und daselbsten der mehrere theil in dem Wasser zugrund gangen».[4]

29. August 1679: Pater Anselm Bisling befindet sich auf der Reise von Einsiedeln in seine Residenz nach Bellinzona und will in Brunnen ablegen, als Mastbaum und Segel auf sein Reisepferd fallen. Dieses stürzt samt Sänfte und Gepäck in den See. Schwimmend kann es aber das Ufer erreichen.[5]

20. September 1687: 28 Pilger sind auf dem Weg von Stans an die Engelweihe[6] in Einsiedeln, als ihr Schiff vor Brunnen, bei der Einmündung der Muota, von einem «Föhn- und Biswind» erfasst wird und kentert. 24 Menschen verlieren ihr Leben, vier werden gerettet. Dem «würdigen Pfarrer von Stans, Hans Roth» kommt drei Tage später die Ehre zu, die Predigt in Einsiedeln zu halten. Auf ihn «machte das Unglück einen solchen Eindruck, dass er in tiefe Schwermut versank und sofort nach der Predigt abreiste».[7]

September 1705: An der «heiligen Mission» in Luzern nehmen angeblich rund 100 000 Menschen teil, schreibt Johann Laurentz Bünti in seiner Chronik.[8] Nach der sechstägigen Volksmission sei «doch alles glückhlich abgeloffen und unserseiths wegen grosser Ville des Volckhs bei Einschiffung zue Stansstadt und Winckhel niemand ertrunkkhen». Allerdings kommt es auf der Heimfahrt von Meggen nach Greppen zu einem Unglück. Dort ertrinken fünf Menschen.

263

2 Cysat, S. 244 f.
3 Ebenda, S. 255.
4 Ebenda, S. 246.
5 Alois Dettling, Schwyzerischer Geschichtskalender, 29. 8. 1679, S. 1529.
6 Weihefest der Gnadenkapelle in Einsiedeln, in der sich die Schwarze Madonna befindet.

7 Alois Dettling, Schwyzerischer Geschichtskalender, 20. 9. 1687 und 23. 9. 1687, S. 837 f. Widersprüchlich sind die Angaben zu den Details. Johann Laurentz Bünti schreibt in seiner Chronik, dass sich das Unglück «an einem Sontag, den 21. Herpstmonat» ereignet habe, dass «25 Persohnen ertruncken, und von selbigem Schiff voll Volckh nit mer als dri Persohnen mit dem Läben davonkommen» seien. Zudem seien «dissere Leüth alle am Morgen von Buochs hinweggefahren», nicht von Stans. Er erwähnt auch, dass von den Verstorbenen «allein zwo gefunden und begraben worden» seien (Chronik des Johann Laurentz Bünti, S. 25 f.).
8 Bünti-Chronik, S. 158. «Etwelche schätzens bei 100 000 Persohnen», schreibt er. Übertreibungen bei Missionen und Pilgerfahrten waren eher die Regel als die Ausnahme.

Oktober 1717: «Ohnweit von der Matt bei der Naas»[1] fällt Jacob Joseph Murrer aus Beckenried aus dem Schiff und stirbt, notiert die Bünti-Chronik. Dabei habe «sein Gespannen ihne nit erretten können».[2]

15. April 1718 (Karfreitag): Bei einem Windsturm zwischen Winkel und Stansstad ertrinken fünf Personen: Meister Josef Christen, Meister Niklaus Josef Michler, Johann Ulrich Josef Blättler, alle Schneider, sowie Maria Rosa Ferrari und Maria Veronika Rothenfluh, beide als Schiffleute. «Dri darvon sind gefunden [worden], die Rosa und der Joseph Ullrich aber nit», schreibt Johann Laurentz Bünti. Zwar hätten die Stansstader «vom Landt zuegeschauwet, aber nit helfen können».[3]

20. September 1718: Franz Josef Berwert fällt in Buochs nachts von einem Schiff in den See und ertrinkt.[4]

26. August 1725: Remigi Blättler kehrt «neben gar vill anderen Persohnen» von der Chilbi in Horw nach Hergiswil zurück, als er «us dem Schiff in Sehe gefallen, ertrunckhen und völlig verlohren und nit mer gefunden worden, da doch 3 Schiff miteinandren uf Hergiswyl zue gefahren. Vermuothlich meistens als bewynt».[5]

9. November 1749: Nach dem traditionellen Martinimarkt in Altdorf befinden sich die Marktleute von Brunnen auf dem Heimweg, als ihr Schiff auf der Höhe des Axens in einen Föhnsturm gerät und «umwirft». Dabei werden «alle Personen und Waren von den Wellen verschlungen».[6] Uri sagt Unterstützung zu und befiehlt seinen Schiffleuten, «fals sie der Eüwrigen finden würden, eüch selbe gleich mit allem bey und uf sich habenden zu überantworten».[7]

23. März 1766 (Palmsonntag): 52 Personen, vorwiegend aus Obwalden, haben den Musegg-Umgang in Luzern besucht, um dort den Ablass zu erhalten. Auf der Heimfahrt von Winkel nach Alpnachstad sinkt das Schiff noch vor der Acheregg. 48 Menschen sterben, für die vier Überlebenden wird eine Votivtafel in der Pfarrkirche St. Peter und Paul in Sarnen angebracht.[8] → Abb. 86

18. März 1784: Bei einem Schiffbruch in der Nähe der Tellskapelle ertrinken fünf Personen, nämlich Landschreiber Joh. Melch. Jos. Rigert, sein Bruder Kaspar Rigert, Weissgerber Marzell Camenzind, Kürschner Jos. Camenzind (alle von Gersau) und ein junger Luzerner.[9]

264

1 Obermatt.
2 Bünti-Chronik, S. 275. Die meisten Menschen konnten damals nicht schwimmen.
3 Ebenda, S. 278 f.
4 Ebenda, S. 279.
5 Ebenda, S. 311. «Bewynt»: (mit Wein) betrunken.
6 Schwyzerischer Geschichtskalender, 9. 11. 1749, S. 69. Es waren 24 Personen.
7 StASZ HA.IV.240.005, Schifffahrt zwischen Brunnen und Flüelen, Nr. 56.
8 Exvoto in der Turmkapelle der Pfarrkirche Sarnen.
9 Schwyzerischer Geschichtskalender, 18. 3. 1784, S. 478.

Abb. 84   Johann Leopold Cysat beschreibt in seiner Chronik von 1661, wie ein Schiff bei der
Wispeleneck an der Unteren Nase in einen Sturm gerät: «Da lass ich ein jeden vernünfftigen
ermessen, was diese Schiffahrt, nach deme auch die Wellen eingeschlagen, für ein Ende werde
genommen haben: Besihe die Figur im kleinen Kupffer[stich] litt. S. & T.»
Abb. 85   In der gleichen Bildserie illustriert er den «Kampf um die schöne Helena» von 1616.
Leider hätten die beiden Knechte auf dem Schiff zwischen Greppen und Meggen nicht voneinander gelassen und seien ertrunken.

265

Im Jahr 1766. den 23. Mertz. Als an dem pal
Mus-Egg zu Lucern gehalten worden, sein
gewonnen, auff der Ruckhreiß von winckel
winden vnd waſſer wellen dergestalten Erb
perſonen daruon Armſellig Ertruncken seind,
maria vnd des vilſelligen br: Clauſen seind Erb
Niclaus Joſeph von moos von ſachslen Jungfr. maria

266

Abb. 86   48 Menschen sterben in diesem Schiffsunglück von 1766. Maria und Bruder Klaus blicken auf die Szene. Sie sind mit ihren Fürbitten für die Rettung von vier Überlebenden verantwortlich. Für diese vier Obwaldner wurde die Votivtafel in der Turmkapelle der Pfarrkirche St. Peter und Paul in Sarnen angebracht. Unter dem Bild wird das Unglück beschrieben: «Im Jahr 1766, den 23. Mertz. Als an dem palmsontag an welchem tag die procession auff der so genanten Musegg zu Luzern gehalten worden, seind 52 personen meistens von Oberwalden so alldorthen den ablas gewannen, auff der ruckreis von Winkel nacher Alpnacht gefahren, welches schiff aber von den stürmischen winden und wasser wellen dergestalen erbärmlich herumgetriben worden bis entlich das schiff umgewelzet und 48 personen darvon armsellig ertruncken seind, und nur 4 eintzige beim leben durch die mächtige vorbitt der allerselligsten Jung[frau] Maria und des villselligen br[uder] Clausen seind erhalten worden.

fag·   An   welchem Tag die procession Auff der so genante[n]
z. perſonen meiſtens von Oberwalden so Alldorthen den Ablas
her Alpnacht gefahren, welches schiff Aber van den ſturmiſchen
ich herumgetriben warden bis Entlich das schiff vmgewelket und 48.
ur 4. Einzige brim Leben durch die mächtige varbitt der Allerſelligſten Jung
warden Als benantlich Herz Joseph Ignatius wirt Juris utriusqae Candita
eth Heiman Jungfr. maria Caecillia britschgi beide van Alpnacht ~

Als benantlich herr Joseph Ignatius Wirtz juris utriusqae candita, Niclaus Joseph von Moos von Sachslen, jungfr[au] Maria Elisabeth Heiman, jungfr[au] Maria Caecillia Britschgi, beide von Alpnacht.»

Die alltägliche Gefahr auf dem See

«Hat man das Unglück, von einem starken Ungewitter überfallen zu werden, und befindet man sich in dem Busen, der von Brunnen nach Flüelen hinabgeht, die meisten Felsen senkrecht in den See fallen und wo nur an wenigen Stellen anzulanden ist, oder in der Gegend der obern und untern Nase, wo ebenfalls die Felswände fast gerade in die Fluten sich senken, so ist die Gefahr wirklich gross und die Scene eine der fürchterlichsten.» Johann Gottfried Ebel schilderte auf seiner Reise durch die Schweiz, die ihn 1793 auch über den Vierwaldstättersee führte, wo die Gefahren lauerten. «Reiseschreiber», zu denen er auch gehörte, hätten «die Schiffarth auf diesem See so gefährlich und fürchterlich gemahlt, dass ein grosser Theil der Reisenden nur mit Angst sich ihm anvertrauten».[1] Für die Schiffgesellen war es Alltag, «den schwarzen Schlünden, die mit schäumender Wuth sich tausendmal öfnen»,[2] zu begegnen. Wie gefährlich die Situationen waren und wie sich die Schiffleute

Abb. 87   Ausschnitt aus dem Deckengemälde in der St.-Anna-Kapelle in: Der ehemalige Besitzer der Unteren Mühle in Beckenried, Kaspar Kramer, liess die Kapelle um 1600 aus Dankbarkeit für die Errettung aus einem schweren Unwetter erbauen. Kramer war auf der Heimfahrt von Luzern in einen Sturm geraten und hatte der heiligen Anna eine Kapelle versprochen, wenn er heil davonkomme.[3]

268

1   Johann Gottfried Ebel, Anleitung auf die nützlichste und genussvollste Art die Schweitz zu bereisen, Bd. 2, S. 176 f.
2   Ebenda, S. 177.
3   Reitmaier, S. 148.

Abb. 88   Auf dem ganzen Deckengemälde in der St.-Anna-Kapelle in Beckenried ist eine weitere Szene zu sehen. Um die Mitte des 18. Jahrhunderts brannte es in der Mühle, doch blieb der Schaden dank der Fürbitten der heiligen Anna gering. 1753 wurde deshalb die Kapelle erneuert – mit dem Deckengemälde. 1855 ging die private Kapelle in den Besitz der Kirchgemeinde Beckenried über. 1984 wurde sie einer Gesamtrestauration unterzogen.[3]

«in wasers gfahr und Noth»[4] verhielten, zeigen Darstellungen in Beckenried – in der St.-Anna-Kapelle → Abb. 87 + 88 und in der Ridlikapelle. → Abb. 89 + 90 Vor allem galt es, das Segel einzuholen, gleichzeitig aber weiterzurudern, um das Schiff sowohl in Fahrt als auch auf Kurs zu halten. Manchmal wurde auch die Fracht über Bord geworfen – wie 1731, als die Marktschiffe von Buochs und Beckenried in einen Sturm gerieten. → Abb. 90

269

4   Inschrift auf einem Votivbild in der Ridlikapelle in Beckenried.
→ Abb. 90

270

monat Seind dise persohnen Erhalten worden, in wasers gfahr Und Noth, rum sey es dem Hochen Gott Lob Ehr Und danck gesagt, Maria auch he weis sey Ewiges Lob Ehr Und preis ..

Abb. 89 Ein vollbeladener Nauen gerät 1748 in einen heftigen Sturm. Kaufleute verwerfen die Hände und beten, den drei Schiffleuten gelingt es mit Hilfe der Ridlimadonna, den Nauen durch die Fluten zu manövrieren – aus Dankbarkeit wird die Votivtafel gestiftet.

Abb. 90 Auf einem weiteren Votivbild in der Ridlikapelle in Beckenried wird eine Seenot von 1731 geschildert: «Ao. 1731 den 10tag Heüwmonat [Juli] Seind dise persohnen Erhalten worden, in wasers gfahr und noth, hier ist das Zuflucht Orth, darum sey es dem Hochen Gott Lob Ehr und danck gesagt, Maria auch auff gleiche weis sey Ewiges Lob Ehr und preis.»

→ siehe auch S. 124 Rechts ist die Ridlikapelle zu sehen.

«Verharren, bis der wind und ungewitter ufghört»

Von den Obrigkeiten gab es kaum Verhaltensanweisungen. Uri verstärkte die Besatzung, wenn «besorgliches Wetter» drohte.[1] Luzern erwähnte erst 1626 in einer Ordnung, dass sich die Schiffleute bei «gfaarlich Wätter oder wind» an Land begeben und dort «verharren söllent ... bis der wind und ungewitter ufghört».[2] Selbstverständlich wussten die Schiffgesellen aber, wo die Gefahren lauerten. Sie kannten auch die Zufluchtsorte und Anlegestellen, die Schutz boten.

Und dennoch wurden sie immer wieder von Stürmen überrascht. Gefürchtet war vor allem das Gebiet um die beiden Nasen, wo sich die lokalen Winde und die starken Strömungen zu einem doppelten Gefahrenherd vereinten. Johann Leopold Cysat beschreibt die Wispeleneck an der Unteren Nase als einen Ort, an dem sich «etliche Schiffbrüch» begeben.[3] → Abb. 91 / siehe auch S. 261 Gefährlich sei auch die Bruderbalm (auf der Seite gegen Ennetbürgen): «An disem Orth soll ein Brunnen in aller Tieffe dess Sees seyn unnd die Eygenschafft haben, wann man ihme mit lauter Stimme

Abb. 91   Bei der Wispeleneck (Nr. 147) ereigneten sich immer wieder Schiffsunglücke. Johann Leopold Cysat zeichnete sie in seiner Karte von 1645 ein. → Abb. in Umschlagklappe vorne Die weiteren Orte in diesem Kartenausschnitt sind (in der Schreibweise von Cysat):
79: Obernas. 80: Bey dem roten Schuhe. 139: St. Antoni in der Au. 140: Bürgerstadt. 141: Höff am Bürgern. 142: St. Jost. 143: Zu Buchlin. 144: Im Spissen. 145: Im Schartin. 146: Brudersbalm. 147: Wispelen Eck. 148: Metzenstock. 149: Obermatt. 150: Landmarck. 151: Der Krug. 152: Undermatt. 153: Der Statt Lucern Bürgen. 154: An der Rist.

272

1   StAUR A-720/2, Tarif oder Teilordnung über Flüeler Fähren (4.1.1777). In einem kleinen Schiff mit mindestens drei Saum an Kaufmanns- oder Eilgütern wurden zwei Schiffleute «bey günstigem wetter» und drei Schiffleute «bey besorglichem wetter» eingesetzt.
2   StALU Schifffahrtsakten A1 F7 SCH 900, 1626, Nr. 15, fol. 3. 1792 wurde eine gleichlautende Verordnung in Uri erlassen. StAUR AA-720 2.

3   Johann Leopold Cysat, Beschreibung dess Berühmbten Lucerner- oder 4. Waldstätten Sees, S. 244.

Abb. 92   Blick auf die Bruderbalm zwischen der Unteren Nase und Ennetbürgen. Sie war ein wichtiger Zufluchtsort für Schiffleute, die in Seenot gerieten. Das zugemauerte Festungswerk erinnert an die Bedeutung der Nasen als Teil der Réduit-Stellungen während des Zweiten Weltkriegs.

dreymahlen nach einandern ruffe, dass er mit grosser Bewegung vom Grund auff sichtbarlich uber das Seewasser herfür walle mit einem solchen Gewalt, dass man eylendts von dannen fliehen unnd abweichen müsse, die Persohn aber, so als geruffen, solle dasselbig Jahr nicht uberleben.»[4] → Abb. 91
Gleichzeitig war die Bruderbalm aber ein bekannter Zufluchtsort, den auch Fischer nutzten.[5] → Abb. 92 Dahinter befand sich zudem der Spis beziehungsweise das Buochli mit einem Haus und zwei Ställen. Dort fiel das Land sanft bis an den See ab.[6] Auf der anderen Seite des Bürgenstocks eigneten sich die Obermatt («Im Mattli») und die Untermatt schon damals als Anlegestellen, dazwischen lag der sogenannte «Krug», weiter unten Kehrsiten. → siehe auch S. 249
Bereits in den frühesten Zeiten der Schifffahrt fuhren die Seeknechte auch die Treib, den Rotschuo, die Kindlimordkapelle in Gersau, → Abb. 94 den Hof Härggis auf Gemeindegebiet von Emmetten[7] oder die Anlegestelle unterhalb des Rütli an, um Schutz vor Unwettern zu suchen.[8] Einige der geschützten Höfe erhielten später das Tavernenrecht und mussten Lebensmittel und Betten bereithalten, um den Schiffleuten auch einen längeren Aufenthalt zu ermöglichen. Dazu gehörten die Treib, der Rotschuo und die Altstad vor Luzern.[9]

273

4   Ebenda. Cysat fügt selber an, die Geschichte sei ihm «von einer ganz glaubwürdigen Persohn» erzählt worden, er «lasse gleychwohl hierüber einem jeden sein Meynung».
5   Balm = Felsüberhang, der Schutz und Obdach bietet. Gelegentlich wurde die Bruderbalm auch Brudersbalm oder Ruedersbalm genannt.
6   Albert Hug/Viktor Weibel, Nidwaldner Orts- und Flurnamen, Bd. 3, S. 1924.
7   «Schifflende Geisshütten» bei Johann Leopold Cysat.
8   Vergleiche dazu auch: Heinz Horat, Bauen am See, S. 95.
9   Franz Haas-Zumbühl, Die Geschichte der Sankt Niklausen-Schiffs-Gesellschaft der Stadt Luzern bis 1910, S. 23.

In der kleinen Hafenanlage der Treib → Abb. 93 hatten die Schiffgesellen des Marktnauens von Uri sogar das Vorrecht. In einem Gemeindebeschluss von 1596 heisst es, dass «sie zu jeden Zeiten vor allen anderen tags oder Nachts ihre Zuflucht und Sicherheit daselbsten nemmen mögen, und wan vor ihnen [ein] Schif darin gefahren, so soll enselbe darus weichen und ihnen Platz geben».[1]

Abb. 93   Bereits unter der Herrschaft der Fraumünsterabtei in Zürich gab es wahrscheinlich einen Fährbetrieb zwischen der Treib und Brunnen. → siehe auch S. 64 Für die durchreisenden Schifffahrer diente die Treib vor allem als Schutzhafen. 1658 brannte das Treibhaus nieder, der Neubau wurde von den Eidgenossen bis 1767 für insgesamt 58 Zusammenkünfte genutzt. Ladenkästen und Zierbretter erhielt das Haus erst in der Mitte des 18. Jahrhunderts, bemalt wurde es 1806. Der heutige Bau stammt aus dem Jahr 1903. Er ist weitgehend eine Rekonstruktion des alten Gebäudes.

Abb. 94   Kindlimordkapelle um 1850: Gemäss einer alten Sage tötete ein Spielmann oder Geiger, der von der Treib kam, sein Kind an dieser Stelle. Er stiess es gegen einen Felsbrocken, weil es ungeduldig war und um Essen bat. Die heutige Kapelle stammt aus dem Jahr 1708, ein Vorgängerbau wurde schon 1570 als «Käppeli zum Kindli» erwähnt.

1   StAUR A-720/2, Extrakt aus den Akten von 1544 bis 1767, Nr. 10, 1596.

Überraschungen selbst in der Luzerner Seebucht

Manchmal ging ein Unglück auch glimpflich aus. Ein anschauliches Beispiel dafür, wie unberechenbar das Wetter auf dem See war und wie wenig es brauchte, um in einen Sturm zu geraten, findet sich in einer Akte des Staatsarchivs Nidwalden. Franz Niklaus Zelger, Stanser Offizier und Politiker, schilderte in seinen Privataufzeichnungen, was sich 1792, kurz vor Weihnachten, in der Luzerner Seebucht ereignete:

«Den 13ten Wintermonat, als an dem Stanser Markht Vorabendt fiel der mittägige Wind (oder Föhn) so starck ein, dass das Marchtschiff von Stansstad erst in der Nacht um 10 Uhr von Luzern abzufahren sich getraute. Kaum hatte selbes den Stutzhof [bei St. Niklausen, Horw] erreicht, so fiehl selbiger wiederum so unverhofft als starck ein, dass die Wellen selbiges in eine Bucht getrieben, und gänzlich mit Wasser angefüllt hätten, so dass es untersanck. Zum Glück war das Wasser klein, dass es den in den See hinausspringenden Schiffleuten, um die Kauffmannswaren zu retten, nicht höher als bis an die Brust ging, nichts destoweniger wurden viele Kauffmannssachen zu Grund gerichtet, auch dem Herrn Cattani von Engelberg ein Fass Zucker zerronnen. Durch thätige Beyhilf der Horber und ununterbrochener Arbeith der Schiffleuthen konnte endlich das Marchtschiff tags nacher Stansstad geführt werden. Hätte der Sturm das Schiff kaum eine halbe Viertelstund zuvor ueberfallen, so würde Volck, Kostbarkeiten und Alles ein Raub der Woggen geworden sein.»[1]

275

1   Reitmaier, S. 135.

Wenn plötzlich Pferde
über den See preschen

1573 war ein besonderes Jahr in der Zentralschweiz. Es begann mit einem Winter, der auf dem See zu einem ungewöhnlichen Treiben führte: Schachenfischer[1] und Seeknechte standen auf dem zugefrorenen See und hauten Fahrrinnen in die Eisdecke der Luzerner Bucht. Sonst, so Renward Cysat in seiner Luzerner Chronik, «man des fars und seews nitt geniessen mag». 1573 war der erste Winter in einer ganzen Reihe von Jahren, in denen es zu Seevereisungen kam. Cysat notierte 1600, 1601, 1603, 1608 und 1623.[2]
Der extreme Winter von 1573 brachte vor allem die Schiffleute von Stansstad an den Rand der Verzweiflung. Nicht nur waren ihre Schiffe blockiert, sie mussten auch zusehen, wie die Marktleute aus Unterwalden «über das ys zu fuss und mit schlytten»[3] nach Horw gelangten. Sie überredeten deshalb die Winkel-Fähren, vor dem Ufer in Stansstad gemeinsam einen Graben in das Eis zu schlagen, «damit die Lütt nit mer übers ys gangend, sondern faren müssen».[4] Dies wiederum erachtete der Luzerner Rat als «ein gfahrliche sach» für die Marktgänger, die in der abendlichen Dunkelheit nach Stansstad zurückkehrten. Von einer «schier mordtlichen» Tat schrieb der Nidwaldner Landrat; die Winkel-Fähren wurden mit Kerker und Bussen bestraft.[5]

Wochenlang ist
der See zugefroren

Eine zweite Häufung von Seevereisungen gab es gegen Ende des 17. Jahrhunderts.[6] Von diesen Seegfrörnen berichtet die Bünti-Chronik in Nidwalden.[7] 1684, so Johann Laurentz Bünti, sei der Stansstadersee während fast eines Monats zugefroren gewesen. Höhepunkt war der 15. Februar 1684. Da habe «kein eintzig Schiff, weder von Ury, Schweytz noch Underwalden, in die Statt faren könen, sonder es müösste alles über Landt und Eys».[8]
Nur ein Jahr später fror der See wieder zu, diesmal sogar «5 oder 6 Wuchen lang».[9] Schiffbar seien nur die Abschnitte von Winkel nach Stansstad und von Flüelen nach Brunnen gewesen, der Verkehr von Stansstad nach Flüelen sei auf den Landweg ausgewichen. Sägehölzer, Getreide und Käselaibe habe man auf Schlitten von Beckenried nach Gersau gebracht, «doch ist es gleich von der Oberkeit hoch verbotten worden».[10] Wagemutig waren auch die jungen Burschen in Gersau. Sie seien auf den See hinausgegangen, «bis sie das Brunner-Dorf sahen», schreibt Josef Maria Mathä Camenzind in seiner Dorfgeschichte.[11] Bünti schildert auch die

1   «Schachen» bezeichnet die verlandenden Uferzonen entlang von Seen und Flüssen.
2   Renward Cysat, Collectanea chronica, Bd. 1, Teil 1, S. 212. «1623» wurde von einer späteren Hand hinzugefügt.
3   StALU Ratsprotokolle RP 31.50 (15.4.1573).
4   Ebenda.
5   Andreas Ineichen, Die Gemeinde [Horw] in der frühen Neuzeit, S. 138 f.
6   Die klimatische Kälteperiode von etwa 1400 bis in das 19. Jahrhundert ist in der Klimageschichte auch als Kleine Eiszeit bekannt.

7   Johann Laurentz Bünti (1661–1736) aus Stans war Landsäckelmeister, Landesstatthalter und Landammann in Nidwalden. In seiner Chronik zeichnete er eine Fülle von Ereignissen vor allem aus seinem engeren Lebensraum auf, die nicht nur die Politik, sondern auch das gesellschaftliche Alltagsleben betreffen.
8   Chronik des Johann Laurentz Bünti, S. 20.
9   Bünti-Chronik, S. 22.
10   Ebenda.
11   Josef Maria Mathä Camenzind, Geschichte von Gersau, S. 95. Dabei handelt es sich nicht um eine zeitgenössische Quelle. Camenzind (1816–1883) war Pfarrhelfer und Historiker in Gersau. Er schrieb ein dreibändiges Werk über die Geschichte von Gersau.

wirtschaftlichen Folgen der Seegfrörni: «Weilen kein Schiff von allen umligenden Orthen in die Statt nit mer hat faren könen bis in 6 Wochen, hatten die Burgger zue Lucern grösseren Mangel an Käs, Anckhen, Fisch, türs Zeüg, Holtz und dergleichen, als die Länder über Korn und Saltz, dan mit grossem Umkosten ist die Wahr noch, wie abgemelt, in die Orth gefüort worden, nämlich uf Winckel und Stansstadt.»[12]

Detailliert ist der Bericht über die aussergewöhnliche Kälte von 1694/95, die fast den ganzen Winter, von Weihnachten 1694 bis Ostern 1695, dauerte.[13] In der ersten Februarwoche sei der See

Abb. 95   4. März 1543: Auf dem gefrorenen See bei der St. Niklausstud – einer Grenzsäule zwischen Zürich und Riesbach – versammelte sich eine grosse Menschenmenge, um einen alten Mittefasten-Brauch zu feiern. Mit dem traditionellen Märzenfeuer wurde der nahende Frühling begrüsst. 1543 war ein besonderes Jahr. Wie der Chronist schreibt, war der See «so hart gefroren und dik von yss», dass es die Menschen «als ein gross mirakel und wunder» empfanden.[14]

12   Bünti-Chronik, S. 22.
13   Ebenda, S. 55 ff.

14   Johann Jakob Wick, Sammlung von Nachrichten zur Zeitgeschichte aus den Jahren 1560 bis 1587 (mit älteren Stücken), Bd. 10, 1572, z. T. auch 1574, mit vereinzelten älteren Nachrichten, fol. 39v, ZB Zürich Ms F 21.

zugefroren, und zwar von Stansstad bis Winkel, von Weggis bis Altstad, von Buochs bis Brunnen und «desgleichen zue Lucern uberal». Luzern habe keine Kosten und Mühen gescheut, um «Tag und Nacht die Einfahrt von Küsnacht und der Zinen[1] ofen zue behalten». Man habe aber «zwo Wuchen über dri Schiff nit in der Statt gesechen». Fast vollumfänglich sei der Marktverkehr von Uri, Schwyz, Gersau und Weggis ausgefallen. Deshalb habe Luzern «in einer Wuchen zimlich vill Kärnen [Getreide] uf Winckel, von danen über Eys uf Stans-Stadt, Buochs, Beggriedt und über Amäten an die Threyb gefüörth, aldorth ins Schiff geladen bis nacher Flüöllen».

Schiffe werden durch den Eiskanal gezogen

Bünti schreibt, dass man achtzehn oder zwanzig Pferde- und Rinder-züge auf dem Eis gezählt habe, die «gradenwägs vom Winckel wol beladen uf Stansstadt gefahren mit Weyn, dri Seüm in einem Fass, item Saltz, Kärnen und vil andre Sachen». Er selber habe gesehen, wie «dri Junckerssöhn us der Statt zue Pferdt in vollem Lauff uf Stansstadt rannen und wider ausen».
«Mit grossen oberkeitlichen Unkosten» und «mit Sagen und Hauwen» sei ein Kanal in das Seebecken von Luzern geschlagen worden. Allerdings, so Bünti, fuhren die Schiffe nicht selber. Sie wurden «an Seyleren gezogen und die Sägelbaüm über zwärch [quer] uf das Schiff gebunden und über das Eysch zue beyden Sythen neben dem Schiff durch die Leüth gestossen».
Bünti berichtet auch von Seegfrörnen auf dem Alpnachersee in den Jahren 1716 und 1730.[2] 1830 gefror zudem der Stansstadersee.[3] Um die Mitte des 19. Jahrhunderts endete dann die Kleine Eiszeit.[4]

278

1   Zinnen bei Hertenstein.
2   Bünti-Chronik, S. 266 und S. 362.
3   Ineichen, S. 139.
4   Vergleiche dazu den Forschungsbericht des Paul-Scherrer-Instituts in Villigen: Michael Sigl et. al., 19th century glacier retreat in the Alps, S. 3311.

Fabian Biasio, Fotograf aus Luzern, hat sich für dieses Buch auf eine fotografische Reise begeben. Dabei hat er zwei Hauptthemen des Buches aufgegriffen.

Erstens interpretiert er die Kapitelübergänge als den Übergang von Land zu Wasser, als das Zusammenspiel von Ufer und See. Er zeigt, was das Buch aussagt: Trotz seiner schieren Weite, manchmal auch seiner Rauheit trennt der See nicht. Er verbindet – «von Land zu Land».

Zweitens widmet er sich den Menschen auf dem See. Fabian Biasio hat in seinem fotografischen Essay nicht nur die modernen Schiffgesellen auf dem Vierwaldstättersee begleitet, sei es auf Passagier- oder auf Ledischiffen, sondern auch ein Hochzeitspaar oder die Taucher der Seepolizei Luzern. Er zeigt damit, wie sich die Schifffahrt entwickelt hat. Zwar wird auf dem See immer noch gearbeitet, auch bei Wind und Wetter, doch sind die Schiffleute und Behörden auf die Gefahren vorbereitet. Deshalb ist der See heute auch ein Vergnügungssee. Für die meisten Menschen wirkt er als ein Ort der Ruhe und der Erholung. Sie geniessen die Weite und die Unberührtheit des Wassers. Andere wiederum nutzen die Einzigartigkeit des Sees, um Erinnerungen zu schaffen. Das kann auch eine Hochzeitsfeier sein.

Anhang

Quellen- und Literaturverzeichnis

Originalquellen

Aarau
Aargauer Kantonsbibliothek
MsWettF 16: 1, Silbereisen: Chronicon Helvetiae, Teil I
(www.e-codices.unifr.ch/de/list/one/kba/0016-1).

Aarau
Staatsarchiv Aargau
AA/4947, Acta Murensia
(www.e-codices.unifr.ch/de/list/one/saa/4947).

Altdorf
Staatsarchiv Uri
A-720/1 (Verkehrs- und Transportwesen, Gesetz-
gebung).
    Abschied zu Gersau, April 1687 (Abschrift).

A-720/2 (Verkehrs- und Transportwesen, Schifffahrt)
    Vertrag zwischen den Schiffsgesellen im Markt-
schiff und den Schiffleuten zu Flüelen, 8.9.1547
(Abschrift von 1723).
    Tarif oder Teilordnung über Flüeler Fähren, 4.1.1777.
    Extrakt aus den Akten von 1544 bis 1767
(erstellt nach 1767), Nr. 4, Fürleitebezug der Dorfleute
von Flüelen von den Schiffsgesellen, 4.3.1558.
    Extrakt aus den Akten von 1544 bis 1767
(erstellt nach 1767), Nr. 10, Recht des Marktnauens
auf Zuflucht an der Treib, 1596.

AA-720 1 (Verkehrs- und Transportwesen, Schifffahrt)
    Sammlung von Landsgemeinde-, Rats- und
Konferenzbeschlüssen usw. (erstellt von 1723 bis 1731),
Nr. 2, Teil und Fuhr in Flüelen, 2.6.1374.
    Sammlung von Landsgemeinde-, Rats- und
Konferenzbeschlüssen usw. (erstellt von 1723 bis 1731),
Nr. 3, Streit zwischen den Schiffsgesellen zu Altdorf
und den Dorfleuten von Flüelen wegen der Fürleite,
16.3.1517.

AA-720 2 (Verkehrs- und Transportwesen, Schifffahrt)
    Ratsbeschluss betreffend Schuldigkeit des Fuhr-
lohns bei verhinderter Destination, 3.7.1792.

Basel
Universität Basel
UBH Kartenslg Schw B 1, Wahre Abbildung der
4. Waldstätten See, Clemens Beüttler fecit, 1645
        (https://doi.org/10.3931/
        e-rara-13836).

302

Bern
Schweizerisches Bundesarchiv
    AS VI 142, 721.313, Vertrag vom 9. Oktober 1858
betreffend Verbesserung des Seeabflusses in Luzern
(www.fedlex.admin.ch/eli/cc/VI/142_141_127/de).
    AS IX 192, Reglement vom 27. Juni 1867 über das
Öffnen und Schliessen des Reusswehres in Luzern.
    Schweizerisches Bundesblatt, Bd. 2, Nr. 28,
4.6.1849, Bundesgesetz betreffend den freien Verkehr
an der Wasserstrasse von Luzern nach Flüelen
(www.amtsdruckschriften.bar.admin.ch/
viewOrigDoc/10000094.pdf?ID=10000094).

Luzern
Staatsarchiv
    AKT 11M/180, Landvogteirechnung (1647 und 1648).
    AKT 13/3578, Kundschaften, Berichte, Klagen
der Horwer (21.2.1653).
    AKT 13/3690, Summarium der Klagepunkte der
zehn vereinten Ämter (7.6.1653).
    COD 1270, fol. 105–106v, Sachen der Stadt Luzern
mit den drei Ländern wegen des Wochenmarkts und
der Schifffahrt.
    COD 1435/41, fol. 51, Formularbuch, enthaltend
das Memoriale quotidianum von 1584 bis 1603.
    COD 5590, Ordnung für einen jeweiligen Schiff-
herrn, 1590 bis 1750.
    COD 5620, Akte der beiden Marktschiffe von
Luzern und Uri, 1496 bis 1750.
    COD 5625, Rechnungsbuch des Schiffmeister-
amts zu Luzern, 1579 bis 1790.
    COD 5629, Schiffmeisterrechnung (Rechnungs-
rödel) von Schiffmeister Sebastian Schindler, 1588.
    COD 6790, Ordnungsbüchlein mit Ordnungen von
1590, aktualisiert bis 1756.
    KB 430, Bruderschaftsrodel der St. Niklausen
Schiffgesellschaft, 1683 bis 1794.
    PA 464/1a, Bruderschaftsrodel der St. Niklausen
Schiffgesellschaft, 1727 bis 1848.

Ratsprotokolle (RP)
RP 1.122v (1396).
RP 4.157v (15.12.1430).
RP 5A.316v (9.10.1471).
RP 5A.525 (12.8.1481).
RP 5B.153v (9.9.1461).
RP 5B.179v (22.2.1455).
RP 8.37v f. (22.8.1496).
RP 17.185v (15.9.1546).
RP 19.190v (6.5.1549).
RP 21.384 (18.8.1553).
RP 22.155v (27.5.1555).
RP 22.229 (27.1.1556).
RP 28.208v f. (3.8.1567).
RP 31.50 (15.4.1573).
RP 33.104 (23.8.1574).
RP 38.376v (19.8.1583).
RP 40.359v (12.6.1587).
RP 42.246 (19. oder 26.2.1591).
RP 43.5 (3.1.1592).
RP 48.151v (16.9.1602).
RP 51.272 (12.5.1610).
RP 51.273 (13.5.1610).
RP 56.248 f. (21.1.1619).
RP 56.280 (1619).
RP 66.253 (26.5.1640).
RP 67.130v (10.3.1642).
RP 70.224 (10.3.1651).
RP 73.200 (28.8.1660).
RP 77.441 (23.10.1677).
RP 81.608 (September 1689).
RP 90.141v (4.8.1713).
RP 90.251v (14.5.1714).
RP 91.223v (14.4.1717).
RP 92.149v (9.3.1720).
RP 101.74v (5.8.1743).
RP 103.256v (13.8.1749).
RP 105.182 (8.8.1753).
RP 107.209 (3.12.1757).
RP 151.2 (7.1.1765).
RP 152.123v (4.1.1769).
RP 154.19 (17.9.1773).

Staatsprotokolle (RS)
RS 2.14 (20.3.1733).

Schifffahrtsakten
AKT A1 F7 SCH 900
Schiffmeisterordnung, 1590.
Ordnung der Schiffknechte über See, 1590.
Ordnung (Verhalten bei Wind und Ungewitter), 1626.
Abschied der Konferenz zu Gersau (Abschrift), April 1687.
Klagepunkte der Pfisternauenleute an den Rat, fol. 28 (ohne Titel, undatiert, wohl um 1700).
Klage der Pfisternauenleute (nur Aufnahme von Bürgern), 17.4.1750.
Klagen der Schiffgesellen des Pfisternauens gegen jene des Marktschiffes von Uri, 1764–1765 (17.10.1764, 22.10.1764, 7.7.1765).
Tarif über die Schifffahrt in Luzern (undatiert, vor 1800).

Schifffahrtsakten
AKT A1 F7 SCH 901
Akte zu den Streitigkeiten zwischen den Marktschiffen von Luzern und Uri, 1544.
Begehren der Gesellschaft des Pfisternauens, 7.1.1602.
Memorial der Klage der Schiffgesellen zu Luzern gegen die Schiffgesellen von Uri, 8.12.1648.
Beschwerden der Luzerner wegen des Wochenmarkts in Altdorf, 7.12.1649.
Korrespondenz zwischen Luzern und Uri wegen der Marktschiffleute, 9.3.1665.
Akte betreffend die hiesigen Schiffgesellen, 7.9.1665.
Memorial der Schiffung halber, 31.3.1696.
Beilegung des Zwists beider Wochenmarktschiffe, 3.10.1696.
Klagen der Luzerner Schiffleute gegen die Urner, 29.10.1700.
Ordnung der Schiffleute der Hoftor-Fähren, 16.8.1765.

Schifffahrtsakten
AKT A1 F7 SCH 902 A
Schifffahrt zwischen Luzern und Unterwalden, Verkommnis (Fahrordnung) zwischen Luzern und Unterwalden wegen der Fähren zwischen Winkel, Alpnach und Stansstad, 23.10.1545.
Schifffahrt zwischen Luzern und Unterwalden, Ordnung betreffend Schifffahrt zwischen Winkel und Stansstad, 27.5.1590.
Abrede mit dem Baumeister wegen der Schiffung, 8.12.1609.
Schifffahrt zwischen Luzern und Unterwalden, Klage von Obwalden gegen die Schiffleute zu Winkel, 26.8.1613.
Schifffahrt zwischen Luzern und Unterwalden, Antwort der Fähren zu Winkel auf die Klage der Fähren von Unterwalden, 1615.
Ordnung der Fähren zu Winkel und Stansstad, 1615.
Verkommnis und Vergleich zwischen Luzern und Obwalden, 26.6.1618.
Schifffahrt zwischen Luzern und Unterwalden, Beschwerden von Obwalden gegen die Schiffleute zu Winkel, 12.10.1626.
Akten betreffend Schiffmacher und Schiffhütten, Ordnung einen Schiffherrn betreffend, Nr. 11 (Schiffmacherordnung), 1623.
Kosten der Schiffe, 1766.

Akten betreffend Schiffmacher und Schiffhütten, Masse der Schiffe, 1784.
Länge von allen obrigkeitlichen Schiffen, 1788.
Vertrag der Verwaltungskammer des Kantons Luzern mit dem Schiffmacher, 1798.
Abrechnung über den Urnernauen, 6.6.1804.

Schifffahrtsakten
AKT A1 F7 SCH 902 B
Ordnung und Freiheit der Pfisterleute oder Schiffgesellen des Pfisternauens zu Luzern, 1496 (Abschrift von 1593).
Rechnung des Schiffmeisteramtes, 1585–1586.
Erneuerung der Ordnung der gemeinen Gesellen des Pfisternauens, 12.2.1593.
Memorial (betreffend Seeknechte, Pfisternauenknechte und andere Schiffleute), 24.7.1715.
Rechnung des Bauverwalters an Heinrich Müller für gemachte Schiffarbeiten, 17.12.1806.
Schreiben der Viererkommission an den Verwaltungsrat der Stadt Luzern, 12.12.1808.

Luzern
Korporation Luzern
S. 23 fol., Eidgenössische Chronik des Luzerners Diebold Schilling (Luzerner Schilling) (www.e-codices.unifr.ch/de/list/one/kol/S0023-2).

Luzern
Zentralbibliothek
F1.170.8 (1), Johann Leopold Cysat, Beschreibung dess Berühmbten Lucerner- oder 4. Waldstätten Sees, Getruckt zu Lucern bey David Hautten, Jm Jahr 1661 (https://doi.org/10.3931/e-rara-86774).

Schwyz
Staatsarchiv
HA.IV.240.005, Nr. 47, Vereinbarung zwischen Brunnen und Flüelen, 15.11.1592.
HA.IV.240.005, Nr. 56, Schreiben des Statthalters und der Räte von Uri, 10.11.1749.
HA.IV.267.010, Nr. 241, Ordnung für das Schiff der Landleute zu Gersau, 12.5.1785.
NA.LXX.014.11.29, Zur Schiffig- und Dorfgemeinde Brunnen, 12.1.1987.

Stans
Staatsarchiv Nidwalden
A 1000/3, Landrat/Landsgemeinde: Protokoll, Bd. 3.
A 1002/28, Wochenrat: Protokoll, Bd. 28.
A 1190-3/3, Landbuch von 1731, fol. 86–88.
A 1190-4/5, Landbuch von 1782, Teil 5, fol. 133–138.
C 1065/17:13, Verwaltungskammer Waldstätten an Statthalter von Stans: Verzeichnis der Nidwaldner Schiffe, 3.10.1799.
C 1163/4.1, Schifffahrt: Rechtliches, 1669–1788.
C 1525, Sch. nr. 660, Nidwaldensia: Chroniken und Regesten, Handschriften, Drucksachen, Varia. Umschlag Fehren.
SF 3-2/236, Fahrrecht des Klosters Engelberg, 25.2.1402.
SF 3-2/237, Kloster Engelberg verkauft Fahrrecht zu Buochs, 16.10.1463.
SF 5-1/29, Historische Übersicht der Rechtsverhältnisse des Schifffahrtsrechts in Stansstad, ca. 1600 bis ca. 1800.

Zürich
ETH-Bibliothek
Rar 9524: 1, Aegidii Tschudii, gewesenen Land-Ammanns zu Glarus, Chronicon Helveticum, Bd. 1, Basel, in Verlegung Hanss Jacob Bischoff, Buchhändlers allda, 1734 (https://doi.org/10.3931/e-rara-49359).

Rar 5717 Ex. A, Johann Gottfried Ebel, Anleitung auf die nützlichste und genussvollste Art die Schweitz zu bereisen, Bd. 2, Zürich, 1793 (https://doi.org/10.3931/e-rara-9809).

Rar 7370, Johann Gottfried Ebel, Anleitung, auf die nützlichste und genussvollste Art die Schweitz zu bereisen, 2. Auflage, Bd. 3, Zürich, 1804–1805 (https://doi.org/10.3931/e-rara-9810).

Zürich
Zentralbibliothek
Ms A 1, Heynrich Brenwald/Johans Stumpf, Schweizerchronik bis zum Jahr 1534, Bd. 1, Bubickon [Bubikon], 1535 (https://doi.org/10.7891/e-manuscripta-51325).

AW 40: 1-2, Johannes Stumpf, Gemeiner loblicher Eydgnoschafft Stetten, Landen und Völckeren Chronick wirdiger Thaaten Beschreybung, 1548 (https://doi.org/10.3931/e-rara-5076).

Ms F 21, Johann Jakob Wick, Sammlung von Nachrichten zur Zeitgeschichte aus den Jahren 1560 bis 1587 (mit älteren Stücken), Bd. 10, 1572, z. T. auch 1574, mit vereinzelten älteren Nachrichten (https://doi.org/10.7891/e-manuscripta-16410).

Ms F 29, Johann Jakob Wick, Sammlung von Nachrichten zur Zeitgeschichte aus den Jahren 1560 bis 1587 (mit älteren Stücken), Bd. 18, 1580 (https://doi.org/10.7891/e-manuscripta-17725).

Res 1364, David Herrliberger, Neue und vollständige Topographie der Eidgnossschaft, Bd. 2, Basel, 1758 (https://doi.org/10.3931/e-rara-18231).

Quelleneditionen

Acta Murensia. Die Akten des Klosters Muri mit der Genealogie der frühen Habsburger. Edition, Übersetzung, Kommentar, Digitalfaksimile nach der Handschrift StAAG AA/4947, bearbeitet von Charlotte Bretscher-Gisiger und Christian Sieber, Basel, 2012.

Alois Dettling, Schwyzerischer Geschichts-kalender, Schwyz, Separatauszug aus «Bote der Urschweiz», 1898 bis 1934 (www.sz.ch/public/upload/assets/31552/ Schwyzerischer_Geschichtskalender.pdf?fp=2).

Amtliche Sammlung der älteren eidgenössischen Abschiede. Die eidgenössischen Abschiede aus dem Zeitraume von 1245 bis 1798.
Bd. 1 (1245 bis 1420), bearbeitet von Anton Philipp Segesser, Luzern, 1874.
Bd. 2 (1421 bis 1477), bearbeitet von Anton Philipp Segesser, Luzern, 1863.
Bd. 3, Abt. 1 (1478 bis 1499), bearbeitet von Anton Philipp Segesser, Zürich, 1858.
Bd. 3, Abt. 2 (1500 bis 1520), bearbeitet von Anton Philipp Segesser, Luzern, 1869.
Bd. 4, Abt. 1 a. (1521 bis 1528), bearbeitet von Johannes Strickler, Zürich, 1873.
Bd. 4, Abt. 1 b. (1529 bis 1532), bearbeitet von Johannes Strickler, Zürich, 1876.
Bd. 4, Abt. 1. c. (1533 bis 1540), bearbeitet von Karl Deschwanden, Luzern, 1878.
Bd. 4, Abt. 1. d. (1541 bis 1548), bearbeitet von Karl Deschwanden, Luzern, 1882.
Bd. 4, Abt. 1. e. (1549 bis 1555), bearbeitet von Karl Deschwanden, Luzern, 1886.
Bd. 4, Abt. 2 (1556 bis 1586), bearbeitet von Joseph Karl Krütli, Bern 1861.
Bd. 5, Abt. 1 (1587 bis 1617), bearbeitet von Josef Karl Krütli und Jakob Kaiser, Bern, 1872.
Bd. 5, Abt. 2 (1618 bis 1648), bearbeitet von Jakob Vogel und Daniel Albert Fechter, Basel, 1875 und 1877.
Bd. 6, Abt. 1 (1649 bis 1680), bearbeitet von Johann Adam Pupikofer und Jakob Kaiser, Frauenfeld, 1867.
Bd. 6, Abt. 2 (1681 bis 1712), bearbeitet von Martin Kothing und Johann B. Kälin, Einsiedeln, 1883.
Bd. 7, Abt. 1 (1712 bis 1743), bearbeitet von Daniel Albert Fechter, Basel, 1860.
Bd. 7, Abt. 2 (1744 bis 1777), bearbeitet von Daniel Albert Fechter, Basel, 1867.
Bd. 8 (1778 bis 1798), bearbeitet von Gerold Meyer von Konau, Zürich, 1856.

Chronik des Johann Laurentz Bünti, 1661–1736, in: Beiträge zur Geschichte Nidwaldens, Bd. 34, Stans, 1973.

Das älteste Luzerner Bürgerbuch (1357–1479), bearbeitet von Peter Xaver Weber, Teil 1, in: Der Geschichtsfreund, Mitteilungen des historischen Vereins der V Orte, Bd. 74, Stans, 1919, S. 178–256.

Das älteste Luzerner Bürgerbuch (1357–1479), bearbeitet von Peter Xaver Weber, Teil 2, in: Der Geschichtsfreund, Mitteilungen des historischen Vereins der fünf Orte, Bd. 75, Stans, 1920, S. 17–154.

Das älteste Steuerrodel Luzerns (1352), bearbeitet von Peter Xaver Weber, in: Der Geschichtsfreund, Mitteilungen des historischen Vereins der V Orte, Bd. 62, Stans, 1907, S. 185–238.

Das Habsburgische Urbar, Bd. 1, Das eigentliche Urbar über die Einkünfte und Rechte, hrsg. von Rudolf Maag, Basel, 1894.

Das Landbuch von Schwyz in amtlich beglaubigtem Text, hrsg. von Martin Kothing, Zürich und Frauenfeld, 1850.

Die Luzerner Chronik des Diebold Schilling 1513. Kommentar zur Faksimile-Ausgabe der Handschrift S. 23 fol. In der Zentralbibliothek Luzern, hrsg. von Alfred A. Schmid, Luzern, 1981.

Goethes Werke., Abt. 3, Bd. 2, Goethes Tagebücher (1790 bis 1800), Weimar, 1888.

Quellenwerk zur Entstehung der Schweizerischen Eidgenossenschaft.
Abt. 1, Urkunden, Bd. 1 bis 3, (1291 bis 1353), bearbeitet von Traugott Schiess u. a., Aarau, 1933 bis 1964.
Abt. 2, Urbare und Rödel, Bd. 1 bis 4 (bis 1400), bearbeitet von Paul Kläui, Aarau, 1941 bis 1957.

Quellen zur Zürcher Wirtschaftsgeschichte von den Anfängen bis 1500, Bd. 1, bearbeitet von Werner Schnyder, Zürich, 1937.

Rechtsschrift über die Freiheit der Schifffahrt auf dem Vierwaldstättersee, gedruckt bei Anton Petermann, Luzern, 1838.

Renward Cysat, Collectanea chronica und denkwürdige Sachen pro Chronica Lucernensi et Helvetiae, Abt. 1, Stadt und Kanton Luzern, Bd. 1, Teil 1, bearbeitet von Josef Schmid, Luzern, 1969.

Urkunden aus Uri, Abt. 1, gesammelt von Anton Denier, in: Der Geschichtsfreund, Mittheilungen des historischen Vereins Zentralschweiz, Bd. 41, Einsiedeln, 1886, S. 1–128.

Urkunden des Stiftes Engelberg, Teil 5, mitgeteilt von Adalbert Vogel, in: Der Geschichtsfreund, Mitteilungen des historischen Vereins der fünf Orte, Bd. 55, Stans, 1899, S. 127–257.

Urkunden und Regesten zur Geschichte des St. Gotthardweges, in: Archiv für Schweizerische Geschichte, Bd. 19, Zürich, 1874, S. 235–344.

Vermischte Urkunden, in: Der Geschichtsfreund, Mittheilungen des historischen Vereins der fünf Orte, Bd. 5, Einsiedeln, 1848, S. 223–310.

Maya Vonarburg Züllig, Melchior Russ: Cronika. Eine Luzerner Chronik aus der Zeit um 1482, Zürich, 2009.

Literatur

Bruno Amstad/August Cueni, Vom Aawasser, in: Buochs in Wort und Bild, Stans, 1994, S. 27–28.

Fintan Amstad, Wappentafel der Urner Schiffgesellen, in: Schweizer Archiv für Heraldik. Jahrbuch, Bd. 74, Fribourg, 1960, S. 41–44.

Christian Auf der Maur, Raumgestaltung zwischen Fels und See. Der Hafenort Flüelen im Mittelalter, in: Die konstruierte Landschaft. Befunde und Funde zu anthropogenen Geländeveränderungen in Mittelalter und früher Neuzeit, Mitteilungen der Deutschen Gesellschaft für Archäologie des Mittelalters und der Neuzeit, Bd. 33, Paderborn, 2020, S. 309–320.

Markus Bamert et. al., Gesslerburg und Hohle Gasse mit Tellskapelle, Schweizerische Kunstführer GSK, Serie 79, Nr. 790, Bern, 2005, S. 11–21 und S. 40.

Heinz Baumann/Stefan Fryberg, Der Gotthardpass, Teil 1: Das Säumerwesen, in: Verkehrswege in Uri, Bd. 9, Schattdorf, 2001.

Heinz Baumann/Stefan Fryberg, Der Urnersee, in: Verkehrswege in Uri, Bd. 1, Schattdorf, 1993.

Werner Baumann, Der Güterverkehr über den St. Gotthardpass vor Eröffnung der Gotthardbahn unter besonderer Berücksichtigung der Verhältnisse im frühen 19. Jahrhundert, Zürich, 1954.

Christoph Baumgartner, Das Kaiserspiel. Nidwaldner Spielkarten aus dem 16. Jahrhundert, in: Traverse. Zeitschrift für Geschichte, Bd. 22, Heft 3, Zürich, 2015, S. 167–175.

Christoph Baumgartner, Salz in Luzern. Eine Untersuchung des spätmittelalterlichen und frühneuzeitlichen Salzwesens der Innerschweiz, in: Der Geschichtsfreund, Mitteilungen des Historischen Vereins Zentralschweiz, Bd. 162, Zug, 2009, S. 5–106.

Uta Bergmann, Meggen. Kapelle St. Niklausen im See, in: Jahrbuch der Historischen Gesellschaft Luzern, Bd. 14, Luzern, 1996, S. 88–92.

Jakob Bill, Luzern. Haldenstrasse 8, Parkhaus Casino-Palace, in: Jahrbuch der Historischen Gesellschaft Luzern, Bd. 17, Luzern, 1999, S. 128–130.

Franz Blättler, Über das Fahrrecht in Hergiswyl, in: Beiträge zur Geschichte Nidwaldens, Bd. 8, Stans, 1891, S. 89–90.

Josef Maria Mathä Camenzind, Die Geschichte von Gersau, Bd. 1, Gersau als Hof und Republik, Gersau, 1959.

Marzell Camenzind, 150 Jahre St. Nikolausen-Bruderschaft Gersau, Gersau, 1977.

Marzell Camenzind, Die Gersauer Marktschiffahrer, Gersau 2014.

Louis Carlen, Schwyz und die Galeerenstrafe, in: Der Geschichtsfreund, Mitteilungen des Historischen Vereins der fünf Orte, Bd. 135, Stans, 1982, S. 243–250.

Otto P. Clavadetscher, Verkehrsorganisation in Rätien zur Karolingerzeit, in: Schweizerische Zeitschrift für Geschichte, Bd. 5, Heft 1, Zürich, 1955, S. 1–30.

François de Capitani, Raynal, Guillaume Thomas François, in: Historisches Lexikon der Schweiz (HLS), Version vom 24. 1. 2020. Online: https://hls-dhs-dss.ch/de/articles/045809/2020-01-24/, konsultiert am 27. 10. 2022.

Christine Doerfel, Alpwirtschaft in früheren Zeiten, in: Historische Verkehrswege im Kanton Schwyz, Bern, 2007, S. 23–25.

Christine Doerfel, Verkehrsgeschichte im Überblick, in: Historische Verkehrswege im Kanton Schwyz, Bern, 2007, S. 8–19.

Anne-Marie Dubler, Geschichte der Luzerner Wirtschaft: Volk, Staat und Wirtschaft im Wandel der Jahrhunderte, Luzern, 1983.

Anne-Marie Dubler, Juchart, in: Historisches Lexikon der Schweiz (HLS), Version vom 20. 5. 2010. Online: https://hls-dhs-dss.ch/de/articles/014192/2010-05-20/, konsultiert am 8. 11. 2022.

Anne-Marie Dubler, Mütt, in: Historisches Lexikon der Schweiz (HLS), Version vom 2. 9. 2010. Online: https://hls-dhs-dss.ch/de/articlescles/014199/2010-09-02/, konsultiert am 17. 11. 2022.

Robert Durrer, Die Kunstdenkmäler des Kantons Unterwalden, Basel, 1971.

Fritz Ernst, Wilhelm Tell. Blätter aus seiner Ruhmesgeschichte, Zürich, 1936.

Karl Flüeler, Rotzloch. Industrie seit 400 Jahren, in: Beiträge zur Geschichte Nidwaldens, Bd. 36, Stans, 1977.

Hubert Foerster, L'Unité, das Luzerner Kanonenboot 1798–1802, in: Der Geschichtsfreund, Mitteilungen des Historischen Vereins der fünf Orte, Bd. 131, Stans, 1978, S. 19–28.

Karin Fuchs/Georges Descœudres, Frühes und hohes Mittelalter, in: Die Geschichte des Kantons Schwyz, Bd. 1, Schwyz, 2012, S. 131–189.

Benno Furrer, Die Bauernhäuser der Kantone Schwyz und Zug, Basel, 1994.

Helmi Gasser, Die Seegemeinden, in: Die Kunstdenkmäler des Kantons Uri, Bd. 2, Basel, 1986.

Helmi Gasser, Die Urner Tellskapellen des 16. Jahrhunderts. Memorialkapellen mit Bilderzyklen, in: Der Geschichtsfreund, Mitteilungen des Historischen Vereins Zentralschweiz, Bd. 160, Zug, 2007, S. 67–76.

Gemeinde Seedorf, Seedorf im Wandel der Zeit. Online: www.seedorf-uri.ch/portrait/geschichte-seedorf/4-seedorf-im-wandel-der-zeit, konsultiert am 13. 10. 2022.

Fritz Glauser, Das Luzerner Kaufhaus im Spätmittelalter, Luzern, 1973.

Fritz Glauser, Der Gotthardtransit von 1500 bis 1660. Seine Stellung im Alpentransit, in: Schweizerische Zeitschrift für Geschichte, Bd. 29, Heft 1, Zürich, 1979, S. 16–52.

Fritz Glauser, Der internationale Gotthardtransit im Lichte des Luzerner Zentnerzolls von 1493 bis 1505, in: Schweizerische Zeitschrift für Geschichte, Bd. 18, Heft 2, Zürich, 1968, S. 177–244.

Fritz Glauser, Eine Brücke, ihre Geschichte, ihr Umfeld. Luzerns Spreuerbrücke, die Mühlen und die Brückenköpfe, Luzern, 1996.

Fritz Glauser, Fluss und Siedlung, in: Geographica Helvetica, 1991, Bd. 46, Heft 2, Zürich, 1991, S. 67–70.

Fritz Glauser, Handel und Verkehr zwischen Schwaben und Italien vom 10. bis 13. Jahrhundert, in: Maurer, Helmut/Schwarzmaier, Hansmartin/Zotz, Thomas (Hrsg.): Schwaben und Italien im Hochmittelalter, Stuttgart, 2001, S. 229–289.

Fritz Glauser, Verkehr im Raum Luzern-Reuss-Rhein im Spätmittelalter. Verkehrsmittel und Verkehrswege, in: Jahrbuch der Historischen Gesellschaft Luzern, Bd. 5, Luzern, 1987, S. 2–19.

Fritz Glauser, Von alpiner Landwirtschaft beidseits des Gotthards 1000–1350, in: Der Geschichtsfreund, Mitteilungen des Historischen Vereins Zentralschweiz, Bd. 141, Stans, 1988, S. 5–173.

Fritz Glauser, Zur Verfassungstopographie des mittelalterlichen Luzern, in: Luzern, 1178–1978. Beiträge zur Geschichte der Stadt, Luzern, 1978, S. 53–106.

Thomas Glauser, 1352 – Zug wird nicht eidgenössisch, in: Tugium, Bd. 18, Zug, 2002, S. 103–115.

Thomas Gmür et. al., Chronik der SNG. St. Niklausen Schiffgesellschaft 1357–2007. 650 Jahre im Dienste der Schifffahrt, Luzern, 2008.

Ulrike Gollnick/Christian Auf der Maur, Das ehemalige Gasthaus Ochsen in Flüelen UR: Gasthof, Kaufhaus und Sust an der Gotthardroute. Ein stattlicher Bau am Übergang zwischen Land und See, in: Die Schweiz von 1350 bis 1850 im Spiegel archäologischer Quellen, Basel, 2018, S. 229–235.

Hans Grob, Tunnel, in: Historisches Lexikon der Schweiz (HLS), Version vom 7.1.2014. Online: https://hls-dhs-dss.ch/de/articles/007962/2014-01-07/, konsultiert am 15.1.2023.

Ferdinand Güterbrock, Wann wurde die Gotthardroute erschlossen? in: Zeitschrift für Schweizerische Geschichte, 19. Jahrgang, Heft 2, Zürich, 1939, S. 121–154.

Franz Haas-Zumbühl, Die Geschichte der Sankt Niklausen-Schiffs-Gesellschaft der Stadt Luzern bis 1910. Beitrag zur Geschichte des Schiffahrtwesens auf dem Vierwaldstättersee, Luzern, 1910.

Maria Letizia Heyer-Boscardin, Burgen der Schweiz, Bd. 1, Zürich 1981.

Fritz Hofer, Die Schiffahrt auf dem Vierwaldstättersee, Luzern, 1930.

Heinz Horat, Bauen am See. Architektur und Kunst an den Ufern der Zentralschweizer Seen, Luzern, 2000.

Albert Hug/Viktor Weibel, Nidwaldner Orts- und Flurnamen. Lexikon, Register, Kommentar in 5 Bänden, Bd. 3, Lexikon R–Z, Stans, 2003.

Andreas Ineichen, Die Gemeinde in der frühen Neuzeit, in: Horw. Die Geschichte einer Gemeinde zwischen See, Berg und Stadt, Horw, 1986, S. 82–182.

Josef Kottmann, Die alte Ziegelhütte in Flüelen, Separatabzüge aus der «Gotthard-Post», Nr. 21, 23.5.1942, Altdorf, 1975.

Karl Kronig, Post, in: Historisches Lexikon der Schweiz (HLS), Version vom 20.1.2011. Online: https://hls-dhs-dss.ch/de/articles/014057/2011-01-20/, konsultiert am 9.12.2022.

Fabian Küng, Luzern. Bauen am Fluss. Archäologische Untersuchungen an der Krongasse 6–10. Archäologische Schriften Luzern 10, Luzern, 2006.

Oliver Landolt, Wirtschaft im Spätmittelalter, in: Die Geschichte des Kantons Schwyz, Bd. 2, Schwyz, 2012, S. 123–145.

Martin Leonhard, Küssnacht, von, in: Historisches Lexikon der Schweiz (HLS), Version vom 5.11.2007. Online: https://hls-dhs-dss.ch/de/articles/020263/2007-11-05/, konsultiert am 11.11.2022.

Andres Loepfe, Historische Verkehrswege im Kanton Uri, in: Historische Verkehrswege im Kanton Uri, Bern, 2007, S. 8–25.

Andres Loepfe, Verkehr in Nidwalden, in: Historische Verkehrswege im Kanton Nidwalden, Bern, 2007, S. 6–15.

Andres Loepfe, Von «Nauwen» und «Jaassen», «Fehren» und «Susten», in: Historische Verkehrswege im Kanton Nidwalden, Bern, 2007, S. 29–31.

Josef Lustenberger, Getreideversorgung in Luzern im 17. und 18. Jahrhundert, in: Jahrbuch der Historischen Gesellschaft Luzern, Bd. 19, Luzern, 2001, S. 21–64.

Thomas Manetsch, Luzern, in: Bernd Roeck et al. (Hrsg.), Schweizer Städtebilder. Urbane Ikonographien (15.–20. Jahrhundert), Zürich, 2013, S. 399–408.

Jürg Manser/Jakob Obrecht, Meggen. Insel und Burg Altstad, in: Jahrbuch der Historischen Gesellschaft Luzern, Bd. 19, Luzern, 2001, S. 143–151.

Kurt Messmer/Peter Gautschi, Zweierlei Freiheiten. Eine historische Revue zum Franzoseneinfall in Nidwalden 1798, Luzern, erscheint 2023 (vergleiche auch www.franzoseneinfall.ch).

Kurt Messmer/Peter Hoppe, Luzerner Patriziat. Sozial- und wirtschaftsgeschichtliche Studien zur Entstehung und Entwicklung im 16. und 17. Jahrhundert, in: Luzerner Historische Veröffentlichungen, Bd. 5, Luzern/Stuttgart, 1976.

Karl Meyer, Über die Einwirkung des Gotthardpasses auf die Anfänge der Eidgenossenschaft, in: Der Geschichtsfreund, Mitteilungen des historischen Vereins der V Orte, Bd. 74, Stans, 1919, S. 257–304.

Gerold Meyer von Knonau, Der Kanton Schwyz, historisch, geographisch, statistisch geschildert. Beschreibung aller in demselben befindlichen Berge, Seen, Flüsse, Heilquellen, Flecken, in: Historisch-geographisch-statistisches Gemälde der Schweiz, Bd. 5, St. Gallen und Bern, 1835.

Jost Mohr, Der Vierwaldstätter-See und die Thalsperre oder Reussschwelle zu Luzern. Die Ursachen ihres Ursprungs und der schädlichen Folgen derselben auf das den See begrenzende Ried-Gelände, Luzern, 1842.

Hans Nabholz, Der Kampf der Luzerner und Urner Schiffsleute um die Schiffahrt auf dem Vierwaldstätter See, in: Innerschweizerisches Jahrbuch für Heimatkunde, Bd. 8/10, 1944/46, Luzern, S. 81–88.

Jakob Obrecht, Brunnen: Hafen, Schiffig, Sust und Palisaden, in: Mitteilungen des Historischen Vereins des Kantons Schwyz, Bd. 100, Schwyz, 2008, S. 76–79.

Jakob Obrecht/Emil Weber, Palisaden, Wälle, Gräben, Türme und Burgen. Die mittelalterlichen Befestigungen bei Stansstad, in: Der Geschichtsfreund, Mitteilungen des Historischen Vereins Zentralschweiz, Bd. 167, Luzern, 2014, S. 99–132.

Anton Odermatt, Luzern und Nidwalden wiederholt im Streit miteinander, in: Beiträge zur Geschichte Nidwaldens, Bd. 4, Stans, 1887, S. 70–105.

Gianna Ostinelli-Lumia, Maderni, Diego, in: Historisches Lexikon der Schweiz (HLS), Version vom 28.8.2008, übersetzt aus dem Italienischen. Online: https://hls-dhs-dss.ch/de/articles/015375/2008-08-28/, konsultiert am 12.12.2022.

306

Theodor Ottiger, General Franz Ludwig Pfyffer von Wyher, Schöpfer des Reliefs der Urschweiz. Zur Geschichte des ältesten Reliefs der Schweiz. In: Geographica Helvetica, Bd. 28, Heft 2, 1973, S. 69–88.

Zora Parici-Ciprys, Männedorf, Dorfstrasse 37, in: Zürcher Denkmalpflege, 13. Bericht 1991–1994, Zürich und Egg, 1998, S. 211–215.

Willy Raeber, Um ein untergegangenes Denkmal, in: Zeitschrift für schweizerische Archäologie und Kunstgeschichte, Bd. 8, Heft 4, Basel, 1946, S. 241–243.

Stefan Ragaz, Luzern im Spiegel der Diebold-Schilling-Chronik, Adligenswil, 2013.

Hans Reinhard, Winkel bei Horw und seine Fähre am See. Heimatkundliche Reminiszenzen, in: Der Geschichtsfreund, Mitteilungen des Historischen Vereins der fünf Orte, Bd. 121, Stans, 1968, S. 234–270.

Thomas Reitmaier, Vorindustrielle Lastsegelschiffe in der Schweiz, in: Schweizer Beiträge zur Kulturgeschichte und Archäologie des Mittelalters, Bd. 35, Basel, 2008.

Thomas Reitmaier/Gregor Egloff, «da sich viele Schiffbruch begeben …». Schiffsarchäologie im Vierwaldstättersee, in: Jahrbuch der Historischen Gesellschaft Luzern, Bd. 26, Luzern, 2008, S. 9–28.

Werner Röllin, Siedlungs- und wirtschaftsgeschichtliche Aspekte der mittelalterlichen Urschweiz bis zum Ausgang des 15. Jahrhunderts, Zürich, 1969.

Roger Sablonier, 1315 – ein weiteres Gründungsjahr der Eidgenossenschaft? in: Der Geschichtsfreund, Mitteilungen des Historischen Vereins Zentralschweiz, Bd. 160, Zug, 2007, S. 9–24.

Roger Sablonier, Gründungszeit ohne Eidgenossen. Politik und Gesellschaft in der Innerschweiz um 1300, Baden, 2008.

Roger Sablonier, Innerschweizer Gesellschaft im 14. Jahrhundert. Sozialstruktur und Wirtschaft, in: Innerschweiz und frühe Eidgenossenschaft, Jubiläumsschrift 700 Jahre Eidgenossenschaft, Bd. 2, Olten, 1990, S. 11–233.

Roger Sablonier, Politischer Wandel und gesellschaftliche Entwicklung 1200–1350, in: Die Geschichte des Kantons Schwyz, Bd. 1, Schwyz, 2012, S. 219–271.

Fritz Schaffner, Die Geschichte der luzernischen Territorialpolitik bis 1500. Teil 1, in: Der Geschichtsfreund, Mitteilungen des Historischen Vereins der fünf Orte, Bd. 95, Stans, 1940–1941, S. 119–263.

Franz Vinzenz Schmid, Allgemeine Geschichte des Freystaats Ury, Theil 1, Zug, 1788.

Paul Schneeberger, Wasserwege und Schifffahrt, in: Die Geschichte des Kantons Schwyz, Bd. 5, Schwyz, 2012, S. 104.

Franz Schnyder, Pest und Pestverordnungen im alten Luzern, in: Der Geschichtsfreund, Mitteilungen des Historischen Vereins der fünf Orte, Bd. 87, Stans, 1932, S. 102–206.

Werner Schnyder, Mittelalterliche Zolltarife aus der Schweiz, IV. Zollstellen der Ost- und Zentralschweiz, in: Zeitschrift für Schweizerische Geschichte, Bd. 18, Heft 2, Zürich, 1938, S. 129–204.

Michael Sigl et. al., 19th century glacier retreat in the Alps preceded the emergence of industrial black carbon deposition on high-alpine glaciers, in: The Cryosphere, Bd. 12, 2018, S. 3311–3331. Online: https://doi.org/10.5194/tc-12-3311-2018, konsultiert am 5. 12. 2022.

Hans Stadler-Planzer, Geschichte des Landes Uri. Teil 1. Von den Anfängen bis zur Neuzeit, in: Historisches Neujahrsblatt, Historischer Verein Uri, Heft 81–82 (1990–1991), Schattdorf, 1993.

Judith Steinmann, Fraumünster, in: Historisches Lexikon der Schweiz (HLS), Version vom 9. 11. 2006. Online: https://hls-dhs-dss.ch/de/articles/011612/2006-11-09/, konsultiert am 12. 11. 2022.

Hermann Stieger, Brunnen. Aus der Geschichte eines Schweizer Dorfes, o. J.

Otto Stolz, Ein italienischer Bericht über die Schweiz und eine winterliche Reise über den St. Gotthard im Jahre 1471, in: Der Geschichtsfreund, Mitteilungen des Historischen Vereins der fünf Orte, Bd. 105, Stans, 1952, S. 282–284.

Markus Trüeb, Luzern (Gemeinde), Entwicklung der Gemeindestrukturen, in: Historisches Lexikon der Schweiz (HLS), Version vom 3. 11. 2016. Online: https://hls-dhs-dss.ch/de/articles/000624/2016-11-03/, konsultiert am 17. 12. 2022.

Daniel L. Vischer, Die Geschichte des Hochwasserschutzes in der Schweiz. Von den Anfängen bis ins 19. Jahrhundert, Berichte des BWG, Serie Wasser Nr. 5, Biel, 2003.

Daniel Vischer, Gewässerkorrektionen, in: Historisches Lexikon der Schweiz (HLS), Version vom 11. 12. 2006. Online: https://hls-dhs-dss.ch/de/articles/007850/2006-12-11/, konsultiert am 6. 11. 2022.

Philipp Anton von Segesser, Rechtsgeschichte der Stadt und Republik Luzern, Bd. 2, Luzern, 1852–1854.

Alfred Waldis, Es begann am Gotthard. Eine Verkehrsgeschichte mit Pionierleistungen, Luzern, 2001.

Hans Wicki, Bevölkerung und Wirtschaft des Kantons Luzern im 18. Jahrhundert, in: Luzerner Historische Veröffentlichungen, Bd. 9, Luzern/München 1979.

Paul Wiesendanger, Die Entwicklung des Schiffahrtsrechts in der Schweiz, Frauenfeld, 1918.

Theodor Wiget, Brunnen. Vom Schifferdorf zum Kurort, 1986.

Margrit Wyder, «Ich hoffe, es soll nicht zu Stande kommen», in: Neue Zürcher Zeitung, Nr. 261, 9./10. 11. 2002, S. 74.

Franz Wyrsch, Die Landschaft Küssnacht am Rigi im Kräftefeld von Schwyz und Luzern, in: Mitteilungen des Historischen Vereins des Kantons Schwyz, Bd. 53, Einsiedeln, 1959, S. 29–45.

Franz Wyrsch, Vierwaldstättersee-Zugersee: Vom Schiffahrtskanal- zum Kraftwerkprojekt, in: Mitteilungen des Historischen Vereins des Kantons Schwyz, Bd. 82, Einsiedeln, 1990, S. 108–126.

Jakob Wyrsch, Das Fahrrecht zu Buochs, in: Beiträge zur Geschichte Nidwaldens, Bd. 8, Stans, 1891, S. 63–88.

Bildnachweise

Verzeichnis der Abbildungen

Abkürzungen

SoSa: Sondersammlung
StANW: Staatsarchiv Nidwalden
StASZ: Staatsarchiv Schwyz
StAUR: Staatsarchiv Uri
UB: Universitätsbibliothek
ZB: Zentralbibliothek
ZHB: Zentral- und Hochschulbibliothek

Abb. 28 ZB Zürich, STF Ulinger, Johann Caspar XIV, 86. Johann Caspar Ulinger, Prospect beÿ Stansstad an dem Urnersee, zwischen 1720 und 1768 (https://doi.org/10.7891/e-manuscripta-35747).

Abb. 29 Martiniplan, kolorierte Version, Privatbesitz Stefan Ragaz. Originaldruckplatten im Besitz der Korporationsgemeinde Luzern. StALU PL 5255/1–3 (Ausschnitt).

Abb. 30 Votivtafel Nr. 47, Nidwaldner Marktnauen, Ridlikapelle Beckenried, ohne Jahr, Foto Jakob Christen, 2017.

Abb. 31 Urner Marktnauen, Glasmalerei in der Kindlimordkapelle in Gersau, Foto Stefan Ragaz, 2018.

Abb. 32 StASZ, HA.IV.43.001, Nr. 4. Karte des «Trichters» bei Stansstad, 12. 4. 1642. Original in der Plansammlung SG.CIII.922.

Abb. 33 StAUR, GRA 41.03-N-1621. Gabriel Walser, Pagus helvetiae Uriensis cum subditis suis in Valle Lepontina accuratissima delineatio, Augsburg, um 1740.

Abb. 34 ZB Zürich, STF XIII, 116. Ieremias Wolff exc., Die Teuffels Brugg in den Urner Gebürgen auf der Schelenen genannt, Augsburg, um 1710 (https://doi.org/10.3931/e-rara-42765).

Abb. 35 Archivdatenbank der Schweizerischen Nationalbibliothek (Helvetic Archives), GS-GUGE-85-81. Johann Jakob Meyer/Joseph Meinrad Kälin, Vue depuis la Gallerie d'Urnerloch vers Andermatt, au pied du St Gotthard, Zürich, ca. 1833 (www.helveticarchives.ch/detail.aspx?ID=478529).

Abb. 36 Plan, aufgenommen von J. Fries, Ingenieur, 1843, in: Franz Wyrsch, Vierwaldstättersee-Zugersee: Vom Schiffahrtskanal- zum Kraftwerkprojekt, in: Mitteilungen des Historischen Vereins des Kantons Schwyz, Bd. 82, Einsiedeln, 1990, S. 118 f.

Abb. 37 Diebold-Schilling-Chronik, Eigentum Korporation Luzern (Standort: ZHB Luzern SoSa), fol. 272 (551) (www.e-codices.unifr.ch/de/kol/S0023-2/551).

Abb. 38 Franz Xaver Schumacher, Luzern, Plan der Stadt, geometrisch aufgenommen (Ausschnitt). Originaldruckplatten im Besitz der Korporationsgemeinde Luzern. StALU PL 5258/1–4.

Abb. 39 Schweizerisches Nationalmuseum, SNM_GBE-26103_LM-51139. Matthias Pfenninger, Stans Staad, prés du Lac de Lucerne, um 1780.

Abb. 40 Swisstopo, Zeitreise, Karte von 1890 (Ausschnitt).

Abb. 41 StASZ, SG.CIII.351. Franz Xaver Schwyter, Situation des Gestades zu Brunnen mit der vor demselben noch vorhandenen Palisaden-Linie infolge Uebereinkunft mit der hohen Regierung v. Schwyz; aus Auftrag des Dampfschiff-Actien-Verwaltungsraths, 1850.

Abb. 42 Archäologische Untersuchungen der Palisaden in Brunnen, Foto Andreas Kähr, 1996.

Abb. 43 StASZ, SG.CII.4150. Caspar Merian, Prospect des Haubt Fleckens Schwyz: Prospectus Sviatiae Capitis Pagorum, Frankfurt am Main, 1654.

Abb. 44 StAUR, GRA 11.07-N-483. 4 Waldstätter See, Tuschzeichnung von Franz Xaver Triner, um 1785/1790.

Abb. 45 ZHB Luzern SoSa (Eigentum Korporation), LSb.4.3.3. Vue de la ville de Lucerne prise au Tuileries, um 1800.

Abb. 46 Diebold-Schilling-Chronik, Eigentum Korporation Luzern (Standort: ZHB Luzern SoSa), fol. 68v (138) (www.e-codices.unifr.ch/de/kol/S0023-2/138).

Abb. 47 ZHB Luzern SoSa, LSb.2.5 (1). Matthäus Merian der Ältere, Lucern., Frankfurt am Main, 1642.

Abb. 48 ZB Zürich, SZ, Küssnacht II, 5 Spez 2. Heinrich Thomann, Vue de Kusnacht, dans le Canton Schwitz du Côté de l'Orient, um 1785 (https://doi.org/10.3931/e-rara-36671).

Abb. 49 ZHB Luzern SoSa, LSb.2.12. Joseph Caspar Schwendimann/Jakob Joseph Clausner, Gesamtansicht der Stadt Luzern, Vignette eines Gesellenbriefes, Zug, 1764.

Abb. 50 Diebold-Schilling-Chronik, Eigentum Korporation Luzern (Standort: ZHB Luzern SoSa), fol. 308v (624) (www.e-codices.unifr.ch/de/kol/S0023-2/624).

Abb. 51 ZHB Luzern SoSa, LSb.4.1.1. Nicolas Pérignon, Vue de la ville de Lucerne, Prise sur le Lac, près de la Tuilerie, aus: Beat Fidel Zurlauben, Tableaux topographiques, pittoresques, physiques, historiques, moraux, politiques, littéraires, de la Suisse, Bd. 1, nach S. 50, Paris, 1780–1786 (www.e-rara.ch/zut/content/zoom/11020333).

Abb. 52 ZHB Luzern SoSa, LSd.8.0.2. Blick vom heutigen Schwanenplatz über den Luzerner See, 1815.

Abb. 53 Taxordnung der Hoftor-Fähren von 1765, StALU Schifffahrtsakten AKT A1 F7 SCH 901, Foto Stefan Ragaz, 2023.

Abb. 54 StAUR, GRA 01.03-N-2805. Brunnen mit Vierwaldstättersee und Urnersee, ohne Jahr (nach 1821).

Abb. 55 ZB Zürich, Geschichte 1798 Stansstad II, 1. Heinrich Füssli, Les Ruines de Stanzstad, dessiné le 21 Sept 1798, Zürich, 1798 (https://doi.org/10.3931/e-rara-41370).

Abb. 56 Zentralbibliothek Zürich, STF XIV, 61. Matthäus Merian, Underwaldia = Das Landt Underwalden, 1655 (https://doi.org/10.3931/e-rara-98856).

Abb. 57 Schiffleute von Brunnen, Glasmalerei in der Kindlimordkapelle in Gersau, Foto Stefan Ragaz, 2018.

Abb. 58 ZB Zürich, STF Ulinger, Johann Caspar XIV, 72. Johann Caspar Ulinger, Prospect bey Buchs im Canton Underwalden, zwischen 1720 und 1768 (https://doi.org/10.7891/e-manuscripta-35746).

Abb. 59 ZHB Luzern SoSa, LKa.101.3.9. Weggis au pied du Rigi, 1820.

Abb. 60 ZHB Luzern SoSa, LSb.2.14. Franz Xaver Schönbächler, Gesamtansicht der Stadt Luzern, Vignette eines Gesellenbriefes, Einsiedeln, um 1750.

Abb. 61 ZHB Luzern SoSa, LSb.2.19. Johann Ulrich Schell, Lucern. Von der Mitternacht Seite. = Lucerne. Du Côté du Septentrion, um 1758, aus: David Herrliberger, Neue und vollständige Topographie der Eidgnossschaft. Zweyter Theil, Frankfurt am Main/Basel, 1928, Bild 168 (Original unkoloriert: www.e-rara.ch/zuz/content/zoom/5750256).

Abb. 62 Bruderschaftsrodel der St. Niklausen Schiffgesellschaft, 1727 bis 1848, StALU PA 464/1a, Foto Stefan Ragaz, 2018.

Abb. 63 St-Niklaus-Insel Meggen, Foto Fabian Biasio, 2022.

Abb. 64 ZHB Luzern SoSa (Eigentum Korporation), LKa.59.3.2. Gabriel Lory (Père), D'Altstadt contre le Rhigi, Bern, nach 1796.

Abb. 65 Opferstock an der St-Niklaus-Insel Meggen, Foto Fabian Biasio, 2022.

Abb. 66 St-Niklaus-Insel Meggen, Foto Fabian Biasio, 2022.

Abb. 67 Statue des heiligen Nikolaus in der Nikolaus-Kapelle zwischen Treib und Schillerstein, Foto Fabian Biasio, 2023.

Abb. 68 Nikolaus-Kapelle zwischen Treib und Schillerstein, Foto Fabian Biasio, 2023.

Verzeichnis der Grafiken

310

Register

314

316

Dank

Es gibt Glücksfälle. Als einen solchen Glücksfall empfinde ich das Zustandekommen dieses Buches. Alles begann mit einer einfachen Anfrage der St. Niklausen Schiffgesellschaft. Man habe seinerzeit Akten der ehemaligen Bruderschaft, teilweise aus dem 17. Jahrhundert, in die Bestände des Staatsarchivs Luzern gegeben. Ob es mir nicht möglich sei, die alten Rodelbücher und Dokumente zu entziffern.

Das war vor fünf Jahren. Sofort entdeckte ich, was für ein Schatz in den Archiven lagerte. Gleichzeitig begeisterte sich die St. Niklausen Schiffgesellschaft dafür, den Blick auf die gesamte Schifffahrtsgeschichte auszuweiten. Sie verstand sich – zu Recht – als Nachfolgerin der ursprünglichen Schiffgesellen und insofern eines Kulturgutes, das zentral für die Geschichte der Innerschweiz ist.

In einem ersten Schritt erstellten wir ein Quellenwerk. Wir identifizierten mehr als tausend Quellenstellen, die Auskunft über die Schifffahrt bis in das 19. Jahrhundert gaben. Schnell entwickelte sich die Idee, die Schifffahrtsgeschichte aufzuarbeiten und in Buchform herauszugeben.

Dabei war der St. Niklausen Schiffgesellschaft immer klar, dass es um den Gesamtblick ging. Sie wollte keine Gesellschafts- oder sogar Firmenchronik. Damit war der Grundstein gelegt für diesen Glücksfall. Nicht nur hatte ich Zeit und Mittel, um die Schifffahrtsgeschichte zu erforschen, sondern auch die vollständige Freiheit, was die Themen und Inhalte anbelangt. Dafür geht mein grosser Dank an die SNG, insbesondere an Gustav Muth, der mich als Delegierter des Vorstandes seit den ersten Schritten vor fünf Jahren auf diesem Weg begleitet hat.

Daneben geht der Dank an mein «Team», allen voran an Franziska Kolb, deren unbändige Kreativität in die Buchgestaltung eingeflossen ist, aber auch an André Meier, Theres Jörger, Fabian Biasio, Aurel Märki, Kurt Messmer und Monika Goldschmidt. Ich bin stolz auf das, was wir geschaffen haben.

Speziell danken möchte ich auch Regula Jeger, Präsidentin der Stiftung Haus am See in Kastanienbaum. Vor einem Jahr durfte ich dort während vier Wochen an meinem Buch arbeiten; der Aufenthalt öffnete mir die Augen für einen wichtigen Aspekt der Schifffahrt – den See. Und für die Themen, die über die klassischen Untersuchungsgegenstände der Geschichtsforschung hinausgehen – für die Menschen, die auf dem See arbeiteten. Wie muss es damals gewesen sein, sich Wind und Wetter auszusetzen, bei Dunkelheit und Kälte, bei Sturm und Nebel? Ich hoffe, dass wir ein paar Antworten gefunden haben.

Stefan Ragaz

318

Abb. S. 4 + 319   «Svitia, Schweytz»: Mathäus Merian blickt 1642 von Seelisberg auf Schwyz und die Mythen; vor Brunnen und dem steilen Axen kreuzen die Segelnauen. Auf der anderen Hälfte des Bildes → siehe S. 4 zeigt er den «gefryten Fläcken Gersau» und die Kindlimordkapelle (Nummer 9), die er die «Cap. zu Kindlein mordt» nennt.

der Haaken

5
Schwyts
4

2

2

3

Brunnen

Impressum

Alle Angaben in diesem Buch wurden vom Autor nach bestem Wissen und Gewissen erstellt und von ihm und dem Verlag mit Sorgfalt geprüft. Inhaltliche Fehler sind dennoch nicht auszuschliessen. Daher erfolgen alle Angaben ohne Gewähr. Weder Autor noch Verlag übernehmen Verantwortung für etwaige Unstimmigkeiten.
Alle Rechte vorbehalten, einschliesslich derjenigen des auszugsweisen Abdrucks und der elektronischen Wiedergabe.

Autor: Stefan Ragaz
Fotografien: Fabian Biasio, Luzern
Grafiken: Aurel Märki, Bern
Gestaltung und Satz: André Meier und Franziska Kolb, meierkolb, Luzern, Theres Jörger, Sagogn/Zürich
Lektorat: Kurt Messmer, Emmenbrücke
Korrektorat: Monika Goldschmidt, Luzern
Druck: Abächerli Media AG, Sarnen

Ermöglicht durch die grosszügige Unterstützung der St. Niklausen Schiffgesellschaft Genossenschaft, Luzern.

ISBN 978-3-905927-72-6

© Weber Verlag AG, Pro Libro, 3645 Thun/Gwatt, www.prolibro.ch
Pro Libro ist ein Imprint der Weber Verlag AG, www.weberverlag.ch

MIX
Papier | Fördert
gute Waldnutzung
FSC® C103895